中国传播学评论

第十二辑

近代城市媒介史

Chinese Communication Studies Review

孙 藜 ◎ 主编

中国传媒大学出版社
·北京·

图书在版编目(CIP)数据

中国传播学评论. 第十二辑, 近代城市媒介史 / 孙藜主编.--北京:中国传媒大学出版社,2024.12.

(传媒集刊)

ISBN 978-7-5657-3856-2

Ⅰ.G206-53

中国国家版本馆 CIP 数据核字第 2024FZ3137 号

中国传播学评论(第十二辑):近代城市媒介史
ZHONGGUO CHUANBOXUE PINGLUN(DI-SHIER JI):JINDAI CHENGSHI MEIJIESHI

主　　编	孙　藜
责任编辑	张继媛
封面设计	拓美设计
责任印制	李志鹏

出版发行	中国传媒大学出版社		
社　　址	北京市朝阳区定福庄东街1号	邮　　编	100024
电　　话	86-10-65450528　65450532	传　　真	65779405
网　　址	http://cucp.cuc.edu.cn		
经　　销	全国新华书店		
印　　刷	唐山玺诚印务有限公司		
开　　本	787mm×1092mm　1/16		
印　　张	17.5		
字　　数	346 千字		
版　　次	2024 年 12 月第 1 版		
印　　次	2024 年 12 月第 1 次印刷		
书　　号	ISBN 978-7-5657-3856-2/G·3856	定　　价	85.00元

本社法律顾问:北京嘉润律师事务所　郭建平

导言　中介化实践:城市媒介史的视域

◎ 孙　藜*

一

在意大利经典影片《海上钢琴师》中,那位一出生就被遗弃在邮轮上,终生没有离开过"弗吉尼亚号"的天才钢琴家,因偶遇一位心仪女孩而生出去陆地生活的念想。他拎着行李箱走上舷梯,却在长久驻足之后折返回去。直到影片结尾,这位海上钢琴师在与报废的巨轮一起走向生命终结之际,才道出了阻止他下船的东西——城市。

站在舷梯上,隔着码头,他看见了一望无际的纽约。鳞次栉比的建筑一排排地延展开去,高高低低地层叠出遥远的天际线——让他恐惧的正是城市的这种"看不到尽头"。钢琴师用他最熟悉的"钢琴"来比喻城市,但那是一架"上帝的钢琴",只有上帝才能在那里演奏。钢琴师深深地眷念着自己的演奏:钢琴只有88个键,每次上船的乘客只有2000人;而城市"光街道就有成百上千条",还有摩肩接踵的人。城市那种无休无止的缠绕与绵延、看不到尽头与停顿的景观,让他在想象中就已经迷失、退缩了。

影片富有意味地给这位钢琴师取了一个名字——他出生的"1900",仿佛是在为一

---

* 孙藜,上海大学新闻传播学院教授,复旦大学信息与传播研究中心研究员。

代人的命运命名。在这个被大卫·哈维描述为"时空压缩"①的时代,以蒸汽为动力的轮船载着移动的人群、货物往返于各大洋之间,留声机、电影这些记录、保存与传播声音、影像的新媒介也在重塑着人们对世界的感知。一位旷世罕见的天才却被取名为一个抽象的数字年份,个人的生命体验、对意义的寻获,注定与时间的空洞化、地理空间的脱域相互缠绕,并生发出纠结与困惑、冲突与恐惧。这是影片的深刻之处。

有两个与媒介相关的细节特别值得注意。一个是这位海上钢琴师的存在,本身就像是一种超级流动,在大洋两岸、城市之间不停地来回往返,但他却在飓风中也能自如地掌控倾斜滑动的钢琴,让乐曲欢快地翻飞流淌;另一个则是娱乐业商人涌到船上要为他录制唱片,"1900"却反悔了,他宁愿把即兴创作出来的作品,只送到独一无二的心爱的人面前。或许可以说,"1900"已经用自己的媒介——钢琴,将"海上"的"邮轮"变成了一块心灵可以栖居的"陆地"。

在世纪之交的1903年,齐美尔写作了《大都会与精神生活》②。这部经典文献可谓透彻地阐释了"1900"的生命困境。"1900"遥遥目睹的纽约市鳞次栉比的建筑,实际上正是一种媒介,它将远方观者也卷入大都会的精神生活之中。"在大都会里,具有决定意义的是它的内在生活以一种波浪式的运动扩展到了一个更加广阔的、全国乃至国际的范围。"③齐美尔将这种"波浪式"的卷入视为"大都会最有意义的方面":

"大都会最有意义的方面在于它在功能上的重要性越过了实际的物理界线,而这种效力对后者起作用,给予它生命、分量、重要性和责任。一个人并不结束于他的肉体生命或直接限制其实际活动的范围,而是包含着在时间和空间上,从他身上散发出来的整个有意义的影响。同样,城市也存在于超越其当前范围的整体影响。实际上这些才是表现它们的存在的真实范围。"

齐美尔所说的大都会"超越其当前范围的整体影响",可以从两个方面来理解:首先是众所周知的,诸如轮船、无线电之类的交通通信媒介,不仅造就而且将大都会与更广阔的空间联系在一起;其次是齐美尔特别强调的,大都会特定的精神生活为"实际的

---

① 哈维.后现代的状况:对文化变迁之缘起的探究[M].阎嘉,译.北京:商务印书馆,2003:300.
② 齐美尔.大都会与精神生活[M]//薛毅.西方都市文化研究读本:第二卷.桂林:广西师范大学出版社,2008:91-102.
③ 齐美尔.大都会与精神生活[M]//薛毅.西方都市文化研究读本:第二卷.桂林:广西师范大学出版社,2008:99.

物理界线"赋予着"生命、分量、重要性和责任",即"主宰着都市"的货币经济使大都会"在世界精神历史上就获得了全新的价值和意义"。正是四处流通充当数字等价物的货币,将一种算计、精确和量化的逻辑渗透到大都会每一处日常生活中,沉淀为都市人内心深处的价值砝码,从而转换了都市人的每一种生活关系。由于"准时、算计、精确,这些都是都市生活的复杂性和广泛性所要求的",于是它便建立起了对一种冲动的排斥:这种冲动"从一开始就寻求从内部决定生活方式,而不是从外部接受一种普遍的、像图表一样中规中矩的生活方式"。

从这个意义上也可以说,对站在舷梯上的"1900"来说,整个纽约城成为一种"排斥"的媒介。齐美尔指出,"像罗斯金和尼采那样的人物对于大都会的深切憎恨"是可以理解的。"1900"和"尼采们"一样,"这些人只能在非模式化的个人表现中找到生活的价值",正如"1900"拒绝了机械复制的唱片,他知道自己有着本雅明所说的那种"灵晕"的演奏和爱情,然而,"这些表现无法化约为准确的等价物"。事实上,钢琴师尽管身在海上,但他依然处在齐美尔所说的城市那种"存在的真实范围"之内,看不见的、想象的城市也在参与着他的海上生活。只不过,最后肉眼触及的城市使得这种"参与"最终俘获了他的灵魂。处在"比特城市"的时代,我们不妨给"1900"提出一个更加残酷的问题:如果"比特"联入邮轮,"屏幕"让大都会时时清晰可见,那么,其心灵栖居的那架钢琴还是"他的"吗?

《大都会与精神生活》以特有的敏锐概括出了"城市媒介史"的核心问题,这也是人类文明在新技术时代的一种新的演化处境。齐美尔的总结是,"现代文化发展的特征在于可以称之为客观精神的东西对于主体的优势"[1],即是说,19世纪的轮船、货币、电话和手表,以及它们所寓身的城市大道、广场、交易所和报业大楼,都蕴含着一种以某种外在"精神"重塑"主体"的优势力量。这种"精神"最鲜明的体现,在齐美尔那里也明白无误:"货币经济所造成的现实生活的计算之精确性,对应于自然科学的理念,也就是说,把整个世界转化成一个算术问题,把其中的每一部分都固定在一个数学公式之中。"[2]

---

[1] 齐美尔.大都会与精神生活[M]//薛毅.西方都市文化研究读本:第二卷.桂林:广西师范大学出版社,2008:100.

[2] 齐美尔.大都会与精神生活[M]//薛毅.西方都市文化研究读本:第二卷.桂林:广西师范大学出版社,2008:93.

不过,齐美尔对"尼采们"及"1900"困境的揭示不是一种单向度的同情。他将大都会视为"那些伟大的历史结构之一",这种"伟大"不仅仅在于城市居民历史性地从"束缚着小镇居民的那些细枝末节和偏见"中得到解放,获得了某种"消极的行动自由",更在于大都会对"主体"的重塑包含了"进一步的趋势",那就是,"已经从历史的纽带中解放出来的个人现在应该把他们自己彼此区分开"。大都会中交织着冷漠和疏离,也有着各种相互冲突的潮流,但"大都会的功能就在于为这种冲突和统一这种冲突的努力提供了空间",而且唯有置身在这种密集、肤浅与匮乏的大都市,"知性的距离第一次真正让人能够有所感知"。最后,齐美尔所欣赏的态度,不是如"1900"般将自身献祭于城市之前,而是一种"理解":"我们所能做的,不是抱怨或者宽恕,而只是去理解。"

本辑"近代城市媒介史"专题,就是从比特时代重返19世纪的理解之旅。

二

在想象或概念化方式上,"城市"与"媒介"可以互为隐喻,即以"城市"的经验理解"媒介",抑或相反。基特勒的一篇著名文章虽以《城市,一种媒介》为题[①],但实际上它包含着双向理解的两个向度。一方面,从媒介作为信息记录、存储和处理平台的角度,"媒介可以包括老式的书本、广为人知的城市和新近发明的计算机"。所谓"城市即媒介"意味着,"城市"既可被视为一种特定的"媒介"类型,也可作为媒介网络的构成部分。基特勒就从媒介网络的角度指出,现代城市中的水、电、公路、河流、地铁、邮局和报刊、广播等构成了层层交叠的信息网络,"自来水、电力、道路"等所传递的固然是"能量",但也是"信息的不同表现形式"。另一方面,"城市"经验可以为理解"媒介"提供一整套的术语,信息处理的整个环节离不开"门"(gate)、"地址"(address)、"路线"(route)、"枢纽"(hub)等,而这些亦构成了对从邮政到计算机等现代媒介运作的命名与描述。

基特勒对城市与媒介历史关系的描述,基于他对技术与人(主体)的关系的理解,

---

① 基特勒.城市,一种媒介[M]//周宪,陶东风.文化研究:第13辑.北京:社会科学文献出版社,2013:255-268.

或者用斯蒂格勒的总结,这是两种"城市"隐喻的转变(它们同样也可以运用于"媒介"):从"城市作为有机体"到"城市作为机器"①。起先,人们是以有机体最重要的身体部位"头"来命名"首都"(capital),但技术媒介(technical media)的出现最终证明应该从技术破解"头"和"首都",而不是相反。正像技术媒介在基特勒对"人类传播媒介史"的总体理解上包含着某种"历史终结"的意味②。在《城市,一种媒介》中也隐含着相似的调子:当光纤电缆弹指间取代了铜线,由"不间断和光速运行的信息技术操作"构成了一种新的"看不见的城市",也即一种"机器城市",而它具有芒福德所推断的"世界史即城市史"的意义③。

基特勒城市媒介史叙事的价值,在于以一种激进的"反人本"的立场,从现代技术媒介的角度打开了一片重新理解人类文明的广阔视域。这种衍生自控制论在人类社会扩展的思维,某种意义上,也未尝不是对齐美尔所说的外在"客观精神的东西对于主体的优势"的回应,而且它也将齐美尔对大都会精神生活以量化"掏空了事物内核"的描述,推向了一种极端化的"意义废墟"境况("信息"意味着着眼于机器而非人的角度表述"意义")。基特勒指出,在技术媒介下"话语网络1900"对"1800"的取代中:

"没有精神,没有灵魂,也没有确定的意义,只有一个全然脆弱的、赤裸裸的主体,一些全然无意识的、中立的媒介技术,以及在它们之间的噪音交流(只有集中的幻觉才能产生深层意义)"④。

这种位于话语网络1900核心的"诠释学归零点",推动着基特勒以"勇于去编程"提出他的回应方案。这是一种低限度的面向人的主体能动性的方案,因为它的价值,既不能带来近代城市文明意义上的新的"启蒙运动",也不能实现在"机器城

---

① 2018年11月22日,斯蒂格勒应邀在同济大学建筑与城市规划学院做了题为《新城市智能》(The New Urban Genius)的演讲。
② 基特勒.传播媒介史绪论[M]//周宪,陶东风.文化研究:第13辑.北京:社会科学文献出版社,2013:235-254.
③ 具体地说:"计算机有效地将三个维度的爱迪生式话语网络1900去差异化了,大约在1个世纪前,后者在技术上分化了话语网络1800同一化的元媒介语言。其结果是在哲学上影响重大的1-3-1结构:一种原始的统一(精神化的语言)发生了内部分歧并最终分裂(模拟的分化加上打字机的机械化),但这个对立被更高层次的统一性(比如数字的复杂性)战胜了。……媒介理论指向了一个真正关于媒介历史的哲学。"参见:温斯洛普-扬.基特勒论媒介[M].张昱辰,译.北京:中国传媒大学出版社,2019:93.
④ 温斯洛普-扬.基特勒论媒介[M].张昱辰,译.北京:中国传媒大学出版社,2019:86.

市"中对数字机器的彻底掌控,但"至少能够超越我们自身设定的且由软件支持的幼稚性,与所有将要离我们而去的事物进行视线上(或者信号上的)互动"①。换言之,这意味着以一定程度的卷入技术、重构技术的方式,形成对人类自我中心"幼稚性"的反观与再理解。

相比基勒特的激进话语与"保守"式回应的杂糅,还有一种更为强调人的积极性的"城市媒介史"视野。列斐伏尔在《空间的生产》中所主张的"人对城市的权利",构成了这一脉思想的理论支撑。城市媒介学家麦夸尔在《媒介与城市:城市作为媒介》②一文中,正是以此对基特勒以及麦克卢汉的理论做了重新解读。在很大程度上,麦夸尔与基特勒、麦克卢汉保持着基本视野的一致,但他更加强调审视当代数字媒介时代的最新表现,为此提出"地理媒介"(geographic media)的新概念以描述当下新媒介对城市空间关系的重新设置过程。在麦夸尔看来,由导航软件、算法程序以及智能手机等构成的"地理媒介",具有"无处不在性、位置性和实时反馈"三种特性,它们对日常生活的植入式运作推动着城市中既有网络的交汇,特别是地理空间与符号空间的新的融合式生成。

新媒介技术和城市空间变革,其风险与机遇并存,这要求将列斐伏尔"进入城市的权利"③纳入数字网络化公共生活语境重新表述。因而与单纯的"勇于去编程"不同,麦夸尔既注重从集体生活活力的角度对城市媒介技术的重新设计和应用,以改变"以景观和监控为主导形态的默认设置"④,也从城市空间本身即可以通过公共参与而再生产的角度,指出媒介技术的运用理应指向"更开放、更自下而上,并基于列斐伏尔和德波描绘的那种公民挪用的形态"⑤。

这个脉络的勾勒尽管有些简略,但它所包含的城市媒介历史演化、对媒介与城市复杂关系的不同概念化取径、对数字媒介下人类生存境况的关切及回应,是本辑"近代城市媒介史"专题试图进行研究创新的基本语境。它们既是从当下出发重新理解历史

---

① 温斯洛普-扬.基特勒论媒介[M].张昱辰,译.北京:中国传媒大学出版社,2019:91.
② 麦夸尔.媒介与城市:城市作为媒介[J].潘霁,译.时代建筑,2019(2):6-9.
③ 麦夸尔.媒介与城市:城市作为媒介[J].潘霁,译.时代建筑,2019(2):6-9.
④ 麦夸尔.媒介与城市:城市作为媒介[J].潘霁,译.时代建筑,2019(2):6-9.
⑤ 麦夸尔.媒介与城市:城市作为媒介[J].潘霁,译.时代建筑,2019(2):6-9.

的缘由,也构成研究中所必须直面的关键问题。

黄旦从芝加哥学派的报刊与城市研究出发,以"中介化实践"命名城市媒介史的书写。在他看来,帕克将"报刊"视为"构建城市生态组织的首要因素",这一命题中至少隐含着媒介与城市关系在两个方向上的探究价值:其一是将城市视为一种生态,可以连通媒介环境学的视野,其二是将媒介(报刊)视为构建城市生态的历史动力。黄旦在进一步批评性阐释的基础上指出,媒介与城市是相互卷入、共存创生的网络化关系,而非某个既定实体的构成部分及其组合,包括交通、通信以及报纸在内的各种媒介作为构建动力,恰可以展示媒介在城市地理空间、符号空间以及二者交叠中的接合机制。此种视域即为"中介化实践",它不仅将带来对媒介、城市以及二者关系的重新理解,而且能由此展示一种不同于"国家"旧有框架下的新的历史理解。①

"中介化实践",大体构成了本辑"近代城市媒介史"专题七篇论文的理论视野。正如被广泛引用的米歇尔与汉森的表述,"中介化实践"理解下的"媒介",意在将媒介明确指向某种具体的技术调节形式与某种具体媒介物相联之前,"首先指明了人类的一种本体论境况,即建构性的外化行为和发明创造"。② 强调"媒介"作为"建构性的外化行为和发明创造",既在存在论上指向人类与技术的共生"纠缠",又从历史层面回应现代性的媒介力量,即齐美尔所说"客观精神"的巨大优势。"实践"亦包含双重意义,既是媒介本身的运作,同时也是对这种实践如何嵌入主体与世界关系中,进而引发媒介自身、人与世界多重变革的历史考察。换言之,在"媒介实践"展开过程中,"城市"也因人群、货物与符号的交织流动而处在一个动态化的涌现运作之中。

显然,这种对社会、历史的存在论理解,凸显了"媒介"的力量。七篇论文的经验研究也正是由此展开。作为新范式下的创新探索,专题论文聚焦于中国近代都市社会语境下不同的"具体媒介物",试图在特定的都市生活场域中揭示这些"媒介物"运作中具体的"技术调节形式"。这些指向与揭示,可以被视为从新媒介之涌现、新旧媒介交叠演化、媒介意义框架与社会行动方式相互嵌入等角度,对"人类存在境

---

① 黄旦.报刊:构成城市生态组织的首要因素——再谈新报刊史书写[M]//中国传播学评论:第9辑.北京:中国传媒大学出版社,2020:53-67.
② 米歇尔,汉森.导言[M]//米歇尔,汉森.媒介研究批评术语集.肖腊梅,胡晓华,译.南京:南京大学出版社,2019:1-12.

况"的历史性考察。

时间和空间,是"中介化实践"的关键。"城市媒介史"也是借此在"媒介""城市"理解上突破旧有范式的框限。从时间的角度,斯蒂格勒对"媒介"的思考侧重于指涉技术与时间("记忆")①,由此揭示媒介的"语法化"如何参与人类演化,即德布雷所说的"传承"②;那么,空间理论家苏贾的理论则是为"城市"建立了一种从"空间"出发的存在论。它包含了"分离与联系的交互作用":一方面,空间性是人类意识的开端,构成人类生活的"第一个原则",即通过"创造距离""对世界进行客观化",从而"让存在意识到自己带有人性";另一方面,"为人者"还力图"通过目的、情感、参与和依附来转换这些距离",通过与世界的联系来创造意义。因而在苏贾的视域下,分离与联系、主观与客观,以一种辩证的张力重新联结在一起,这样就"创造了存在",即一种"具有人性的第二性"③。

苏贾所说的"分离与联系",也就是"媒介"的调节形式。在这个意义上,"城市媒介史"视域中构成"人类境况"的时间和空间,同时内在于人的精神、行动,内在于各种媒介调节形式之中,也就是内在于都市各种社会关系的实践中。"城市媒介史"的时空框架正是置于这样的前提之下。齐美尔洞察到的大都会所蕴含的那种"冲突与冲突的统一",也正是媒介现代性的实践写照。

三

本辑专题七篇论文涉及的主要媒介,包括电灯、邮政明信片、白话报、城市街道、公园、轮船、电影和黑板报,大多是置于近代中国大都市尤其是上海的场域中。这些虽经多次修改但远未成熟的尝试,成功与否、价值多寡,自是由同行读者批评,此处仅对所关涉的不同媒介类型及在此基础上展开的媒介实践历史分析稍做提点,借以展示"近代城市媒介史"的若干议题与路径,特别是"中介化实践"视域对历史理解所具有的可

---

① 斯蒂格勒.记忆[M]//米歇尔,汉森.媒介研究批评术语集.肖腊梅,胡晓华,译.南京:南京大学出版社,2019:59-76.
② 德布雷.媒介学引论[M].刘文玲,译.北京:中国传媒大学出版社,2013:1-32.
③ 苏贾.后现代地理学:重申批判社会理论中的空间[M].王文斌,译.北京:商务印书馆,2004:201-203.

能的生产力。

本辑"电信史"专题主持人金庚星对"通信"与"媒介"做了概念辨析,立足点与我们对"中介化实践"视域中"媒介"的澄清基本一致。从经验研究的角度,或许在单数 medium 与复数 media 之间,还可以对"媒介"类型做一个分析上的区分,以呈现探究"中介化实践"中人与物、技术形式与社会互动展开的不同层面。此处基于"城市"与"媒介"关系的实用考虑,特别是与本专辑研究的相关性,以"物质性"为着眼点,将"媒介"大体分为三种类型,分别是:交通通信等所谓"基础设施"类、建筑空间或地理场所类以及与人类符号表达更为紧密的各种人造物或技术①。

电灯与城市新感觉

麦克卢汉曾以他的"马赛克"手法延续英尼斯的洞见,简洁描绘了"基础设施"类媒介在都市中扮演的重要角色。"换句话说,技术媒介就是大宗商品或自然资源,酷似煤炭、棉花和石油。……依靠几种产品而形成的社会,把这些商品当作社会纽带来接受,很像大城市把新闻当作社会纽带一样。"由此也可以说,从棉花和石油,到收音机和电视机,乃至今天的数据网络,基础设施在整个都市精神生活中成为能量"固持的电荷"②。正如诸多研究者已经指出的那样,基础设施类媒介构成了都市的"第二自然"。

从现代城市文明变迁的角度,最能展现"第二自然"塑造的媒介,对芒福德来说可以归于钟表。"钟楼上的大钟几乎可以说是标志了都市的存在。从遵守时间到按时服务到按时记账再到按时分配",而且对精神生活至关重要的转变是,在这个进程中,"永生和来世逐渐淡出了人类活动的度量标准和兴趣中心了"。③ 比之钟表,更为隐蔽,当然也更为晚近的,则是麦克卢汉所认定的唯一"没有内容"的媒介——电灯。周叶飞与闫宵宵的文章《城市之光:电灯与近代上海都市空间》,就讨论了电灯对近代上海都市景观、生活节律的全新塑造。照明开启了"夜生活",既改变了个体身体的"生物钟",也设置了齐美尔所说的集体生活的协调机制,更是重塑了"白天/夜晚"这样看似最自然

---

① 显然,就"身体""货币""语言"这些基本且重要的媒介而言,它们在这个框架里的位置并不明确,而且,每个类别下还可有更为细致的子类别。
② 麦克卢汉.理解媒介:论人的延伸[M].何道宽,译.北京:商务印书馆,2000:49-50.
③ 芒福德.技术与文明[M].陈允明,王克仁,李华山,译.北京:中国建筑工业出版社,2009:15.

的概念框架。该文饶有趣味的阐释,是将1930年代出现于文学领域中的都市新感觉派纳入整个历史脉络,从而在电灯变体(霓虹灯)、新视觉刺激与文学叙事新形式间建立起勾连。这也回应了哈维的洞见:"现实主义的再现模式,以简单的叙事结构为模型",已经无法适应19世纪中后期"时空压缩"对都市生活所造就的巨大挑战。①

德布雷曾针对"交通"媒介指出:"如果交通可以改变什么的话,那么,载体本身也可以被它所运载的东西所改变。"②结合他的媒介圈、基特勒的城市网络,可进一步说,一条交通线路会不断创造出它所运载的东西,每一种创造反过头来都为这一"通路"叠加上不同的意义框架。陈鑫盛的论文《近代邮政明信片与"风景民族主义"的形成》正是聚焦于邮政交通网络所创造出的一种新媒介——明信片,审视了其中"风景明信片"这一特定类型与"共同体想象"之间的关系。海德格尔对"桥"的阐释,非常契合此处的路径——"两岸"并非固定在那里由"桥"所连接与建构,相反,正是由于"桥"的出现,两岸才以特定的"景观"得以出现。③ 正是在明信片中介的"风景"转徙流通中,那些分散于各地的"中国名胜",才在都市人的想象以及旅游感知中以"名胜中国"的面目出现,因此,"交通"不再是旧风景,"城市"与"国家"再生出一种新联结。

如果说交通的流动改变了地方,经验意义上形成了苏贾所说的那种"分离"与"联系"之间的紧张,那么,"家"作为一类特定"地方",在新的交通方式面前也在发生着重构。所谓"无地方感"在某种意义上也可以说是"无家可归感"。这是现代媒介与城市体验的根本性表征,西美尔、本雅明以及延续其视域的研究,对此已多有瞩目。黄华的文章《"移动"的居家:抗战前上海都市生活的新形态》,展示了周边城市与上海之间新交通方式下主动的人口移动,描画了包天笑、郁达夫等移民文人"双城生活"既新且快的流动节律。文章重点考察了上海家居的变化。传统上海民居以特定的建筑结构无形中联通着礼制规范下的空间秩序④,城市土地的商品化开始将这种秩序连根拔起,

---

① 哈维.时空之间:关于地理学想象的反思[M]//孙逊,杨剑龙.都市空间与文化想象.上海:上海三联书店,2008:2-26.
② 德布雷.媒介学引论[M].刘文玲,译.北京:中国传媒大学出版社,2013:101.
③ 海德格尔.筑·居·思[M]//演讲与论文集.孙周兴,译.北京:生活·读书·新知三联书店,2005:160.
④ 白馥兰.技术、性别、历史:重新审视帝制中国的大转型[M].吴秀杰,白岚玲,译.南京:江苏人民出版社,2017:180.

特别是为应对人口密集而兴建的新式民居,将之从"栖居"变成了一个只关乎生活基本需求的所在。换言之,在新流动所造就的新都市中,和"家"相联的,是新型的、具有自觉"移动"意识的新主体。

两种"中枢神经"的缠绕

帕克将"报刊"视为构建城市生态的首要因素,背后隐含着某种有机体功能论,正像后来大众媒介被视为为整个社会有机体服务的"心血管系统"。麦克卢汉的经典命题,使这种隐含意义更为明确——电子媒介是人体"中枢神经"的延伸。而在《美国大都市的死与生》这部在都市研究中占据着重要地位的著作中,雅各布斯也将街道和人行道视为城市的"神经系统"[①]。在这个意义上,城市"中枢神经"自身的演化、街头与报刊的相互嵌入,是城市生态历史演变的一个极好的观测点。就中国历史经验而言,唐宋时代"坊市分离"带来的街道商业生活的活跃,就是城市文明的一次重大转型[②];而本雅明笔下从"拱廊街"到百货公司的转变,是街道与人的感知的双重变化,从拱廊街的闲逛到都市街道洪流中的穿行,后者的体验与阅读密集广告版面有着相似的神经刺激[③]。

如果说上海在19世纪后期相继出现的煤气灯与电灯,以新的"人造"光线"照亮"了街道,那么,晚清白话报走向街头的声音实践,则是试图以另一种"启蒙之光"照亮城市的"中枢神经"。崔英超的文章《"再造街头":晚清白话报的贴报、讲报与唱报——以〈京话日报〉为中心的考察》,关注的就是北京城市街头的一次历史塑造。"贴报"不仅使报纸嵌入街道,更使"街邻"形成了新的互动与延伸,正像"讲报"也以"每日更新"的方式重构了"街谈巷议"。其中,齐美尔所说的那种"都市边界"的波浪式延伸、塔尔德所说的报刊造就了新的"公共头脑",都得到了鲜明的展现,而"唱报"则以曲调方式赋予"声音"以"记忆"的力量,从而有可能弥补"报纸"这个"每日畅销书"[④]的时间短板。这不仅是《京话日报》的创造性实践,也是不同阶层民众对"报纸"和"街头"的双重挪

---

① 雅各布斯.美国大城市的死与生[M].金衡山,译.南京:译林出版社,2006:331.
② 包伟民.宋代城市研究[M].北京:中华书局,2014:175.
③ 本雅明.巴黎,19世纪的首都[M].刘北成,译.北京:商务印书馆,2013:221.
④ 安德森.想象的共同体:民族主义的起源与散布[M].吴叡人,译.上海:上海人民出版社,2003:34.

用。因而在很大意义上,论文最终落脚在一种新的城市公共性的出现,这也在一种历史时空中回应了列斐伏尔所说的"对城市的权利"问题。历史经验对麦夸尔所关切的"智慧城市"中公民权利的中介化实践,不乏启迪之功。

季凌霄的文章《重访张园:晚清上海公共生活的感官基础》同样试图在多重媒介的融合中,发掘新的媒介感官、都市空间变化与公共生活之间的生成性关联。文章以"张园"为个案。张园的特殊性在于它是一个由私人园林开放转型而来的新式空间,其物质形态的再造,本身即一场感官秩序的重塑,即由传统的触觉主导走向了现代都市中的感官分离。新的感官运作体现于多重媒介的建构之中。例如报纸将"张园"嵌入文人吟咏、妓女斗狠以及新奇玩意并置的版面之中。正如基特勒所说,"城市是所有网络的交汇点",而张园也同样如此,马车、报纸、画报、电影、摄影等多种媒介在其中接合展演,型构出张园公共生活在多个媒介生态中的多重样貌。而这一点,既是新城市公共生活之可能的基础,也是其不断得以再生产的实践展开。

技术装置与新都市主体的构型

主体构型,更准确地说是技术与人的共生互构问题,是"城市媒介史"视野与问题的核心所在。或隐或显,本辑专题的七篇论文都以此为问题指向。自"语言转向"对历史研究产生深刻影响,特别是福柯的"知识考古学"出现之后,历史叙事中"理性主体""自由进步"的基调受到了越来越强烈的质疑与反思。前引基特勒激进的城市媒介史视域,就是一个延续控制论的典型样本。

我们所主张的"中介化实践"直面这些挑战,在反思、对话的基础上确立一种具有包容性的面向。它包含两个层面:其一,坚持以人类行为与技术物质之间的交织和互动为出发点,而且"无论两者怎么融合",都是两种明显不同的"信息载体形式"和"物质化过程","都会保持各自的自主性"[①];其二,在此前提下,承认这一视域主要以对物质性媒介对主体构型的揭示为问题旨趣,但这是一个复杂的、以交互为出发点的视域,它既非还原论也非线性决定的过程。后现象学家唐·伊德指出,"意向性的技术形式完

---

① 米歇尔,汉森.导言[M]//米歇尔,汉森.媒介研究批评术语集.肖腊梅,胡晓华,译.南京:南京大学出版社,2019:1—12.

全不同于人的意向性的形式":一方面,技术为人的行动提供了一个框架,形成了意向性和倾向,使用模式主要是在这里面形成的;另一方面,这个非中立的路径并不总是被遵从,还要依赖于更广泛和更复杂的文化领域。[①] 换言之,"中介化实践"对主体构型的揭示,既有着一般理解的宏观历史定位,更要置身于具体特定的媒介类型、实践场域及城市时空情境下进行反复追问。

这样的视角与书写是对当下现实的回应。"比特城市"与"赛博人",推动着城市媒介研究必须直面"数字化生存"这一新人类境况[②]。它同时也是历史的,正如马克思所说的"人体解剖"与"猴体解剖"之间的关系,只有"当高级形式已经被认可的情况下","低级动物身上所表现出来的潜在的高级形式"才会被理解[③]。这个导言之所以从"1900"的生命困境说起,即缘于"潜在于"1900时代"都市革命"中的"高级形式",其与"数字化生存"存在着既连续又断裂的重要关联。麦夸尔对此有准确的表述:"现代媒体与现代城市主义间的相互交织,改变了地点与经验、熟悉与陌生、自我与他人之间的纽带。人类感知与技术幻想之间的界线的模糊要求我们重新思考意识的空间,因为一直以来主宰着现代性的自治模式和内部主体性模式变得越来越难以与日常经验相协调。"[④]

詹佳如的文章《一种城市空间治理装置的兴起——1950年代的上海黑板报》从少有关注的"黑板报"入手,从"技术装置"的角度展示了其在1950年代上海城市改造中所扮演的角色。文章细描了"黑板报"如何嵌入不同类型的新型空间,这些空间既包括城市街头、交通枢纽等流动空间,也包括工厂、商店、学校等新型的"单位制"空间。黑板报以特定的物质载体(依托于各种"板"与"墙")、书写形制(粉笔、字体、字号以及颜色),通过占据特定地理位置、传递自上而下与自下而上相结合的内容,实现了对空间边界的区分与延伸,进而生产出特定的"地方"体验。无论在早期的根据地,还是在后来的城市街区与单位,黑板报都形成了对物质空间的组织化分配管理,同时也力求把

---

① 伊德.技术与生活世界:从伊甸园到尘世[M].韩连庆,译.北京:北京大学出版社,2012:109,147.
② 孙玮.媒介导航的数字化生存[J].国际新闻界,2021(11):6-22.
③ 德布雷.媒介学引论[M].刘文玲,译.北京:中国传媒大学出版社,2013:107-108.
④ 麦奎尔.媒体城市:媒体、建筑与都市空间[M].邵文实,译.南京:江苏教育出版社,2013:15.由于作者译名不同,为上下文相统一,此处采用"麦夸尔"。

各自的地方性凸显出来,从而使"地方"体验以某种灵活的方式保持与"中心"的空间组织形成生动的联结。

媒介对城市空间的运作,就是通过"位置"对主体也是对权力关系的再生产,其中包含物理地点与话语空间的关系。孙藜的文章《"观众"的诞生:早期上海电影"白话现代主义"中的全球都市性》也处于这一脉络之中。文章将早期电影"观众"的诞生置于观看地点和话语网络中进行观照,通过专门性电影院兴起前后的比照,揭示了电影与城市集体经验、公共生活的关系。电影"观众"的一个独特性,就在于"集体身体"的共同在场,它以"即时感官反应场"(借用米莲姆·汉森的"白话现代主义"的概念)的方式,更直接紧密地身处全球电影产业、上海各种新旧娱乐场所共同构建的地理感官网络之中。因而当专门性电影院出现后,在"国家文明"与"身体文明"两种话语实践对"观众"展开定义、争夺与规训的过程中,主体构型始终铺陈着"全球都市性"这一抹底色。历史一再显示,主体的重塑,与改造媒介、改造城市是同一个过程。

这篇有关"观众"的研究所存在的问题,一定程度上也是"城市媒介史"研究所面临的挑战。最鲜明的体现是:"中介化实践"视域将"媒介"视为"城市"复杂生态的一种建构性力量,就关涉如何确立这一复杂生态的理解边界,其间各个独立运作的子系统如何形成"分离与联系","调节"的实践又是怎样贯穿着物质与意义、行动与观念、技术形式与社会互动的勾连。理论视域的创新,就是经验分析的挑战。因为视域创新实现与否、价值大小,终究是要通过所展示的对历史经验的洞察来检验。在这个意义上,本辑七篇论文也都是一个初步尝试,毫无疑问也存在着很大的提升空间。

当然,这也不单单是"城市媒介史"研究的困难所在,白馥兰的技术史研究就直面这个难题:"一切技术实践都被嵌入在物质、步骤、关系的网络或者架构当中",那么,"我们可以在哪里划定某个社会-技术体系的界线,或者来确定时间、空间和操作性链条的限定范围?"她坚持"必须予以充分的关注"的是,要去思考"是哪些特有的物质性特征决定或者限制了我们如何去占有、回应和规制自己周围的环境"。唯其如此,我们才有可能理解人对技术做出的选择[①],比如,"1900"在邮轮舷梯上面向纽约时的退缩。

---

① 白馥兰.技术、性别、历史:重新审视帝制中国的大转型[M].吴秀杰,白岚玲,译.南京:江苏人民出版社,2017:8.

四

除了"近代城市媒介史"研究论文,本辑还刊发"电信史"专题和一篇邸报研究的域外新作。"电信史"专题聚焦的是哥伦比亚大学理查德·R.约翰对美国电信的媒介史研究,由学术对谈和《网络国家:作为制度遗业的电信》一书的导言两部分构成。理查德·R.约翰教授严谨的学术态度令人尊敬,此次对谈的回复,他先后修改了七次才最后定稿。

学术访谈中有一个细节让人印象深刻:当理查德·R.约翰教授从档案记录的爬梳中发现"城市之于电话的早期历史是多么重要时",他称对比原有视角自己"第一时间感到有些沮丧",继而有了一种可以称为"格式塔转换"的感觉。他甚至声称,"网络国家"研究中"最重要的发现之一",就是"城市作为变迁的行动者所扮演的关键角色"。

提及这一细节,固然与"城市媒介史"有关,但更重要的是其中对城市与国家、技术关系的理解。不难发现,"网络国家"研究中的这一发现与"国家"的内在视角存在着一致性,甚至可以说是内在逻辑的延伸。正是因为"国家"不是惯常理解的机构、制度或结构,而是电信网络建设中"构成性"的"生成力量",并且承载着特定的意义框架,即美国立法者着眼于"培育共同利益"的传统,以及不断"去重建一种去中心化的政治经济"的责任。美国电信"网络"公共服务的合法性,正是由此得以确立。这一视角同样也体现在"城市"之中。在理查德·R.约翰教授眼中,"城市"也是"商业创新"与"公共政策创新"的"温床",因为"空间的邻近性有助于为新方法和新技术的实施创造肥沃的土壤"。不仅如此,不同技术网络的运作也会嵌入不同的"城市"与"国家"逻辑。例如,《网络国家:作为制度遗业的电信》对大城市经济结构与电话网络关系的分析,就打破了旧有研究成见。而在技术网络与话语网络的关系上,研究也指出,正是因为电话网络的空间连接更主要是在城市内部,而非电报般跨越城市甚至国家,所以其话语就不像后者那样与"进步主义"联系紧密。

无论对于"国家"还是"城市","空间"在这里都不再是"社会"的容器,也不再是人类活动展开的一个"空洞"背景,用"新城市史"研究者的表述,"城市本身即是自我塑造与自我改造的行为者"。事实上,自1980年代史学领域的"文化转向"发生以来,传统城市史研究也有一种趋势,即"将现代城市的空间属性和经验属性串联起来加以考察"①。"中介化实践"的取径自然也包含于这种对话之中。

最后,特别感谢日本《史学杂志》授权,让殷晴有机会以其佳作《清代邸报的发行与流通——清朝的政治信息传播》与更多同道交流。也感谢作者尽心修改,为本刊转发提供了一个新的版本。

---

① 埃文.什么是城市史[M].熊芳芳,译.北京:北京大学出版社,2020:21,102

目　录

专题一　美国电信史研究

网络：一个技术隐喻的意义协商　　　　　　　　　　　　　　金庚星　/3

从"邮政系统"到"网络国家"
　　——将制度带回通信史　　　　　　　　　　　理查德·R. 约翰　金庚星　/14

大国如邻：电信的空间政治　　　　　　　　理查德·R. 约翰（金庚星 译）　/54

专题二　中国近代城市媒介史研究

城市之光：电灯与近代上海都市空间　　　　　　　　　　周叶飞　闫霄霄　/77

近代邮政明信片与"风景民族主义"的形成　　　　　　　　　　　陈鑫盛　/94

"再造街头"：晚清白话报的贴报、讲报与唱报
　　——以《京话日报》为中心的考察　　　　　　　　　　　　崔英超　/112

重访张园:晚清上海公共生活的感官基础　　　　　　　　季凌霄　/136

观众的诞生:早期上海电影"白话现代主义"中的全球都市性　　孙　藜　/162

"移动"的居家:抗战前上海都市生活的新形态　　　　　　　黄　华　/189

一种城市空间治理装置的兴起

　　——1950年代的上海黑板报　　　　　　　　　　　　詹佳如　/210

专题三　域外新作

清代邸报的发行与流通

　　——清朝的政治信息传播　　　　　　　　　　　　　　殷　晴　/231

专题一
美国电信史研究

美国审计史研究

主持人语

网络:一个技术隐喻的意义协商

◎金庚星*

20世纪80年代初,软件先驱约瑟夫·魏岑鲍姆(Joe Weizenbaum)对社会学家丹尼尔·贝尔(Daniel Bell)提出的"信息社会"崛起的说法提出了异议。贝尔认为"信息社会"是"现代通信和计算机技术结合的产物"。相比之下,魏岑鲍姆和之前以及之后的许多人一样,认为通信和计算机技术在本质上是不同的物种,不应该假设通信和计算机技术总是像今天这样不证自明地就联系在了一起。[①]实际上,通信和计算机技术的合成词"telematics"直到1978年才由两位法国人西蒙·诺拉(Simon Nora)和阿兰·明克(Alain Minc)在一份提交给法国政府的报告中首次创造出来。[②]

如果我们将计算机技术纳入媒介的概念范畴[③],那么魏岑鲍姆的这个提醒就显得有意义了——通信和媒介技术的结合仅仅是话语总体化(totalized)的产物。当今的构型是对早期发展阶段的总体化构建,人们必定会在现实情境中看到早期的发展。[④]这从词与物的关系中就可以看出,今天"telecommunication"这个词通常用来指代计算机和(移动)电话的融合,并已将电报和无线电广播都排除在外,而讽刺的是,电报和无线电广播恰恰是法国邮政官员爱德华·埃斯托涅(Edouard Estaunié)在1904年创

---

* 金庚星,华东政法大学韬奋新闻传播学院副教授,复旦大学信息与传播中心研究员。

① DUGUID P. Communication, computation, and information [C]//BLAIR A, DUGUID P, GOEING A S, et al. Information: a historical companion. Princeton: Princeton University Press, 2021:238-258.

② Telematics 是法语单词 telématique 的英译。参见 NORA S, MINC A. The computerization of society: a report to the president of france[M]. Cambridge, MA: MIT Press, 1980:前言.

③ 温斯罗普-扬.硬件软件湿件[C]//米歇尔,汉森.媒介研究批评术语集.肖腊梅,胡晓华,译.南京:南京大学出版社,2019:149.

④ 波斯特.信息方式:后结构主义与社会语境[M].范静晔,译.北京:商务印书馆,2000:14.

造"telecommunication"这个词时所指代的两种媒介。①

布鲁斯·克拉克(Bruce Clarke)提到通信和媒介原本分属于两条不同的理论轨迹——通信最终是一个社会现象,而媒介是多种技术现象。通信最终关心的是社会学语境,即"信源"与"信宿"之间发生的关系;媒介则是以技术领域为中心,占据着"信道"的位置,与物质性、储存和再现有关。② 于是,通信技术是以"Tele"开头的一切——烟雾信号、电报、电话、电传、电视和电子监控;媒介技术则是指各种信息记录、存储、再现技术——书写、绘画、印刷、摄影、留声机和电影等。

如今,这种从技术人工物的对象类型出发对通信和媒介所做的区分,在一个统一的媒介知识构型中已不再重要——"理解媒介"也并不意味着仅仅或主要理解单个媒介物(medium)对象,而是类似于以媒介(media)作为理解的角度③。Media 一方面是单个媒介物的复数形式,同时也作为集合单数名词拥有某种超越单个媒介物的抽象意义——抽绎并蕴含着所有单个媒介物都不可或缺的"媒介性"。而"媒介性"则基于单个媒介物的物质性,单个媒介物的物质性不同,带来了"媒介性"——"调节"机制的千差万别。媒介研究要从单个媒介对象转向发掘"媒介性",从共同的"媒介性"中揭示出基于单个媒介的物质性所生发出来的不同的"调节"或"交转"状况。当什么是媒介或不是媒介,不再是一种对对象的判定,而是与我们如何看待媒介息息相关时,媒介研究就从对象的束缚中挣脱出来,转而将目光投向更广阔的天地。④

某种程度上,本辑专题将要介绍的哥伦比亚大学新闻学院的理查德·约翰(Richard R. John)教授的代表作《网络国家:作为制度遗业的电信》⑤即可以上述方式来展开解读。约翰的书写对象具体指向的是第一批电子通信技术——电报和电话,并将其置于光通信、包裹运输和邮件通信的媒介间性中来考察其技术与组织形态演变。在媒介视角的贡献上,约翰则通过对"网络"这一技术隐喻的意义协商,揭示了第一批

---

① 约翰.网络国家:作为制度遗业的电信[M].金庚星,孙藜,张田,等译.北京:中国传媒大学出版社,2022.
② 克拉克.通信[C]//米歇尔,汉森.媒介研究批评术语集.肖腊梅,胡晓华,译.南京:南京大学出版社,2019:109-112.
③ 米歇尔,汉森.媒介研究批评术语集[M].肖腊梅,胡晓华,译.南京:南京大学出版社,2019.
④ 黄旦.理解媒介的威力:重识媒介与历史[J].探索与争鸣,2022(1).
⑤ 约翰.网络国家:作为制度遗业的电信[M].金庚星,孙藜,张田,等译.北京:中国传媒大学出版社,2022.

电子通信媒介所"调节"或"交转"的"国家"。

一、网络：从隐喻到对象

时至今日，网络已变成数字时代的主导隐喻①，被人文社会科学诸领域用来描绘任何包含一组节点和链接关系的组合对象。它可以被用来对当前社会结构和形态进行总体化抽象，如卡斯特（Manuel Castells）的《网络社会的崛起》②；可以被用来描述都市物质基础设施重组的复杂方式与城市地理和都市生活体验的广泛变革之间的密切关系。如最近斯蒂芬·格雷厄姆（Stephen Graham）和西蒙·马文（Simon Marvin）针对他们20年前所提出的"碎片化都市主义"进行的反思③，可以被计算社会科学家用来针对关系数据构建社会网络动力模型④，可以被数字人文的实践者用来就数字网络和"旧"流通系统之间的共鸣进行网络考古和可视化呈现⑤，甚至还被科技人类学家用来对人与非人的物质行动者之间的纠缠关系进行解释⑥。

"网络"隐喻同样也被历史学家用来发掘地区和人类社群不断增强的交互联系，而这种联系常常被视为人类社会变革的驱动力。每个时代都会以自己的方式重新发现过去，对于那些投身于全球史书写，致力于发现普遍联系，揭示纯粹局部的现象如何被全球的运动、交换、剥削和殖民模式所塑造的历史学家来说，网络是一种比旧有的解释路径能更好地理解人类过去的视角，它提供了一种超越以民族国家为叙事单位的方法来帮助理解过去的人类经验。某种程度上，这种视角也自然而然地将交流史推到了人

---

① KILGORE C D. Rhetoric of the network-toward a new metaphor[J]. Mosaic- a journal for the interdisciplinary study of literature, 2013,46(4):37-58.
② 卡斯特.网络社会的崛起[M].夏铸九，等译.北京：社会科学文献出版社，2001.
③ GRAHAM S, MARVIN S. Splintering urbanism at 20 and the "infrastructural turn"[J]. Journal of urban technology, 2022,29(1):169-175.
④ 伊斯利，克莱因伯格.网络、群体与市场：揭示高度互联世界的行为原理与效应机制[M].李晓明，王卫红，杨韫利，译.北京：清华大学出版社，2011.
⑤ STAROSIELSKI N, SODERMAN B, CHEEK C. Amodern 2: network archaeology[J/OL]. A journal on media, culture, and poetics, 2013. [2023-08-17]. https://amodern.net/article/network-archaeology/.
⑥ OPPENHEIM R. Actor-network theory and anthropology after science, technology, and society[J]. Anthropological theory, 2007,7(4):471-493.

类历史的中心位置。这样的中心位置不仅源自物质交流网络在 17 世纪以来的人类历史中所占据的基础地位,更有赖于网络这一联结视角/隐喻本身①。

不过,网络隐喻的使用有两点需要警惕:其一,网络隐喻实际上是一个分析性概念,分析性概念在历史书写中不可或缺,但我们不能将分析性概念等同于分析对象本身。大多历史和社会科学家所使用的网络隐喻直到 20 世纪才获得稳定的含义。全球史学家奥斯特哈梅尔(Jürgen Osterhammel)认为②,以网络的方式来思考问题是 19 世纪才出现的一种直观形式,社会作为网络的自我理解也源于 19 世纪。19 世纪中期到第一次世界大战之间的一个最显著标志就是跨越城市区域、民族国家或者各大洲边界的人口迁移、殖民扩张等重复交往的增多和加快。所以这一时期迅速的全球化实际上就是整个世界的观念、知识、信息、商品和服务网络的形成。罗森博格(Emily S. Rosenberg)③在《日益缩小的世界中的跨国流动》中也频繁地使用网络隐喻来描绘 1870 至 1945 年的跨国流动趋势如何以新的方式将世界汇聚在一起,甚至第二次世界大战都几乎没能阻断这些跨国流动所带来的"全球化"进程,即便"全球化"还没有成为此时经济政治话语中的常用术语。但这些围绕万国邮政联盟、国际奥委会、世界博览会、专业科学知识网络、大众传媒和消费文化等等展开的纵横交错的跨国权力流动在传统以民族国家为中心的历史书写中常常被忽视。

此外,网络隐喻的使用往往暗含着强烈的网络科学假设,这种假设更多地指向网络的技术和经济面向,如自然垄断、网络外部性、路径依赖等等④。而实际上特定网络关系的生成有赖于更复杂的社会场域力学:即便人类历史上的网络有些是偶然且无意识的人类行为,如天花向日本的传染,但也存在许多有意图建立起来的社群联系,如丝绸之路这样的贸易网络;此外,网络扩展的背后也有政治动因,比如帝国的建立,当然,还存在独立的宗教和文化联结,如佛教传入中国的过程。⑤ 所以,在面向特定关系实

---

① 马特拉. 全球传播的起源[M]. 朱振明,译. 北京:清华大学出版社,2015.
② 奥斯特哈默. 世界的演变:19 世纪史[M]. 强朝晖,刘风,译. 北京:社会科学文献出版社,2016:1320-1321.
③ ROSENBERG E S. Transnational currents in a shrinking world:1870-1945[M]. Massachusetts:Harvard University Press,2014:1-10.
④ BALBI G. Telecommunications [C]//SIMONSON P, PECK J, CRAIG R T, et al. Handbook of communication history. London and New York:Routledge,2013:209-222.
⑤ 胡骁南. 约翰·麦克尼尔谈全球史及人类之网:历史是人类社群的联结[N]. 上海书评,2018-06-10.

体的历史网络分析中,网络科学的假设并不总是行之有效的。

《网络国家》这个标题是将一个技术和经济的概念("网络")与一个政治和文化的概念("国家")并置①,以强调这两个概念都是隐喻,且彼此之间有着复杂的关系。其中"网络"有两层含义:既是一种抽象的技术与经济隐喻,同时也指向电报或电话等特定的技术人工物对象。而特定电报或电话网络的铺设和接入,则伴随着"国家"的制度性在场和权力协商。但如果将这里的"国家"仅仅对应为联邦级别的中央政府机构是一种误解。电信网络不仅仅主要是联邦层级的政府机构形塑,事实上,州(或地区)和地方(或市)政府机构在电信网络的演变中甚至扮演更加至关重要的角色。在这个意义上,约翰的"国家"是由联邦层级、州一级和地方市政一级的政府机构动态博弈、不断演变的制度场域,这一制度场域作为西联、贝尔等电信组织置身其中的"游戏规则"或表演的"舞台",规范着这些电信组织的行动,进而形塑了早期的电信网络。

第一批电子通信媒介是各方力量交汇的场域,吸引了技术、经济、政治和公民观念之间的诸种关系在其中汇聚或展开、冲突或协商。通过第一批电子通信媒介的兴起,我们可以窥探到联邦、州和市政一级的政府机构在一系列通信政策上的政治经济运作。在这个意义上,电报和电话网络的早期演变可以成为观察国家制度变迁的一个棱镜,约翰的电信史同样是一部美国政治发展史。一方面,电信网络的组织创新吸引了各种"国家"的制度性力量参与其中,彼此冲突或相互协商,进而缓慢演化;另一方面,电信网络的指涉范围在"国家"的制度性场域中被不断地创造出来。电信网络真正成为"驱动国家转型的力量"②。

二、漏洞:网络隐喻的空间政治

出于这样的媒介研究理念,本专题选编两篇与《网络国家》有关的文章:《大国如邻:电信的空间政治》和《从"邮政系统"到"网络国家"——将制度带回通信史》。其中前一篇来自约翰的代表作《网络国家:作为制度遗业的电信》的第一章,后一篇则是本

---

① 译者在和作者讨论书名的合适译法时,为了避免理解的歧义,作者还专为"网络国家"提出了一个替代性表述,即 Constructing a Nationwide Network,来帮助说明 Network Nation 试图要传达的准确意思。
② 钱德勒,科塔达. 信息改变了美国:驱动国家转型的力量[M].万岩,邱艳娟,译. 上海:远东出版社,2008.

刊在《网络国家》出版十年之后组织的一次针对该书对约翰教授的访谈。

《大国如邻：电信的空间政治》呈现了约翰在技术史和企业史领域的学术贡献。这篇文章概述了1840至1920年第一批成为现代性标志的电子通信网络——电报和电话——是如何诞生的，以及为什么会演变成后来它们各自所呈现出的那个样子。约翰从中抽象出电信网络演化的三阶段模型：商业化（commercialization）、大众化（popularization）和自然化（naturalization）。电报和电话最初的设计都不是为了实现全体人民的普遍可接近性，而大众化则意味着通信网络不再只为少数人，而是面向全体人民提供"普遍服务"，这是一起划时代的媒介创新，在世界通信史上尚属首例。

正是在"普遍服务"的意义上，约翰认为"维多利亚时代的互联网"[①]不应该是电报而是邮政网络，因为电报在维多利亚时代仍属小众；同样，今天无处不在的数字通信网络最直接的先驱不是电报而是电话，因为电话是通信技术史上第一项被配置为面向全体人民提供"普遍服务"，而非面向特定用户提供专属服务的"电子"通信媒介。"普遍服务"的历史遭遇挑战了长期以来一直笼罩着（通信）技术史书写的"电子崇敬"神话。于是，当基特勒告诉我们媒介决定了我们的境况和经验结构时，约翰也提醒我们，"我们"是谁？人类历史上的每一项媒介创新都"普遍服务"于我们每一个人了吗？即便如此，那又是如何发生的？

约翰强调电信网络的可接近性不仅取决于技术律令和经济诱因，同时还受到文化规范，以及不断协商和重新定义的政治决策过程的影响。其核心观点是政治渗透于技术人工物中。这个观点显然和技术哲学家兰登·温纳（Langdon Winner）的那篇广为传播的文章《人造物有政治吗？》形成鲜明的比照[②]。约翰的这个观点也更新了其就读哈佛时的导师、企业史领域的开创者阿尔弗雷德·钱德勒（Alfred D. Chandler）所提出的"看得见的手"这一结论。

立基于"普遍服务"的历史事实，《大国如邻》也质疑了麦克卢汉（Marshall McLuhan）、纳撒尼尔·霍桑（Nathaniel Hawthorne）、威廉·钱宁（William Channing）、凯瑞（James W. Carey）以及安德森（Benedict Anderson）等关于"想象的共同体"这一假

[①] 斯丹迪奇. 维多利亚时代的互联网[M]. 多绥婷,译. 南昌：江西人民出版社,2017.
[②] 温纳. 人造物有政治吗？[M]//吴国盛. 技术哲学经典读本. 上海：上海交通大学出版社,2008:185-199.

说,即便他们所言的共同体并非都以"民族国家"为理想原型。约翰的理由包括:其一,电报最初并不是为了用来将整个国家联结起来,而是用来在曼彻斯特的棉纺厂与美国南部的棉花港口间进行跨国通信。此外,1835至1861年的电报网络非但没有促进国家共同体的认同,相反为南北战争和文化分裂奠定了基础。其二,早期的电话呼叫仅限于城镇内部,很少有人渴望用电话与超出城镇边界的人进行通信交流,更别说用电话来进行全国范围内的通信了。其三,在研究殖民主义的通信学家看来,殖民者与本地人经由通信技术创造并维持共同体身份是一个相当荒谬的结论。由此,通信技术并非理所当然就能促进民族国家的联结,通信技术也更不必然就预示着"想象的共同体"。

第二篇访谈文章《从"邮政系统"到"网络国家"——将制度带回通信史》是针对约翰的研究进行的批判与反思。其中有几点值得我们注意:

首先,通过对《传播新闻》和《网络国家》的反思,约翰试图纠正在技术史学家中长期存在的一种偏见,即通信网络主要依靠电力为媒介,比如电报、电缆、电话、无线电、互联网;而依赖非电力能源的通信网络,比如维多利亚时代的远洋蒸汽船、光通信和邮件等等往往被技术史学家排除在外。这种状况的存在源自一种阶段论神话,即技术进步可以按照明确的阶段进行划分,于是电报作为第一种以电为媒介的通信网络,自然标示了一个新的时代。在这一点上,约翰也对凯瑞的观点进行了修补:其一,通过考察telecommunication的词源,约翰提醒我们远程通信并不一定就是电信。远程通信与电之间不证自明的捆绑是历史的产物。相反,他认为18世纪90年代光通信的发明,而非凯瑞认为的19世纪40年代电报的商业化标志了交通运输与信息传播的分离。其二,凯瑞主张沟通交流源自文化的需要,社会通过基于通信手段的沟通交流活动来定义、维持和修复自身;约翰则认为通信是政策协商的产物,"大国如邻""想象的共同体"都不是自然天成的,很有可能是一项精心策划的政治成就,所以他反对通过赋予电气设备、电池和电线以能动性来解释历史过程,转而认为政治经济对于技术创新是构成性的。

也正是在这一点上,约翰将其所使用的网络隐喻与技术史学家托马斯·休斯(Thomas Hughes)在《电力之网》中所使用的系统(systems)隐喻区分开来。休斯的输电网写作是以城市为分析单位,所以即便约翰认为借鉴休斯的系统隐喻来理解城市电话运营公司是行得通的,因为市内电话运营公司之间紧密耦合(tightly coupled),但如果用系统隐喻用来描述全国电话网络将会产生误导,因为全国电话网络长期处在松散耦合(loosely coupled)的状态,完成一次跨越空间的长途电话呼叫需要花费大量时间和精力。AT&T总裁西奥多·N. 维尔(Theodore N. Vail)口中所说的"贝尔系统"(Bell System)并非一张均质的无缝网络,而是充满漏洞的异质网络,许多地方仍被排除在网络之外。约翰通过这一点也提醒我们注意网络隐喻的空间政治:它在于促进人们看见联结和关系的同时,还吸引人们去关注那些未被接入网体的空白网眼地带。[①] 也就是说,比起休斯将大型技术组织(系统)作为动因,约翰偏向于政治经济在网络演变中的构成性。

其次,受休斯的影响,城市作为分析单位的不可或缺性是约翰在书写《网络国家》时最重要的发现之一。国家不是唯一的,甚至在某些情况下不是最重要的分析单元。遗憾的是,电信史学家通常假设国家是最相关的分析单位,实际上,塑造电报和电话的政治经济同时具有国家性、次国家性和跨国家性。跨国层面的政治经济是电报的重要舞台,次国家层面的政治经济是电话的重要舞台,国家至少在电话的形成时代是处于次要位置的。但除了罗伯特·麦克杜格尔、梅格安·马奎尔(Meighan Maguire)和罗伯特·霍维茨(Robert Horwitz)之外,几乎其他通信史学家都认为城市是一个无关紧要的主题。但事实证明,城市绝对不容忽视,它不仅是商业创新的温床,也是公共政策创新的温床,这一点在电信行业体现得最为明显。空间的邻近性有助于为新方法和新技术的实施创造肥沃的土壤,这不仅对于电话公司经理人,而且对于电话发明者都至关重要,因为他们都面临解决降低大城市电话交换所的呼叫连接延迟的问题,而这是一个前所未有的挑战。

此外,当我们谈论今天的信息与通信技术时,除了可以城市作为国家的替代性分析单位外,企业同样也是重要的分析单位。这在大型数字科技平台全方位入侵日常生活世界的当下尤其具有可操作性。实际上,一系列用来理解 Web2.0 数字科技平台所使用的社会科学概念,如信息基础设施、公共载具、网络中立、网络效应、自然垄断、交叉补贴、反垄断、公共事业(public utility)等等都并非新近才出现的术语,而是拥有其

---

① 奥斯特哈默. 世界的演变:19 世纪史[M]. 强朝晖,刘风,译. 北京:社会科学文献出版社,2016:1320-1321.

所形成的历史语境——它们或多或少都可以从"贝尔系统"身上找到对应的出处。比如,今天的互联网科技公司的创始人们用来为平台的无限扩张进行辩护的"自然垄断"概念,正是在19世纪80年代电信网络的形成时期,由社会科学家理查德·T.伊利(Richard T. Ely)和亨利·C.亚当斯(Henry C. Adams)普及开来的。

综合起来,《网络国家》的书写同时汲取了技术史、企业史、比较制度主义和美国政治发展(American political development,APD)[①]的理论资源。约翰试图发掘出电报和电话网络演变中的关键决策者,这是企业史的传统;并展示技术人工物——比如电话接线总机——是如何演变的,这是技术史的做法;同时也对电信组织运作所置身的政治经济感兴趣,这是比较制度主义的主要基调;此外,还假定政府机构(包括法律、联邦政府、联邦制,以及塑造公共政策的框架、颁布和执行的组织配置)可以成为变革的行动者,以及在特定时空下,政治现象源于政治原因,而不是对工业化、城市化、现代化或类似破坏性社会变革的功能性反应,同时考虑观念(公民理想)如何影响政治变革,这是美国政治发展的研究路径。

三、网络隐喻的时空情境

最后,网络隐喻的意义创造还有赖其展开的时空脉络。正如约翰所提醒的,电信网络演变的三阶段模型——商业化、大众化、自然化在不同媒介对象和不同时空下都将会呈现出差异。仅就美国的在地经验来看,电报在19世纪40年代由塞缪尔·莫尔斯(Samuel B. Morse)实现其商业化,在19世纪80年代由立法者和经济学家对竞争作为监管手段失去了信心后推动其自然化,最后于1910年在西联电报公司被贝尔接

[①] 斯考克波是这个领域的代表人物,可参见:斯考克波.找回国家:当前研究的战略分析[C]//埃文斯,鲁施迈耶,斯考克波.找回国家.方力维,等译.北京:生活·读书·新知三联书店,2009. 约翰自己也就这个主题写过两篇文章:JOHN R R. American political development and political history[C]//VALELLY R, METTLER S, LIEBERMAN R. Oxford handbook of American political development. New York: Oxford University Press, 2016:185-206;JOHN R R. Governmental institutions as agents of change- rethinking American political development in the early republic, 1787-1835[J]. Studies in American political development, 1997,11(2):347-380. 另外关于这个领域的介绍性文章可阅读:焦姣.美国政治发展研究学派对"弱国家"神话的解构[J].美国研究,2017(5).

管后实现了大众化。相比之下,电话的商业化是在19世纪70年代通过亚历山大·贝尔(Alexander G. Bell)的专利的运营公司来实现的,此后在1900年依靠贝尔以及作为其竞争对手的独立电话公司完成其大众化,最后于1913年,随着法院将电话市场卡特尔化,电话完成了自然化。

互联网的情况又不一样。20世纪60年代,在美国国防部的军事资助下,互联网率先完成自然化,这显然不同于首先在实验室发明并使用的电话。到了20世纪90年代,在美国国家自然科学基金会的推动下,互联网实现了商业化,并于2000年前后开始走向大众化,同时爆发了第一波互联网热潮以及随之而来的dot-com泡沫。①

回到中国的历史语境中,如果我们尝试以媒介为路径就19世纪中期以来自"大清邮政"到"腾讯微信"的中国现代通信网络展开书写②,那么原本我们视之为个别媒介对象来研究的大清邮政、沪杭铁路、电报、口岸城市的电话、无线电、早期互联网以及Web2.0时代的数字科技平台,就需要重新被视为媒介在社会实践遭遇、交错、对抗、结合的制度性场域中的各种具体呈现。这样的书写路径不应以这些个别媒介对象的既存事实为前提去寻找这些个别媒介的特殊性和个别性,而应由这些个别媒介对象为何会出现开始探讨,去问什么样的社会场域力学使这些个别媒介对象成其所是③。在此过程中,个别媒介对象的技术或组织创新将会吸引与汇聚各种制度性力量或文化观念介入其中,彼此冲突抑或相互协商,进而缓慢演变。通过将经验世界中的技术和意义

---

① 约翰.网络国家:作为制度遗业的电信[M].金庚星,孙藜,张田,等译.北京:中国传媒大学出版社,2022:作者中文序.

② 在这方面,可以参考黄旦教授在《理解媒介的威力——重识媒介与历史》一文中提及的几项研究,如沃尔夫冈·希弗尔布施的《铁道之旅:19世纪时间与空间的工业化》以及连玲玲的《打造消费天堂:百货公司与近代上海城市文化》;另有几篇复旦大学的博士论文选题属于在这个书写路径上的初步尝试,如孙藜的《晚清电报及其传播观念》(上海书店,2007年)、李晓荣的《火车沿着沪杭跑——媒介的视野(1905—1937)》、陈鑫盛的《晚清上海邮政的兴起》、金庚星的《网络都市:电话在上海》、李暄的《"挂在天空的耳朵":民国上海广播研究》;同样,一些既有的相关主题的作品,也可以从媒介路径进入加以重新解读,这些作品如:李思逸的《铁路现代性:晚清至民国的时空体验与文化想象》(时报文化,2020年)、吴昱的《从"置邮传命"到"裕国便民":晚清邮驿与邮政制度转型研究》(中山大学研究生院,2009年)、夏维奇的《晚清电报建设与社会变迁:以有线电报为考察中心》(人民出版社,2012年)、周永明的《中国网络政治的历史考察:电报与清末时政》(尹松波、石琳译,商务印书馆,2013年)、薛轶群的《万里关山一线通:近代中国国际通信网的构建与运用(1870~1937)》(社会科学文献出版社,2022年)。

③ 吉见俊哉.媒介文化论[M].苏硕斌,译.台北:群学出版有限公司,2009:2-13.

面向同时媒合中介，媒介揭开了我们的历史与当下的境况。

在理解特定个别媒介对象成其所是的过程中，我们总是不可避免地依靠技术隐喻来创造意义，如系统、网络、平台、基础设施等。在当我们借用某个隐喻创造一种关于个别媒介对象的新理解的同时，也会被这一隐喻背后的假设所束缚，就像网络和电信的关系那样。而正是在技术隐喻往复来回的意义协商中，个别媒介对象的指涉范围、装置、实践、制度被创造出来。所以，除非我们识别出隐喻及其背后的假设，否则我们将面临将隐喻与其所指涉的媒介对象混淆的风险，而这将会误导我们的理解。

从"邮政系统"到"网络国家"*
——将制度带回通信史

◎理查德·R.约翰(RRJ)　金庚星(JGX)**

一、媒介与现代国家

JGX-1：从《传播新闻》到《网络国家》，您的研究工作一直围绕"communications"展开，"communications"是您至关重要甚至核心的学术写作对象。您如何理解"communications"，不管是从语言、技术或制度的维度？"communications"如何激起了您

---

* 感谢上海大学孙藜教授在访谈开始之前预读了全部问题并贡献了极具价值的修改建议，同时预读了译稿初稿并帮助勘误了本文多处存疑之处；感谢南京大学袁光锋教授预读了译稿初稿并就几处政治学术语提供了建议；感谢上海外国语大学钱进研究员预读了译稿初稿并提供了反馈意见。题目中的"邮政系统"和"网络国家"分别对应理查德·约翰先后于1995年和2010年出版的两本专著《传播新闻：从富兰克林到莫尔斯的美国邮政系统》和《网络国家：作为制度遗业的电信》(中文版已由中国传媒大学出版社出版)。副标题"将制度带回通信史"是访谈者通过借鉴斯考切波在《找回国家》中的表达方式对理查德·约翰两部作品的研究路径的一种提炼。理查德·约翰的这种研究路径可被视为1990年代美国社会科学中兴起的"新"制度主义范式下的产物，比如他提及所受到的西达·斯考切波和保罗·斯塔尔的影响。"新"制度主义范式下的历史书写是对1960年代以来主导美国历史学的社会与文化范式的一种反思和转变，这一转变的背景是自1960年代的一系列"反文化"风暴正在被1990年代的一系列新的社会问题所取代。"新"制度主义将"制度"视为一堆不断演变的规则，这些规则与社会文化过程以不可预测的方式相互作用，并充满着偶然性。正是在这一点上，它也与传统意义上将"制度"视为稳定不变的结构实体的做法区别开来。沿袭这种"新"制度主义路径，我们就不应将理查德·约翰的"国家"理解成传统意义上韦伯式的官僚组织，而是一种不断演变的制度结构，或"行动者"如电话公司等所置身其中的"游戏规则"或表演的"舞台"。

** 理查德·R.约翰(Richard R. John)，曾任美国企业史学会主席(2010—2011)。哥伦比亚大学新闻学院教授，学术专长为通信技术、商业和美国政治发展。约翰在哈佛大学先后获得社会研究学士、历史学硕士和美国文明史博士学位，师从小阿尔弗雷德·D.钱德勒、大卫·H.唐纳德、丹尼尔·贝尔等学者。代表作《传播新闻：从富兰克林到莫尔斯的美国邮政系统》(1995)，曾获艾伦·内文斯奖和赫尔曼·E.克鲁斯奖；《网络国家：美国电信的发明》(2010)，曾获新闻与大众传播史最佳书籍奖(2010)和拉尔夫·戈默里奖(2011)。金庚星，华东政法大学韬奋新闻传播学院副教授，复旦大学信息与传播研究中心研究员。

的研究兴趣？以及它对于历史学家为何重要？①

RRJ-1：在回答我是如何理解"communications"，以及 communications 为何对历史学家来说往往很重要或不重要之前，我想先来谈谈我当初是如何开始走上研究 communications 这条路的。

我开始研究 communications，很大程度上纯属偶然。20 世纪 80 年代，作为哈佛大学的一名研究美国文明史的研究生，我四处寻找论文题目。最初的计划是去研究权威的美国作者如何撰写关于兴衰的文章；我突然想到，官僚主义宿命论（bureaucratic fatalism）的历史将是一个很好的切入点。在那之前，我于 1981 年完成的哈佛大学社会研究方向的本科毕业论文的写作主题就涉及 20 世纪早期新英格兰地区工业衰败的情况，我有兴趣去扩展这个项目。

和官僚主义宿命论有关的问题在于人们是如何研究它的起源的，以及官僚主义宿命论始于何时。我突然想到，问下面这个问题是有意义的：美国第一家官僚组织是什么？我在进入研究生阶段学习后不久参加的一次讲座上，专长于 19 世纪研究的美国历史学家大卫·唐纳德（David Donald）顺便提到美国第一家官僚组织是邮政。[我后来才知道，他当时正在为一本由政治科学家马修·A. 克伦肖（Matthew A. Crenshaw）撰写的一本关于杰克逊式政治（Jacksonian politics）的专著做润色。]大卫·唐纳德对邮政的观察激起了我的兴趣。我就问我自己：我最初的论文构想为什么要围绕仅仅一小部分权威作者对很多家官僚组织的看法来构思，而不是围绕更多来自各行各业的同时代人对同一家官僚组织的看法来展开？也就是说，与其聚焦于一小部分人对多家官僚组织的看法，不如考察所有人对同一家官僚组织的看法。这就是我决定去写一篇关于邮政的学位论文的原因：它是一项关于官僚主义宿命论的起源的案例研究。官僚主义宿命论现象在我成长的美国——20 世纪 60 年代和 70 年代的美国非常明显。[如果有人对 20 世纪 60 年代官僚主义宿命论的历史感兴趣，我推荐霍华德·布里克（Howard Brick）的《矛盾时代》（*Age of Contradiction*）。]

---

① "communications"一词在本文中的译法视情况而定：当作为 Richard John 所关心的特定的经验对象时，译为"通信"，或者更具体地指的是邮政、电报和电话；当作为一般的人类交往行动时，译为"沟通交流"；当作为一种学科话语时，译为"传播"。

我并没有立即放弃对兴衰史的兴趣,但当我开始研究资料来源时,我很快发现,19世纪美国人绝不是以官僚组织宿命论的惯常视角来看待邮局。于是,我对官僚组织宿命论失去了兴趣,决定转而探索美国人对邮局的看法。

顺便说一句,我最终发表了一篇修正主义的文章,涉及赫尔曼·梅尔维尔(Herman Melville)如何在他的经典短篇小说《录事巴托比》①(Bartleby, the Scrivener)中论述邮政部死信办公室。在这篇文章中,我多多少少直接探讨了美利坚合众国早期的官僚组织宿命论问题:我的结论很简单,至少就邮局(第一个官僚组织)而言,官僚组织宿命论并不存在。

我写的关于"巴托比"的文章,对利奥·马克思(Leo Marx)写的关于同一短篇小说的一篇著名论文提出了挑战。利奥·马克思是我所在的哈佛大学文明史研究生项目的第一批毕业生,长期以来一直是其所在领域的杰出人物。马克思认为,巴托比众所周知的自卑("我宁愿不要")源自他作为一个被困在卡夫卡式噩梦中的浪漫主义艺术家的绝望处境;我不太同意这个论断。在我阅读梅尔维尔的短篇小说时,那个负责处理死信的录事压根不是什么艺术家,而是一个倒霉的政客,在失去一份在邮局的薪水丰厚的工作后,他发现自己无法靠誊抄法律文本所获的极低计件工资来弥补损失的收入。简而言之,这篇短篇小说是对19世纪美国政治的评论,而不是对20世纪大众社会的评论。

如果有人有兴趣查阅我关于"巴托比"的文章,可以在《新英格兰季刊》(New England Quarterly)上找到;我已经在哥伦比亚大学网页上的"学术共享"(Academic Commons)网站上建立了一个链接②,链接到我的文章以及大多数篇幅较短的出版物。

"巴托比"这篇论文是我的第一篇,也是迄今为止我对美国研究(American Studies)的"神话和象征"学派的最后一个贡献。这是一场知识运动,我的研究生课程一直与之有关,回想起来,我从那时起开始明白自己是在接受培训。我的研究生项目并不强调方法论,这种情况在当时和现在一样,我认为是一种优势,因为我相信将方法

---

① 此处《录事巴托比》的译法参考了1972年香港今日世界出版社出版的余光中翻译的《美国短篇小说集锦——录事巴托比》的译法。"录事"即为今天的"书记员"。
② 链接地址:https://academiccommons.columbia.edu/search? f%5Bauthor_ssim%5D%5B%5D=John%2C%20Richard%20R.&f%5Bdepartment_ssim%5D%5B%5D=Journalism。

论与项目相适应比反过来更好。

我的研究生项目当时正式被称为"美国文明史",后来被重新命名为"美国研究"。如果我延续最初的想法写一篇论文,我的"巴托比"论文可能最终会成为某个章节的一部分。相反,这是一篇孤立的文章,偶尔会被文学领域的学者引用,但除此之外它就像巴托比本人一样孤独。

当时我仍然钦佩"神话和象征"学派,尤其是利奥·马克思(Leo Marx)的《花园里的机器》(*Machine in the Garden*)。然而,当我在20世纪80年代中期坐下来写我的博士论文时,我已经得出结论,至少我的一些"美国文明史"的研究生同伴也会得出这样的结论:要对"美国心灵"做出合理的概括几乎是不可能的。这个概念似乎过于模糊和复杂,太接近那些碰巧是白人、男性、英裔和精英的美国人的世界观。

但在我的研究生同伴中,泰德·威德默(Ted Widmer)是一个例外。他是一名杰出的研究生,曾以1840年代"青年美国运动"为主题写过一篇极富同情心的学位论文。有趣的是,威德默毕业后曾在白宫担任过一段时间演讲撰稿人,这提醒人们学术和政党政治之间往往存在共生关系。在美国这样的代议制民主国家,政党政治是不可或缺的,但政党政治与学术不是一回事——不管过去还是现在,我都认为自己更像是一个学者,而不是一个党派分子。

虽然我不再担心"美国心灵",但我不愿放弃美国人对待官僚主义的态度。我仍然很有信心,可以就广大美国民众对单一官僚机构的看法提出一个可信的论点。这就是为什么我写了一篇关于邮局的论文。

当我决定写我的博士论文时,我当然知道邮局促进了信息的流通。更不用说,我也知道它是一个政府机构。即便如此,我决定深入研究这个特殊组织的历史,主要是因为我坚信,如果我把它作为我研究的中心,我就能了解美国人对官僚组织的态度。既然官僚组织如此庞大且引人注目,按理说很多人可能都会对它发表自己的观点。

我之所以决定写关于邮局的文章,其实主要源自我对美国文化的兴趣,但我并非不知邮局是一个大型组织,而且大型组织是我非常钦佩的历史学家小阿尔弗雷德·D. 钱德勒(Alfred D. Chandler jr.)的研究专长。钱德勒当时就在哈佛,这是我决定留在哈佛,而非冒险南下去耶鲁读研究生的原因之一,我当时也被耶鲁的美国研究项目录取了。

从大学时代伊始，我就对钱德勒产生了兴趣。钱德勒的《看得见的手：美国企业的管理革命》出版于1977年，很快我就在工业组织专家理查德·卡夫（Richard Caves）讲授的本科经济学课上读到了这本书。我是在经济学而非历史学中邂逅了钱德勒，这种邂逅具有鲜明的时代印记：因为1970年代的历史学家们对当时新兴的"自下而上"的社会史领域投入了大量精力，而对精英阶层、大公司和国家的关注相对较少。

虽然钱德勒在哈佛大学历史系任职，但他在查尔斯河对岸的哈佛商学院教书。出于这个原因，20世纪80年代，我多次穿越查尔斯河，既是为了参加钱德勒的课程，也是为了编辑《企业史评论》（Business History Review）。在哈佛商学院（Harvard Business School），我还曾与托马斯·K.麦克劳（Thomas K. McCraw）一起工作。麦克劳是一位年轻的经济史学家，凭借《监管的先驱》（Prophets of Regulation）一书赢得了1985年度的普利策奖。这是一本关于美国监管机构的历史的专著。

钱德勒能够就美国历史的广阔领域进行引人入胜的叙事的能力使我深刻印象。钱德勒是一位比较制度主义者，我在哈佛大学就读社会研究专业本科时就接触到了比较制度主义的研究路径，但最初我并不打算去追寻这种路径。钱德勒的学识，再加上他近乎痴迷的好奇心、对研究的大力投入、个人的谦逊风格与绅士风度，令我为之倾倒。顺便说一句，我已经就他的全部作品写了两篇评论文章。如果有人对这两篇文章感兴趣，可在我的哥伦比亚主页上找到链接。事实上，钱德勒在哈佛的坐镇是我决定留在哈佛大学继续攻读博士学位的主要原因之一。他与大卫·唐纳德形成完美互补，大卫·唐纳德是我博士论文的第二导师。在钱德勒的影响下，我对组织产生了兴趣。而唐纳德作为一名技艺精湛的文献大师和鼎鼎大名的论文"监工头"带我登堂入室。有机会在两位导师的指导下完成博士论文，我觉得自己真的很幸运。在帮助我找到19世纪早期邮局在其所置身的政治、文化和经济脉络中的位置方面，这两位导师都是独一无二的合格人选。

回顾我的研究生生涯，我还想补充一点的就是至少还有一个原因有助于解释为什么我的博士论文最终写了一个组织，尤其是一个政府组织的历史，而这个原因是与我接受研究生训练的直接环境没有关系的。这个原因归结于我的成长环境。我在马萨诸塞州（Massachusetts）的列克星敦（Lexington）长大，列克星敦是美国历史上的著名小镇，美国独立战争在这里打响第一枪。在我成长的岁月，美国和苏联仍然处于冷战之中,越南战争仍在激烈进行,"后水门事件"时代的犬儒主义充斥着公众话语。尽管计算机当时还比较奇特,但我高中的一个教室已经配备了一个巨大的主机。我的几个朋友的父母与我的父亲一起,在政府相关的研发项目中谋生,这些项目大都由军方资助。我当时没有听说过名为美国国防高级研究计划局(Defense Advanced Research Projects Agency,简称 DARPA)的这个发明了互联网的政府机构。但在我当时生活的地方,我身边的很多成年人都已经听说过 DARPA 了。

同时代的高科技和先前的革命时代共同给当时的我留下了深刻的印象,在某些方面这种影响直至今天。有一年的高中暑假,恰逢美国独立战争 200 周年纪念,成千上万的游客蜂拥至我的家乡,想要了解独立战争。我打扮成一个殖民地民兵,向这些游客发表关于列克星敦公地(Lexington Common)的演讲。虽然列克星敦市引以为豪的是殖民时期的房屋,但革命时代的景观在许多方面似乎都与我年轻时期的风貌相差甚远。当我开车带着游客沿着"战斗之路"前往康科德(Concord)时,透过树木,我清楚地看到一座空军基地,这座空军基地原本是为了保护"殖民地"景观不受 20 世纪的影响。我本身是火箭科学家出身的高级政府官员的儿子;仅仅因为这个原因,你或许就能理解为何我从来没有遇到过一部在智识上让我觉得满意的美国史,就像大多数历史一样,这些美国史往往遗漏了大企业、通信网络、军事-工业联合体和国家。

钱德勒向我传授了如何将我自身的成长世界与早期的美国历史关联起来,他为我提供了一些方法,让我不仅可以清晰地思考制度,还可以思考国家,甚至是通信网络。钱德勒曾告诉我,当一个年轻人承认其研究兴趣在于文化而非制度时,这个年轻人就变成了历史学家,因为历史学家对文化观念感兴趣。但是,如果真正重要的观念是嵌在制度之中呢?难道把注意力集中在最重要的对象上就没有意义吗?

当选定博士论文主题后,我决心进一步了解邮局的运作方式。我原本以为已经有人写过关于这个主题的书了,却发现事实并非如此,我对此感到惊讶。这促使我重新思考我的选题项目:我拟将分析的是一个特定官僚组织——邮局——是如何运作的,以及它带来了什么变化,而不是要去写美国人对官僚组织的看法。钱德勒的影响在这里至关重要,因为他自己的学术研究主要集中在大型组织的内部动态。最初我打算研究的时间跨度是 1820 年代至南北战争时期;最后,我回溯到 1780 年代。虽然我对 1840 和 1850 年代也做了大量研究,但我博士论文的最后一章是对发生于 1835 年的一场政治危机的个案研究。

如果我最终抽出时间来写一部从启蒙运动到冷战的美国通信史,我可能会在未来的某个时候重新捡起当时那些未成文的章节。这个写作项目的视野必然是全球性的,但它就像我写过的书一样,仍然保持对一手资料的原始研究,保持时空的特殊性。

为了更好地理解组织是如何运作的,我旁听了一门由社会学家丹尼尔·贝尔(Daniel Bell)讲授的通信社会学(sociology of communications)课程。当1980年代贝尔电话系统(Bell System)解体的事件出现在新闻中时,贝尔教授还专门就这个话题做了几次讲座。正是在这门课上,我第一次了解到交叉补贴(cross-subsidies)在通信网络中的作用,这是我后来在《传播新闻》中涉及的一个话题,从那时起,这也一直是我的兴趣所在。

例如,如果要写一部20世纪60年代的互联网史前史,贝尔系统的交叉补贴就在其中扮演了主要角色:计算洲际弹道导弹轨迹是复杂的,算力昂贵,长途电话线不够用。贝尔公司的管理人员将长途电话视为面向专属客户的利基服务(niche service)①,而将本地电话视为面向全体人民的大众服务,并据此制定收费标准。军方如何解决计算问题?将链路和节点互联……这样相隔遥远的计算机主机互联而成群岛,其所拥有的计算能力就可以用来计算导弹的弹道……瞧,大功告成!除了军方以外,没有人有资源或需求来联通大型计算机主机,而这些计算机主机也不是被设计用来互联的。这是一项极其艰巨的任务,而且不是由那些从车库起家的硅谷极客来推动的,而是由美国国防部高级研究计划局的官员来实现的。DARPA是一个深藏于美国国防部的办公室。简言之,互联网就是美国幕后政府(Deep State)的继子。

正是丹尼尔·贝尔(Daniel Bell)最先把加拿大经济史学家出身的媒介理论家哈罗德·A. 英尼斯(Harold A. Innis)介绍给我。据我所知,英尼斯是第一位提出传播可能存在"偏向"这一观点的传播史学家。受到贝尔的启发,我开始阅读媒介理论,很快就狼吞虎咽地阅读了诸如沃尔特·翁(Walter Ong)的《口语文化与书面文化》(Orality and Literary)和伊丽莎白·爱森斯坦(Elizabeth Eisenstein)的《作为变革动

---

① 利基市场(niche market)是特定产品所面向的小众细分市场。面向利基市场的产品或服务旨在满足特定的市场需求,以及价格范围、生产质量和人口统计学目标。此处指的是电话公司提供的长途电话服务仅仅面向专门客户,而非全体人民。

因的印刷机》(*Printing Press as an Agent of Change*)等经典作品。

《传播新闻》探索了通信网络如何塑造商业、政治与公共生活。这本书提出了在写作之时仍然算是比较新奇的论点,即政府机构可以成为变革的推动者(agents),这个表述确实借用了爱森斯坦的隐喻。此外,这本书还详细阐述了本尼迪克特·安德森(Benedict Anderson)在《想象中的共同体》(*Imagined Communities*)中的论点,即通信可以促进国家建构。爱森斯坦聚焦的对象是印刷机,我揭示的则是印刷物如何从一个地方流通到另一个地方。安德森把我们的注意力吸引到报纸上,我则是展示了政府如何补贴报纸的发行流通。

虽然《传播新闻》主要研究的是一家特定的政府机构,但我确实在书中尝试就美国人对官僚组织的态度做了一些概括,这也是我最初的兴趣所在。例如,在调查19世纪的评论家是如何描述邮递效果时,我使用了一种我称之为"官僚崇敬"(bureaucratic sublime)的修辞。对此,我要向文化评论家佩里·米勒(Perry miller)表示歉意,众所周知他提出了所谓的"技术崇敬"(technological sublime)。美国研究领域的学者安·费边(Ann Fabian)在《传播新闻》一书的书评中提到了"官僚崇敬"这个观点,但这个概念并没有流行起来,我也没再回到这个话题上来。

我想再补充一点,费边对《传播新闻》这本书的评论属于典型的美国研究领域的专家式的评论:她淡化了我书中的制度维度,并且有点轻视地声称,我更多地受到了托克维尔(Tocqueville)而非梭罗的影响,她这样说的意思是指我过分强调制度塑造,而轻视文化批判。从某种意义上来说,她是对的:我确实已经从文化转向了制度。但从另外的意义来看,我并非如此。相反,我偶然找到了一种写作方式来讲述文化规范如何已经嵌入制度形式中,今天的美国人或许能理解这一点。

虽然《网络国家》比《传播新闻》的篇幅要长得多,但它的主题范围相较后者更窄。我的目标是通过追踪电报和电话这两大电信网络的商业化、大众化和自然化(commercialization, popularization, naturalization)的过程,来讲述美国电信形成时代的历史。1998—1999年,当我在史密森学会(Smithsonian Institution)伍德罗·威尔逊中心(Woodrow Wilson Center)开始研究这个项目时,一种惯常的路径是去研究电报和电话的早期历史与近期的发展之间的关系。作为一名历史学家,我选择了相反的路径:我没有站在千禧年之后的居高临下的位置上来"以今论古",而是置身于共和国早期的时空坐标上展望未来。关于共和国早期的相关话题我非常熟悉,因为我当时刚刚完成了一本关于邮局的书。虽然我并没有完全忽视传播对社会的影响——我在《传播新闻》中就这种影响写了很大篇幅——但我的主要目标是去探索社会如何塑造交流。12年后,我出版了《网络国家》一书。

历史学家经常从事的工作是去阐明某个特定历史关头的事件是如何受到先前历史关头的事件的影响。然而,在我开始"网络国家"这项研究的那几年里,明确说来就是1995—2000年,我的这项工作充满着挑战性。由于那几年正好赶上互联网泡沫,空气中都弥漫着一种关于信息技术的简直难以置信的炒作。在这一时期,创始人、记者甚至学者都普遍认为,一切都是新的,技术和经济最终取代政治和文化,成为变革的动因。但我的研究并不支持这些结论。我的研究表明,在电报和电话的形成时期,政府机构和公民理想成为一种结构化的在场,就像它们在美利坚合众国早期的邮局形成时所扮演的角色那样。

《网络国家》可被解读为是对钱德勒的众所周知的观点的补充甚至批判。钱德勒在1962年出版的一本名为《战略与结构》(Strategy and Structure)的著作主张,商业战略形塑组织结构。我的《网络国家》一书以钱德勒的战略结构理论为基础,并对其进行修正。我认为政治结构形塑商业战略。钱德勒认为政治结构对商业战略的影响被过度高估。至少在"二战"之前,政府机构仅仅只是对组织内部发生的变化做出反应。从研究生时代开始,政治社会学家西达·斯考切波(Theda Skocpol)[①]就是我的一个主要学术灵感来源。在斯考切波的引导下,我决心"将国家带回研究视野"。

我顺便补充一句,20世纪80年代末,在哈佛大学斯考切波主持的政治社会学和社会组织的研讨会上,我萌发了关于政府机构和公民理想的一些想法。这是一次真正对我产生影响的学习经历,因为它将我引入政治科学的一个分支——美国政治发展(简称APD)。自那时起,我就一直在从事这个领域和历史社会学的研究。

---

① Theda Skocpol 在中文中的译法有两种:一种是上海人民出版社于2007年出版的《国家与社会革命》和《历史社会学的视野与方法》中将其译为西达·斯考切波;另一种是生活·读书·新知三联书店于2009年出版的《找回国家》中将其译成西达·斯考克波。本文选用前一种,即2007年的译法。此处感谢南京大学袁光锋提供参考信息。

借此机会,让我来解释一下我所谓的"国家"是什么意思。在阅读斯考切波的作品之前,我就被告知,19 世纪的美国没有国家(的观念)。一些政治学家甚至声称,1980 年代的美国都没有国家(的观念),这个结论当时让我觉得难以置信,现在仍然如此。

事实上,在 20 世纪 80 年代,如果你是一位年轻的美国历史学家,你很可能会因为暗示美国在 19 世纪有国家(的观念)而被你的资深同事斥责。相比之下,斯考切波忙于将"将国家带回到"社会学和政治科学。我们最好不要把斯考切波的国家理解成韦伯式的官僚组织,而是要理解成一种制度结构,它拥有任何个人或团体都无法预见的效果。这是另一个促使我把注意力从美国人对官僚组织的态度(这是我最初的计划)转移到美国的组织机构所处的制度结构上的动因。

现在让我来谈谈我所理解的"communications"的含义。在《传播新闻》(*Spreading the News*)和《网络国家》(*Network Nation*)这两本书中,我主要感兴趣的是通信的制度层面,而不是把通信作为一种言语实践,甚至一种技术。技术当然很重要,我已经写了很多关于技术的文章。但我不是一个技术决定论者,我的主要分析单元不是技术发明或者兰登·温纳所说的技术人工物。

相反,我主要写的是通信网络是如何发展的,特别是它们是如何被政府机构和公民理想所塑造的。我的两本书都展示了大型组织——邮政部(Post Office Department)、西联电报公司(Western Union)、贝尔系统(the Bell System)、与贝尔有关联的大城市电话运营公司——是如何受到植根于制度形式的文化规范的影响,以及这些大型组织所建立的网络是如何对商业、政治和公共生活产生深远影响的。

你若问我 communications 是什么意思,这很难回答。多年前,托马斯·休斯就提醒,最好不要给一些概念下定义。我将 communications 视为一个包含语言、宗教和社会互动的社会过程。

Communications 对于所有现代形式的政治组织都必不可少,特别包括我们今天称之为民主的代议制政府。几千年来,各种各样的信息通过由政府、商人和公司运营的网络进行流通。在我的两本书中,我探讨了相对较长的时期内三种网络(邮件、电报和电话)在一个国家的演变。

一位专门研究希腊和罗马古典文学的同事提醒过我,在英语中,单词"communications""communist"和"community"在词源上相互关联。当然,词源不意味着命运。然而,这些关联提醒我们,长期以来,"communications"一直与存在的某个最深刻的层面联系在一起。

渴望与一种遥远的、看不见的力量联系起来,很可能是人类所有欲望中最基本的一种。远距离行动(Action-at-distance)是一个隐喻,不仅用来形容神秘的引力控制着行星在它们的轨道上运行,也指灵魂的交流。诗人亚历山大·蒲柏(Alexander Pope)写到的"空间的湮灭"指的是把远方的恋人聚集在一起的神圣干预的力量。彼得斯(John Durham Peter)的《对空言说:传播的观念史》关于这一点的阐述令人印象深刻:为了可信,任何对远距离行动的解释都不得不寄希望于宇宙的神秘。通信、交流和共同体之间的密切关系可能有助于解释为什么这么多媒介学者都深信宗教,例如彼得斯就是一名虔诚的摩门教徒。麦克卢汉、凯瑞、翁、埃吕尔(Jacques Ellul)以及英尼斯都是信教人士。

然而,交流不仅仅是一种尘世之外的实践,同样也存在于此时此地。正是出于这个原因,我倾向于使用带"s"的复数形式的"communications",而非去掉"s"的单数形式的"communication"。单数形式的"communication"在英语中更典型的用法是专门指讯息(message),而非讯息的共享手段。

有一个你可能会问,但结果没问的概念就是信息(information)。许多传播学学者使用术语"讯息"(messages),正如我上一段刚用过的那样;我更喜欢"信息"(information)。虽然信息比讯息更含糊,但信息与内容的联系不如讯息那么紧密,因此在时间和空间上进行比较时更有用。在谈到术语时,我想顺便提一下,我经常使用"mail"而不是"post",因为在英语中"post"有多种含义,可能会引起混淆。

信息具有物质的维度,这一点和小麦、布料或黄金没什么两样。最近出版的迈克尔·斯坦姆(Michael Stamm)的《伐木为媒:二十世纪北美的报纸制造》(*Dead Tree Media:Manufacturing the Newspaper in Twentieth-Century North America*)一书把信息的物质性这一点诠释得很好。斯坦姆认为,20世纪一份美国报纸的出版费用有一半花在了购买新闻纸(即印刷报纸的纸张)上。

另一个争论不断的概念是政治经济。自18世纪以来,如亚当·斯密(Adam Smith)和卡尔·马克思(Karl Marx)这样的经济学议题写作者习惯去描述某些制度安排在实践中是如何运转的,这类作者通常被归类为"政治经济学家",而他们所分析的制度安排被称为"政治经济"。"政治经济"这一术语可能具有误导性,因为它赋予了政治经济学家的分析中的各种要素以实体性,然而这些要素在实践中却很少能被观察到。财富、生产力和成本的衡量极其困难。这就涉及我们熟悉的社会科学概念的实体化(reification)谬误:理论模型不等同于现实。认识到这个问题之后,我发现将这些制度安排视为更加非正式的"行动者"所置身其中的"游戏规则",或"行动者"表演的"舞台"是有益的。

现在我来谈谈为什么交流是或应是历史学家关注的主题。交流是一个领域,而不是一门学科:它视域广阔,不能以单一的方式研究。历史研究法仅仅对于部分而非全部项目都有用。

即便如此,我的确认为,鉴于18世纪中叶以来信息技术的显著扩张的事实,对于有兴趣了解资本主义兴起和民族国家出现的人来说,探索通信网络的历史将大有前途。通信网络的研究还可以为民族主义、民主、科学研究、军事战略、社会心理学、文学文化、大众社会、宗教、改革运动以及许多其他话题提供丰富的洞见。对这些主题感兴趣的历史学家值得投射更多的注意力来关注信息流通的网络,以及传递信息的媒介(medium),尽管他们之前往往忽视了这个主题。麦克卢汉曾打趣道:鱼只有上了岸才知水的存在。长期以来,我们对于交流的研究就是如此:直至今天,随着新式数字媒介的涌现,我们才开始意识到过往媒介生态的意义。正如黑格尔曾经写到的:密涅瓦的猫头鹰总在黄昏后起飞。传播史学家正是在数字媒介涌现之时才开启了对过往媒介生态的反思。

JGX-2:在《传播新闻》和《网络国家》两本书中,您展示了邮政和电信作为变迁的推动者如何参与了美国的创建。您如何理解"communications"在早期历史中的角色?在这一点上,丹尼尔·贝尔的"信息社会"概念是否成了您的理论资源之一?我注意到您在《网络国家》中引用了"大国如邻"这样的表述,那么您是否同意媒介和通信在塑造共同体方面扮演了不可或缺的角色?在这一点上,您是否受到了杜威关于"沟通交流本身就能创造一个伟大的共同体"这一理论主张的影响?

RRJ-2:在《传播新闻》一书中,我认为1792至1835年建立起来的空间广阔的通信网络,帮助幅员辽阔的商业共和国的民众形成了新的国家认同。但也有许多人被排除在想象的共同体之外,如果换成在今天来写这本书,关于这一点我会谈论得更多一些。但是这种想象的共同体确实存在,而且不是偶然发生的:这是一项精心策划的政治成就。然而,到了1835至1861年,同一通信网络却创造出一种使美国人四分五裂的文化动态——为一场可怕的南北内战奠定了基础。

丹尼尔·贝尔的"信息社会"概念并没有为我的《传播新闻》提供太多的洞见。对此我非常肯定,因为我对他略有了解,曾参加过他的两个讲座课程,一个在哈佛学院,一个在研究生院。有一次,我甚至鼓起勇气问他,我自己的研究项目是否能以任何方式融入他的"信息社会"模式中。贝尔回答说不可能。原因很简单,对贝尔来说,信息在20世纪之前的任何时候都不可能成为变迁的行动者,因为只有在当代社会,知识才取代了工业和农业成为一种生产方式。

我认为贝尔的观点过于狭隘。并不只有我是这样认为的。乔尔·莫基尔(Joel Mokyr)等经济史学家长期以来一直强调,启蒙运动时的18世纪欧洲就是一个"信息社会",也有其他人对早期现代欧洲提出过类似的观点。

回想起来,我已经认识到贝尔的三阶段模型其实是钱德勒在《看得见的手》(*Visible Hand*)中推出的基于阶段的技术变迁模型的变体,我在《企业史评论》(*Business History Review*)上发表的关于钱德勒的作品的两篇文章中提到了这个话题。谈到历史编纂学,我冒昧地补充一下,我在1995年发表的《美国历史学家和通信革命的概念》(*American Historians And the Concept of the Communications Revolution*)一文中,试图将贝尔的"信息社会"纳入美国历史的广阔视野中。在这篇文章以及在《传播新闻》一书中,我详细描述了电报出现之前的那场"通信革命"的一些主要特征,这场革命围绕着邮政、驿马、光通信和报纸展开。1831—1832年,法国贵族亚历克西·德·托克维尔(Alexis de Tocqueville)在美国游历时观察到的就是这场通信革命,他后来在《论美国的民主》(*Democracy in America*)一书中也谈到这一点。通过这样做,我帮助把19世纪早期"通信革命"的概念重新引进到美国历史学家的词典中。后来,保罗·斯塔尔(Paul Starr)在他的《媒体的创造》(*Creation of the Media*)一书中引用了这个概念,随后,这个概念成为丹尼尔·沃克·豪(Daniel Walker Howe)的普利策获奖作品《上帝创造了什么》(*What Hath God*)的核心对象。

你还问到了约翰·杜威(John Dewey)。老实说,在读研究生的时候,杜威给我的印象并不深刻。我觉得《民主与教育》(Democracy and Education)很无聊,并倾向于把他和20世纪70年代社会科学界的黑武士塔尔科特·帕森斯(Talcott Parsons)混为一谈。后来我改变了想法,至少部分原因是我现在也在哥伦比亚大学教书,能感受到杜威在哥大留下的影响:"沟通交流本身就能创造一个伟大的共同体",这确实是对人类境况的深刻洞察。美国的缔造者们在1792年颁布《邮政法案》时就认识到了这一洞察的威力,田纳西州的参议员阿尔·戈尔(Al Gore)在20世纪90年代帮助制定美国互联网政策时也是如此。

你还问到了"大国如邻"这个短语。这个短语是贝尔的公关人员在1910年代发明的一个公关口号。虽然它的提出并非是要对社会科学做出什么贡献,但它确实强调了一个基本事实:通信网络可以维系社会联结,即便它们也能把人们分离。但它也提醒我们注意一些其他的方面,那就是公关的力量。贝尔的公关策略充分展示了贝尔工程师在推进跨北美大陆电话通信方面的技术实力。在1910年代,很少有美国人会打长途电话。然而,对于贝尔的公关人员来说,长途电话是一项引人注目的技术成就,它证明了为什么贝尔系统应该继续处于企业管理阶层的控制之下。简而言之,民族国家主义变成了维护管理精英特权的工具。

JGX-3:您同时是哥伦比亚大学历史学和传播学的教授,那么对于您来说,传播对于历史意味着什么?同样,历史对于传播意味着什么?传播和历史如何相互影响?学科视角如何影响我们提出不同的研究问题?

RRJ-3:这些都是极具挑战性的问题,我会尽量公正地回答它们。历史学家总是受到他们所生活的世界的影响,因此我们不可避免地会对当下突出的现象的起源感兴趣。在这个数字媒介已经成为日常生活普遍特征的时代,许多人试图形成一个普遍的结论,即沟通交流作为变迁的行动者,这一点不足为奇。

历史学家专长研究时间性,也就是我们俗称的随时间的变化。只有当我们能够建立某种参考框架,并将个人、团体和制度置于特定的脉络中时,变化才能被理解。某个历史学家对脉络的强调程度,取决于其要回答的问题。通信网络是这种脉络的一部分,不仅因为它们促进了各种信息的流通,还因为在此过程中,它们塑造了话语的边界。

就像其他任何东西一样,信息有它自身的历史。艺术史学家提醒我们,特定形式的表达在某些时候是可能的,而在另一些时候则不可能。通信也是如此。历史上促进信息流通的制度安排往往被轻视,甚至被认为是理所当然的;信息本身同样是如此。至少,传播史学家有义务澄清事实。

当然,历史写作本身就是一种交流方式——这个话题值得比以往获得更持久的关注,至少在美国是这样。政治学家本尼迪克特·安德森(Benedict Anderson)和德国历史学家莱因哈特·科塞莱克(Reinhart Koselleck)都讨论过这个问题。安德森和科塞莱克比我在更高的抽象层级上工作,至少到目前为止是这样。即便如此,我发现安德森的"想象的共同体"和科塞莱克的"概念史"在思考历史与交流之间的关系时很有用,无论是过去还是现在。概念在历史中很重要,对历史学家来说,反思他们使用的单词、短语和隐喻是很有用的。

不仅历史学家,经济学家也常常认为沟通交流是理所当然的。市场不仅仅存在,它们是被创造出来的。民族国家认同不是天然的,也是被创造出来的。传统显然是非传统的:要维系传统需要做大量的工作。

交流如何塑造历史是一个开放的问题。但在我看来,有一件事似乎是明确的:一旦出现问题,就把责任归结为缺乏沟通交流是种错误的认识。总而言之,缺乏沟通交流反倒很可能避免了更多的冲突,而非加剧冲突。主张沟通交流能带来拯救,最终不过是一种神学上的肯定,而非一种可以依靠历史或社会科学的一般方法来证立的观点。但并不是说这种论点就是错误的,而只是说我们在提出这种观点时应该更为谨慎。英文中有一句谚语:"小心即大勇"。同样的道理也适用于今天社交媒体上的公共话语,甚至有时历史最好也被忽略。正如记者大卫·里夫(David Rieff)在他的《赞美遗忘》一书中所展示的那样。

在这个充斥着数字媒介化的文字、图像和声音的世界里,记忆和遗忘呈现出一种新的意义。在19世纪,某些媒介人工物,例如信件,通常得到保存,而其他媒介人工物,例如电报的报文,通常被丢弃。电话通话被设计成转瞬即逝的模式:贝尔公司的经理人们阻止了对声音记录的研究。欧盟正在强制施行"被遗忘权"。社交媒体应用"阅后即焚"(Snapchat)的设计初衷是在有限的时间内展示照片——这促使我们重新思考什么是永久性和非永久性。如果没有成千上万的信件被保存下来,我们如何来解读历史?

JGX-4：您在很多题目中使用了"from...to..."的表述，比如《从富兰克林到Facebook：美国通信的公民授权》《点对点：从光通信到移动电话的电信网络》。您使用"from...to..."这样的表述是否暗含着某种技术的线性进步主义史观？或者意味着您假设媒介变迁遵循着某种规律？

RRJ-4：历史书写是非常传统的，因为它受到关于时间和地点的惯常假设的束缚。历史学家在书写事件X和事件Y的关系时，总是习惯性地遵循一种书写模式：X在时间上发生在Y之前，Y则是过去的而非当前正在发生的事件。我认为，无论是在媒介史还是其他任何类型的历史中，都不存在单一的固定模式。然而，我确实相信历史学家能够发现一些可能不会被注意到的联系。

当然，如果我的写作中出现了随着时间的推移而发生的变化，那不一定暗示Y比X好，我只是认为X和Y在时间上是不同的，可以在某种程度上进行比较。如果一个人对时间性（temporality）不感兴趣或不相信，我想象不到他如何能书写历史。在政治话语中，时代错置（anachronism）和现世主义（presentism）不可避免，有时甚至还有益处，但它们却是历史的丧钟。

我想借此机会补充一点，尽管我对以媒介为中心的宏观理论持怀疑态度，但我一直对媒介史分期的问题很感兴趣。正因为如此，我发现英尼斯的《传播与帝国》、沃尔特·翁的《口语文学与书面文学》，甚至马奎斯·孔多塞（Marquis de Condorcet）的《人类精神进步史表纲要》（*Esquisse*）都如此令人兴奋。就像所有宏大的理论一样，这类宏大理论极易受到批评。即便如此，它们也能让我们在其他人可能只看到孤立事件时看到关系。最起码它们能把我们的注意力集中在随着时间的推移而发生的变化上。随时间推移而变化的问题是一个和创造性想象力有关的引人入胜的话题。谁又会愿意被困在永恒的当下呢？

如何逃离当下？诉之于语言，尤其是雷蒙·威廉斯（Raymond Williams）所谓的"关键词"，或许可以帮助我们找到方向。今天，研究诸如"技术""信息"或"网络"等短语的出现已变得相对容易。通过了解这些短语在过去是如何被使用或不被使用，我们可以更好地理解特定群体对他们生活环境的看法。有时，正如利奥·马克思（Leo Marx）在2010年发表于《技术与文化》（*Technology and Culture*）上的一篇著名论文中所论述的，技术是一个"危险的概念"，这个概念可以追溯到个人是如何通过面对"语义空白"，摸索出一种描述生活现实的新方式。沃尔特·翁曾打趣道，"口语文学"这个词组本身就是一种时代错置。在书写发明之前,我们所知的文学(literature)是不可能存在的,所以不可能有口语文学。这就好比是把马称作"无轮汽车"一样。

我再谈谈线性进步主义。首先,我们不能把线性进步主义视为理所当然,因为在这样一个时代,我们的行为似乎越来越有可能给地球带来环境灾难。正如丹尼尔·海德里克(Daniel Headrick)在《当信息来临时》(When Information Came of Age)一书中所观察到的,技术进步确实存在,而且确实可被图绘出来。然而,技术进步并不等同于道德进步——自启蒙运动以来,技术进步的发展速度已远远超过道德进步。道德进步是可能的,但一直都充满着不确定性,近期的历史已给我们提供了许多关于这方面的例子。

JGX-5:您认为1790年代光通信的发明,或1800年邮件分拣中心的建立,而非1840年代电报的商业化导致了交通运输与信息传播的分离这个观点让我印象深刻,您觉得凯瑞会同意您的这一观点吗?这个发现将会修正我们当前关于传播史的哪些判断?

RRJ-5:凯瑞是我最早读到的媒介学者之一,也是最早以大篇幅阐述电报作为变迁的行动者的学者之一。由于这些原因,我从他那里获益良多。我们之间的联系不仅仅停留在知识传承的层面:他去世后,我还接替了他在哥伦比亚大学新闻学院的教职。

我只见过凯瑞一次,那是在美国某地的一次传播学会议上,只是我记不得具体是哪个城市了。如今和我同在哥大传播学博士项目上任教的媒介社会学家迈克尔·舒德森在那次会议上把凯瑞和我聚拢在一起,大概是因为我们对电报史有着共同的兴趣。我问凯瑞关于光通信是否在通信与交通分离的过程中占据优先地位,凯瑞回答说,他知道光通信的存在,但他仍然相信电报是关键的转折点。我们同意各自保留不同意见。我记不得我们是否谈论过邮政分拣中心的话题了。

自2000年海德里克的《当信息来临时》一书出版以来,我发现自己关于光通信和邮政分拣中心的修正主义观点正在逐渐被接受,这让我感到很欣慰。在我看来,凯瑞过于受到刘易斯·芒福德(Lewis Mumford)的影响,芒福德的《技术与文明》(Technics and Civilization)围绕作为变迁的行动者的各种能量(风、蒸汽、电)的历史意义展开。能量的转型固然重要,但国家的塑造一样重要,凯瑞却淡化了后者。凯瑞认为,美国语境中的传播中存在着一种"传递观"的约束性偏见,这种偏见是一种文化的需要，而非政策选择的产物。在《传播新闻》一书中，我论证了政府机构是变迁的行动者。

光通信的重新发掘，至少在一定程度上也是民族国家自豪感的产物。长期以来，法国历史学家一直将电信技术的突破视为重中之重，至少部分原因是法国政府建立了最大的光通信网络。随着传播史领域变得越来越国际化，我们渐渐不再被凯瑞自己提出的"电子崇敬"（electrical sublime）的修辞所包围，我猜想一种新的共识很可能会出现。在这种新共识中，光通信将占据其在通信史上应有的地位。

既然你问到了邮政分拣中心，那么让我再多说一点关于邮政网络的情况。它们的历史是一个经常被忽视的话题。如果我们深思熟虑后承认通信网络作为变迁的行动者的角色，那么我们似乎就很难否认，邮件而非电报才是真正的"维多利亚时代的互联网"。当这个类比得到更广泛的认可时，我能想象得到邮政分拣中心的历史地位最终也会得到应有的认可。

JGX-6：您反对将能动性赋予技术（"imputing agency" to technology）。您认为"技术发明以某种预先确定的方式导致了某个特定的组织结构或商业战略的建立"的主张，是等同于是"通过赋予电气设备、电池和电线以能动性来掩盖历史过程"。但我依然注意到您在《网络国家》的导论中，也关注到了邮政、光通信、电报、电话各自不同的媒介特性，以至于我们不得不针对它们采用不同的组织方式，您如何解释这一点？

RRJ-6：我在《传播新闻》和《网络国家》中写道，通信网络之所以呈现出不同的组织方式，主要是因为它们所嵌入的制度安排。这些制度安排与促进信息（information）[或媒介学者有时称之为讯息（messages）]流通的能量没有多大关系。例如，就像美国和英国的情况一样，光通信完全有可能不是由国家，而是由商人来拥有与经营。

问题的关键在于政治经济，而非驱动的能量。在美国，光通信和邮局兴起于共和的政治经济中，电报兴起于反垄断的政治经济中，电话兴起于进步主义的政治经济中。也就是说，自变量不是驱动力，而是行业的政—经规则。谋事在技术，成事在政治经济。

传播史学家并非唯一提请人们注意错误信息与"假新闻"的有害后果的人。但传播史学家确实有一个优势：更关注媒体宣传如何运作。

为了阐明我的观点，让我重述一下我在《网络国家》中讲过的一个故事。塞缪尔·

莫尔斯(Samuel Morse)无法为自己的发明赢得市场这一事实有助于解释为什么他的支持者(包括专利局长)会大肆鼓吹电报,此外还有助于解释他如何能赢得国会支持,并说服国会买下他的全部股份。

莫尔斯的电报之所以闻名于世,并非因为它是最早被商业化的电报:在时间上它并不早于威廉·库克(William Cooke)和查尔斯·惠斯通(Charles Wheatstone)所发明的电报在英国的商业化。那我们为什么会记得莫尔斯?很大程度上是因为大肆宣传。莫尔斯的电报被他的隐名合伙人弗朗西斯·O. J. 史密斯(Francis O. J. Smith)大力鼓吹,因为史密斯希望能获得投机性的利润。此外,在专利局长亨利·L. 埃尔斯沃思(Henry Leavitt Ellsworth)的年度报告中,莫尔斯的电报也获得了充分的曝光。亨利·L. 埃尔斯沃思利用莫尔斯的发明,不仅提高了他所领导的政府机构的声誉,而且在英国宣称自己在"世界工厂"的时代为美国的发明天才做了推介。另一个顾虑很可能导致了埃尔斯沃斯的决定。莫尔斯无可救药地爱上了埃尔斯沃思的女儿安妮,埃尔斯沃思很清楚这一点。这一事实导致了一种可能性,即埃尔斯沃思可能是想通过支持莫尔斯的事业来帮助女儿获得一大笔嫁妆。众所周知,第一条电报讯息——圣经短语"上帝做了什么"就是安妮选择的。因为对于莫尔斯来说,安妮是他未来的新娘,或者至少他希望是这样。

那莫尔斯本人呢?他是一位艺术家,而非一名创业者,他本身也没有兴趣把电报这一新媒介商业化。相反,他希望把他的发明卖给授予其专利的政府。如果能卖成,那就太好了。

不幸的是,电报在美国并没有明显的市场需求。在英国,库克和惠斯顿发现,铁路公司愿意付费使用电报作为信号装置。正如本·施万特(Ben Schwantes)在其获奖作品《火车与电报》(Train and the Telegraph)中所论证的那样,美国的铁路公司并非如此。所以莫尔斯陷入了困境:和库克与惠斯通不同的是,他没有现成的市场,所以他必须宣传、推介电报。一开始纯属公关宣传,宣传多了后来就变成了历史——随着时间推移,原本一个复杂的故事变成了一个简单的所谓关于莫尔斯作为天才的童话故事。

莫尔斯绝不是最后一位通过公关宣传来改善自身地位的美国电报创始人。在19世纪70年代和80年代,当时美国最臭名昭著的金融投机者杰伊·古尔德(Jay Gould)多次操纵媒体,以影响西联电报的股价——这是我在《网络国家》中详细记录的另一起媒体事件。

如果说有什么影响的话，那就是公关宣传对电话的历史影响更大。为了缓和公众对政府所有制的压力，贝尔公关人员普及了长途电话是当时的技术奇迹的观点。如果公众认为贝尔具有创新精神，立法者将不太可能会买断它的全部股份。

JGX-7：考虑到您曾经开过一门叫"媒介与现代性：从莫尔斯到麦克卢汉"（Media and Modernity from Morse to McLuhan）的课程，那么在您研究传播史时，您是否从麦克卢汉等媒介理论家那里获得过灵感，如果有，是什么？此外，您如何看待包括基特勒和斯蒂格勒在内的所谓的欧陆方法对新媒介技术研究的贡献？在处理一系列有关技术史的议题上，您跟他们有什么不同？

RRJ-7：在我的课程题目中，我是用莫尔斯和麦克卢汉作为便利的时间起始标记来引导学生。虽然我钦佩麦克卢汉的天马行空，但我发现他的烟花般的言辞令人沮丧，当然，这也是他有意为之。我认为英尼斯的"偏向"（bias）概念更富有价值：对于英尼斯来说，这个概念与经济学上的垄断概念有相似之处，我当前就正在研究垄断问题。然而，即便是英尼斯也会让人读起来很沮丧。

虽然我的课程也讲授基特勒，但我认为基特勒关于技术变迁的高度风格化的假设不太能说服我；至于斯蒂格勒，我必须承认他并没有引起我的注意。

归根结底，我既不是一名以媒介为中心的多伦多学派的神话学家，也不是欧陆式的批判理论家；相反，我是一个英美传统下的比较制度主义者。

我认为还有一个你没有提及的研究传统也很有用，那就是吕西安·费弗尔（Lucien Febvre）开创的法国书籍史（histoire du livre）学派，我最初是从马萨诸塞州伍斯特的美国古文物学会（American Antiquarian Society）的同事那里了解到这个学派，我在研究生学习阶段曾在美国古文物学会担任过研究员。

作为欧洲大陆另一个具有影响力的学术传统，我认为法兰克福学派（Frankfurt School）有时也颇具启发性（尽管更大程度上体现在我的教学而非研究中）。最近我在与海蒂·J. S. 特沃雷克（Heidi J. S. Tworek）合写的一篇题为《从泰坦尼克号灾难到匈牙利起义的公关、宣传和舆论》（"Publicity, Propaganda, and Public Opinion from the *Titanic* Disaster to the Hungarian Uprising"）的文章中勾勒了这个学派的历史。这篇文章以及其他几十篇相关话题的文章将会一起出现在一项关于从早期现代到当前时代的全球信息史的研究中。这项所涉范围非常广泛的研究由多位作者合作完成并于近期出版,名为《信息:一个历史指南》(Ann Blair、Paul Duguid、Anja Going 和 Anthony Grafton 主编,普林斯顿大学出版社,2021 年)。我非常推荐这本书。

二、将制度带回来

JGX-8:前面几个问题涉及历史学家如何理解作为其书写对象的"传播",接下来的问题将转向历史学家如何来书写"传播"。传播史的书写路径总会呈现出差异,我们知道同样是研究电信史(historical writing on telecommunications),可以有不同的阐释传统。首先我们很容易想到的就是关于媒介科技史的宏大叙事和神话路径,这种传统通常和所谓的多伦多学派的英尼斯、麦克卢汉,以及他们在美国的追随者尼尔·波兹曼、詹姆斯·凯瑞联系在一起。此外,您觉得可以将休斯(Thomas P. Hughes)的《电力之网》(*Networks of Power*)放进这一传统之下吗?尽管这本书在更包容的意义上定义了谁是变迁的行动者。第二种是比较制度分析(comparative institutional analysis),我觉得您的《网络国家》以及丹尼尔·贝尔的学生保罗·斯塔尔(Paul Starr)的那本《媒体的创造:现代交流的政治起源》可以放在这一传统之下;此外,我们还能想到吴修铭(Tim Wu)的《总开关》(*The Master Switch*),尽管如您在《网络国家》的中文版序言中所写的,吴修铭的《总开关》是依赖于陈旧的二手学术文献写成的,不是一项基于档案的严肃研究。我还能想到一种现象学路径,这种传统可以延伸到包括克劳德·费舍尔(Claude Fischer)的《美国呼叫》、卡罗琳·马文(Marvin)的《旧术犹新》,以及托马斯·斯特里特(Streeter)的《网络效应:浪漫主义、资本主义和互联网》,当然这三本书在各个方面有很大的不同。费舍尔写的是电话用户,马文主要关注的是文化传统,而斯特里特则强调互联网是如何被文化关切所形塑。依您所见,除了这些书写路径之外,还有什么作品是不容忽视的?以及您觉得这些不同传统之间如何能有效地关联起来形成对话?

RRJ-8:能否将你说的这三种截然不同的电信史书写路径结合起来,很大程度上取决于你问的是什么问题。如果你和我一样对通信网络的历史感兴趣,那么在我看来,比较制度主义路径大有可为。事实上,我在读博阶段曾希望与保罗·斯塔尔一起工作；不幸的是，斯塔尔当时还没有获得哈佛大学的终身教职，以至于我无法邀请他加入我的博士论文指导委员会。我已经谈论过英尼斯的传播的"偏见"这一概念给我的启发。现象学则更为棘手。正如斯特里特和马文所论述的，通信网络确实受到文化规范的影响，以及费舍尔所指出的，用户也很重要。然而，这些作品都没有真正触及政治经济。未触及政治经济当然并不一定就有问题，但确实凸显出技术史领域存在的一些持久的甚至可能无法解决的张力。

你问休斯的位置在哪里是个有趣的问题。尽管休斯认为自己是情境/脉络主义者（contextualist），在你提出的三种路径中，他可能与现象学家更一致，而他将技术动力（technological momentum）视为原因与英尼斯和麦克卢汉的内在主义（internalism）有相似之处。

我会把休斯归类为比较制度主义者，尽管考虑到他所具有的广阔视野，把他归为你所提及的另外两个类别也是合适的。

关于休斯，我想多谈几句。我见过他很多次，有许多和他交流想法的机会。休斯最著名的作品是关于大城市发电站的，他称之为"系统"。我从他那里学到了很多东西——但也许最重要的是，我认识到了城市作为一个分析单位的重要性。

休斯研究技术史的路径与我的博士导师小阿尔弗雷德·钱德勒（Alfred Chandler）截然不同。钱德勒始终对大型组织运作的脉络（context）不感兴趣，而对其内部（internal）动态更感兴趣。用《技术的叙事者》（*Technology's storyteller*）一书的作者约翰·斯塔德梅纳（John Staudemainer）的有用术语来说，这使休斯成为脉络主义者（contextualist），而钱德勒则成为内在主义者（internalist）。和休斯一样，我也是一个脉络主义者，尽管我和休斯都被钱德勒所全神贯注的内在主义议题所吸引。

比起钱德勒，休斯对语言更感兴趣——或至少他更愿意谈论语言。有一年，在国际技术史学会（SHOT）的年会上，休斯和我被分在同一小组。如果我没记错的话，他在演讲中告诉听众自己是一个"系统"人，而我是一个"网络"人。他私下里当然也和我吐露过这一点。尽管我早些时候曾写过一本书名带有"系统"的书，但当他做出这样的评论时，我没有异议。我对涉及"网络"概念的问题仍然很敏感，利奥·马克思（Leo Marx）、罗莎琳德·威廉姆斯（Rosalind Williams）和其他人都讨论过这样的问题。即便如此，当我们想去描述我们设计的用来促进人与人之间进行远程、高速信息流通的制度时,我认为网络仍是最好的隐喻。

正如休斯所评论的,我和他的共同点很多,但有个方面我们却大相径庭。在我的写作中,我更倾向于将政治经济视为动因;而休斯仍然倾向于将他致力于研究的组织视为动因,只是他把组织称为"系统",这一点众所周知。对休斯来说,监管环境是事后才会考虑的;对我来说,监管环境是构成性的。价格与准入规制是大城市电话交换所兴起的前提,而非兴起的产物。休斯认为政治往往会把事情搞得越来越糟;而我认为政治更具生成力。即便如此,休斯在各方面都是一名真正的历史学家的典范,他确实影响了我对分析单位的思考。以休斯为榜样,我开始把城市电话交换所设想成一个嵌入更大的区域及跨区域网络中的系统。在《传播新闻》中,我将邮件描述为"系统"的做法也要归功于休斯。尽管如前所述,我更喜欢的是"网络",而不是"系统"。

正如保罗·杜吉德(Paul Duguid)和保罗·斯塔尔在他们令人印象极其深刻的书评中所写的那样,吴修铭的《总开关》虽然影响力很大,但缺乏原创性和分析的厚重性。尽管吴修铭的写作风格流畅且引人入胜,但他过分强调特立独行的发明家的重要性,忽视市政机关在监管过程中的关键作用,他以与贝尔的公关宣传相似的论调来描述维尔(Vail)和长途电话时,既高估了维尔的先见之明,也夸大了长途电话的重要性。

费舍尔在解释电话的大众化时,过分强调了家庭主妇的聊天惯习。这是在费舍尔完成《美国呼叫》这项研究的前后发表的大多数学术成果都存在的一个常见错误。需要反复强调的是,电话是第一个以面向全体人民提供大众服务为特征的电力通信媒介。关键的转变不是发生在用户发掘出了通过电话进行交流的新方式之时,或用费舍尔的话表述就是发生在用户发明"社交性"之时,而是发生在大城市的电话运营公司开始向全体人民大力推销电话服务之时。在芝加哥和纽约,这一转变发生在1900年前后——远在费舍尔笔下的加州小镇的家庭主妇开始打电话交流八卦之前。

在我看来,对我的观点形成最具说服力的挑战的并不是来自费舍尔,而是来自罗伯特·麦克杜格尔(Robert MacDougall)。在他出色的著作《人民之网》(*The People's Network*)中,麦克杜格尔提到一个有趣的例子,这个例子讲述了1890年代美国中西部城市的电话用户如何发挥能动性说服非贝尔旗下的独立电话运营公司的经理人推动电话这一新媒介的大众化。用户至关重要。即便如此,这些独立电话公司所面临的技术的、行政的和政治的挑战远没有芝加哥和纽约等大城市电话运营公司所面临的挑战要复杂。因此,我将1900年确定为电信史上的一个里程碑,是出于一种考虑:这一年开启了新的世纪,方便用来标识大城市电话公司从为高级客户提供专业服务,向为全体人民提供大众服务转型的大致时间。大众化和社交性不是一回事。即便你觉得麦克杜格尔关于电话大众化的说法很有说服力,在我看来这也是发生在大城市和中等城镇的转变,与费舍尔笔下加州小镇的家庭主妇们毫无关系。

此外,还有五本你未提到的著作在帮助我们理解1840到1910年代的通信网络方面做出了重大贡献,它们是本·施万特斯(Ben Schwantes)的《火车与电报》,西蒙·穆勒(Simone Müller)的《布线世界》(*Wiring the World*),克里斯托弗·波尚(Christopher Beauchamp)的《法律授予的发明》(*Invented by Law*),海蒂·特沃雷克(Heidi Tworek)的《新闻自德国来》(*News from Germany*)和刚刚说到的罗伯特·麦克杜格尔的《人民之网》。我还要推荐一部可读性很强的美国邮政通史,就是威妮弗雷德·加拉格尔(Winifred Gallagher)的《邮局如何创造了美国》。

JGX-9:《网络国家》纠正了长期以来在技术史中存在着的一种关于英雄人物或发明家的浪漫的个人主义叙事,这种和新技术有关的浪漫的个人主义叙事依然主导着今天的科技媒体报道或大众话语,只不过英雄人物从当初的塞缪尔·莫尔斯或西奥多·维尔变成了今天的史蒂夫·乔布斯或扎克伯格。如您所见,不同历史时期的人们为何总对这样的个人主义式的英雄故事乐此不疲?您的《网络国家》对于纠正这样的浪漫主义夸大贡献了什么?通过对英雄人物与其所在组织之间的关系的重新定位,《网络国家》对于我们理解今天数字科技平台的崛起有何启示?

RRJ-9:浪漫的个体主义叙事有利于书的销售,且毫不意外会有助于赢得专利战,在美国尤其如此。直到最近,美国专利局才确认合法的发明者不是第一个提出专利申请的人,而是第一个发明创造的人。波尚在《法律授予的发明》一书中极其敏锐地探讨了这个问题。

当今的新闻记者和科技业内人士对当代高科技巨头几乎总是大加赞扬,甚至常常阿谀奉承地关注,这不仅是这些高科技巨头作为产业主和管理者的影响力所带来的结果,也是公关炒作的产物。公关是历史的一部分,历史学家有义务尽其所能来描述它,解释它如何运作,并防止它歪曲历史记录。

公关宣传不仅已经且能够塑造事件的发展过程,同时还能为许多年后的历史解释提供信息,但历史书写中隐含着的公关炒作元素往往被忽视。举个例子,我认为吴修铭的《总开关》就是一个明证。尽管吴修铭并非有意要去复述贝尔的公关论调,但由于他很少做一手的档案研究,所以他的《总开关》除了借鉴现有的解释,没有更好的替代方案。可问题就在于他所借鉴的这些现成的解释很多都是来自贝尔公司拿钱资助的研究。对乔布斯和扎克伯格的神化,不过是企业形象包装在企业史叙事中延续至今的又一个例证。莫尔斯需要靠公关宣传来出售他的电报专利,而维尔则利用媒体的力量来抵制当时主张实行政府所有制的呼吁。个体在历史中举足轻重,但个体并不总是随心所欲地创造历史;然而,如果个体拥有一个足够能干的公关团队,就可以尽最大努力去确保他们对历史事件的解释最终被载入史册。个体尚且如此,更不用说,公司、政党和国家也是一样。

JGX-10:"制度"(institutions)是一个复杂的社会科学概念。在理解您所说的制度形式如何形塑了西联或贝尔这样的电信组织时,我们往往对制度(institutions that govern organizations)和组织(the organization as an institution)之间的区别感到迷惑。您说的"制度"具体指的是什么?为何"制度"在您的通信史书写中如此重要?您所采用的比较制度分析路径为您的通信史研究贡献了何种新的理论或方法资源?

RRJ-10:这是另一个具有挑战性的问题,我没法在一两段文字中充分阐述这个问题。但这里可以说说我的大致想法。历史写作通常分为三个层次:个体层次、群体层次和制度层次。我的写作主要是关于制度,这是一个与组织有关,但又不完全相同的构造。隐喻或许可以帮助我们理解。制度制定游戏规则,组织是参与者。组织有领导者;制度可以有,但并不总是如此。制度是供发明家、创始人、新闻记者和立法者表演的舞台。制度和组织之间的混淆本身属于一个分析性问题。虽然这些概念看起来很神秘,但可以帮助我们思考很多问题,包括对亚马逊、腾讯、脸书和当今其他大型科技平台的监管。

历史类比至少可以提供一些观点。当贝尔公司的经理人们在 1910 年代接受了联邦和各州的监管时,他们渴望变成一种制度形式。在 20 世纪的大部分时间里,他们确实都做到了。直到 1984 年贝尔系统解体时,贝尔的经理人们在 1910 年代建立的那个世界才开始瓦解。

到了 1910 年代,大城市的电话运营公司的存在已成为一项制度,这是因为它们嵌入市政特许经营法中。在这一时期,一些提供必需品的组织,或没有竞争对手的组织,或以其他方式成为商业、政治和公共生活的基础的组织,由于市政特许经营法而开始显露出制度的典型特征。

JGX-11:在电话的大众化过程中,我们同样不能忽视文化的重要性。比如马文的《旧术犹新》强调了文化尤其是性别作为决定因素,您提到芝加哥的办公室职员在电话里聊体育运动,费舍尔认为是加州小镇的女性推动了电话的大众化,我在一项关于上海电话兴起的研究中发现家庭主妇在1930年代市内电话购货中表现出相当的热情。这让我想到雷蒙·威廉斯把电视视为科技、制度与文化的结合体的做法,您认为如何在媒介中将文化分析与制度分析结合起来?

RRJ-11:简单回答就是,制度和文化都很重要,但在我的研究中,我发现制度更重要。上海的女性喜欢打电话购物,这并不让我感到奇怪。在美国,许多女性也会这样。然而我没有看到任何证据表明,电话购物曾对电话运营公司经理人造成困扰。女性很少住在大城市的商业中心,那里才是电话拥堵的中心。在1890和1900年代,电话公司经理人投入了大量的精力和资源来减少通话延迟;办公室职员霸占着电话是电话公司经理人无法控制的最具破坏性的因素之一。费舍尔的《美国呼叫》写的主要是关于"一战"之后一段时期的情况,也就是电话在芝加哥和纽约大众化之后的数十年。而正如我在回答之前的一个问题时所指出的那样,我的观察发生在大约1900年前后。

贝尔下属的大城市电话运营公司的商业策略有助于解释为什么电话公司经理人在1890年代只是极少数情况下才会批评喜欢八卦的女性电话用户占线。相较之下,健谈的男性办公室职员造成了更严重的运营问题,因为最拥挤的市中心电话交换所连接的是企业而非住宅,而在这个时期商业领域是男性的专属领域。把一个实际上是由男性引发的问题归咎于女性的做法有助于电话公司的经理人与他们最有价值的客户——那些按固定费率(flat-rate)为电话服务付费的商人们保持良好关系。将喜欢八卦的女性塑造成幽灵的做法有助于激发人们对电话的固定费率收费方式的质疑,而固定费率是困扰大城市电话交换所的一个主要运营难题;电话公司的经理人们对八卦女性的诋毁加速了电话资费模式向按次计费(measures service)的转型。

我想强调一点,情境/脉络至关重要:制度分析可以保证历史学家的表达限定于某个具体的时间和地点。尽管长期以来贝尔公司的经理人们都不赞成在电话中闲聊八卦,但打电话闲聊八卦和用电话购物是两码事。

JGX-12:在媒介与传播研究领域,我们常常能看到一种对于特定技术之"新"的迷恋和追逐,尤其是当这项新技术携带着某种开拓性的基因进入人们的视野时。人们往往倾向于不断在新的媒介对象上投射过多不切实际的愿望,而对技术所嵌入的制度或文化脉络置若罔闻。考虑到邮政和电话在特定历史阶段一度都是"新媒介",您的《传播新闻》和《网络国家》是如何处理"新"的问题?今天的"新"兴数字媒介在多大程度上危及了启蒙思想中关于线性进步的宏大叙事?

RRJ-12:这是另一波具有挑战性的问题。我将主要就数字媒介的部分来说说——历史学家的预言很差劲——尽管我认为气候变化可能比大科技平台对启蒙以来进步主义的宏大叙事构成了更严重的挑战。但我要说的是:一方面,数字媒介创造了全球互联的幻觉,在这个意义上,它符合启蒙运动的宏大叙事。另一方面,数字媒介也促进了错误信息(或"假新闻")(misinformation/fake news)的传播,在此意义上,它显然不符合启蒙运动的宏大叙事。

错误信息并非新事。然而直到最近我们才开始关注它的历史。例如,想想19世纪电报所引起的普遍误解——几年前我在《信件、电报、新闻》(Letters, telegram, News)一文中讨论过这个话题。这篇文章收录在由塞莱斯特·玛丽·贝尔尼(Celeste-Marie Bernier)、朱迪·纽曼(Judie Newman)和马修·佩瑟斯(Matthew Pethers)编辑的《十九世纪美国书信与书信写作的爱丁堡指南》(*Edinburgh Companion to 19-century American Letters and Letter-Writing*)一书中。

相比之下,"新"这个问题是我想要解决的。在《网络国家》一书中,我假定通信网络的演变经历了三个不同的阶段:商业化(commercialization)、大众化(popularization)、自然化(naturalization)。电报在大众化之前就已经完成自然化,而电话在自然化之前就已经大众化了。两种媒介不同的演变轨迹提醒我们,"新"可以采取不同的形式。

第一批电报创业者恰恰是将电报的新奇之处作为卖点,因为他们面对的是未知的市场。正如我已经讨论过的,这种情况更好地解释了为什么电报在美国获得的报道比在英国要多得多,以及为什么我们记住的是美国电报发明家塞缪尔·莫尔斯,而不是英国发明家威廉·库克和查尔斯·惠斯通。

电话没有电报那么新奇：它基本是提供一种高端的讯息传递服务。这是电话没有被大肆宣传的原因之一。另一个原因是它满足的是先前已经存在的需求，因此，电话至少在作为贝尔公司绝大多数利润来源地的大城市，很容易找到市场。简言之，"新"不仅是甚至主要是电信网络的内在属性，更重要的是网络演化的政治、经济和文化背景。事实上，在某些情况下，"新"可能只不过是宣传炒作。

启蒙思想家们对远距离行动（action-at-distance）十分着迷。由于这个原因，电报比电话更适合进步主义叙事：电报连接的是遥远的地方，而电话在早期主要用于城市或城镇内部的通话。值得一提的是，1900年，从芝加哥（当时美国第二大城市）拨出的电话，平均通话距离只有3.4英里[①]。

JGX-13：在《网络国家》中，您使用了网络（network）这个社会科学概念；今天甚至出现了以网络考古为名的学术会议，网络这个概念如何改变了历史或人类学家的思考方式？尤其是这一视角如何帮助我们重新理解"国家"？反过来，电报与电话的历史经验为网络科学理论贡献了什么？

RRJ-13：我没有资格代表人类学家对网络发表看法，然而我已经注意到这个概念在历史学家那越来越流行。网络科学则完全是另一回事：我希望那些更具历史意识的理论家，比如艾伯特-拉斯洛·巴拉巴西（Albert-László Barabási）——我觉得他的《链接》（Linked）一书理论清晰且信息丰富——会发现我对通信网络的看法与之相符。但这不是我能决定的。

当社会科学家撰写关于网络的文章时，他们通常会区分链接和节点，并强调两者之间的空间。这是思考电话和电报的一个有用的方法。虽然托马斯·休斯把他关于输电网（electric power grid）的书命名为《电力之网》，但正如我上面提到的，他的写作对象是城市电力系统（systems）。用系统来隐喻城市电话运营公司很有帮助，因为市内电话运营公司之间紧密耦合（tightly coupled，休斯的术语）。但全国电话网络长期处在松散耦合（loosely coupled）的状态，也就是说，完成一次跨越空间的长途电话呼叫需要花费大量时间和精力。

美国邮政政策存在着空间偏向。这种偏向表现为有利于信息的远距离流通，而非

---

① 1英里=1609.344米。

信息在城市内部的流通；有利于报纸的流通，而非信件的流通；有利于联邦政府文件的流通，而非州及市政文件的流通。一段时间以来，这种通信的空间偏向有效地将相隔遥远的民众与民族国家联系在一起——当然这种民族国家身份认同在美国南北战争中受到了严峻的考验。

在美国南北战争后，电报有时也与民族国家联系在一起，比如，想想约翰·加斯特（John Gast）在1872年创作的引人入胜的画作《美国的进步》（*American Progress*）。然而，电报也常常有助于不同区域之间的"联盟"。正是出于这个原因，当时的人们长期将19世纪占主导地位的电报网络供应商西联电报公司称为"西方联盟"（the Western Union）。相较之下，正如我前面所讨论的，贝尔的公关人员则一贯地将电话网络与民族国家联系在一起。

三、政治渗透于人工物

JGX-14：在《网络国家》中，您有一句非常重要的话："政治渗透于人工物"（Politics Had Artifacts），您想通过这句话表达什么？这是对兰登·温纳的"技术物有政治性吗"（Do Artifacts Have Politics）的一个回应吗？

RRJ-14：我的确想到了温纳——一位我非常钦佩其作品的政治理论家。温纳的基本分析单位是技术人工物，例如桥梁或核电站。他关心的是这些技术人工物给政治安排和社会关系带来的后果。我的分析单位是政治经济。电报和电话之所以演化方式不同，与其说是技术或经济所致，不如说是政治和文化使然。温纳对技术—经济和政治—文化的关系不那么感兴趣，但我发现他尖锐的提问"技术物有政治性吗"很有用；我通过改写这句话，在着重点和方法上凸显出了比照。

JGX-15：《网络国家》提到了发明和创新的不同，我们如何区分二者？您认为在技术上，电话继承了电报；但在组织上，电话更接近于邮政。那么我们是否可以理解成发明和创新分别对应于技术和组织面向？通过做这种区分，您想表达什么？

RRJ-15：电报和电话都依靠电作为动能。但在其他方面，它们完全不一样。第一批电话运营公司与信件邮递服务和天然气公司的共同点，比与电报公司的共同点更多。当西奥多·维尔成为贝尔公司的总裁时，他已经在邮政部积累了工作经验。创新是扩大发明的规模,虽然它是商业化的。当一项发明被广泛使用时,它就成了一项真正的创新,于是就成了比较制度主义者更合适的研究对象。

另外,通信网络的维护也是一个值得研究的主题。虽然我在《传播新闻》和《网络国家》中都没有讨论太多关于维护的问题,但李·文塞尔(Lee Vinsel)和安德·L.拉塞尔(Andrew L. Russell)在他们颇具影响力的研究项目《维护者》(*The Maintainers*)中讨论的维护问题作为一个历史研究主题已经引起了我的注意。

JGX-16:我们知道,技术是资本主义的核心力量和驱动机制,商业公司是其首要制度单元。您的《网络国家》是如何将技术史、企业史和制度分析三种不同的学术传统结合到一起的?

RRJ-16:《网络国家》探讨了政治经济与某些技术领先的商业公司之间的关系。在这些公司中,最强大的是西联电报、贝尔系统和包括芝加哥电话公司(Chicago Telephone Company)和纽约电话公司(New York Telephone Company)在内的那些最大的大城市电话运营公司。我试图发掘出关键的决策者(这是企业史的传统),并展示技术人工物——比如电话接线总机——是如何演变的(这是技术史的传统)。我也对这些电信组织运作所置身的政治经济感兴趣(这是比较制度主义的主要基调)。

顺便提一句,我吸取的第四种理论资源是美国政治发展。这一传统是由政治学家设计的,强调路径依赖、启发法(heuristics)和制度遗业。事实证明,在我思考电信网络的过程中,这些概念都让我受益匪浅。

JGX-17:您已经提到《网络国家》是一场您和您的导师小阿尔弗雷德·D.钱德勒之间的学术对话。钱德勒在《看得见的手》一书中描绘了领薪的管理阶层(managerial class)在组织和运营大型企业中的重要性,而企业的组织结构是因应企业战略而发展起来的。在此基础上,您认为如西联和贝尔这样的电信公司的企业战略进一步被政治结构(政府机构和公民理想)所形塑。但我注意到,《网络国家》最后一章又重申了管理资本主义的价值,因为您提到贝尔公司的管理层精英们逐渐崛起为一个能够自我传承的阶层,他们一方面对抗投资人的金融压力,一方面斡旋并妥协于政府关系。他们是贝尔系统得以运转的协调者。这是否又回到了钱德勒的论点上?

RRJ-17:这个问题触及了我所认为的《网络国家》的主旨之一——管理型公司的

合法化问题。这是一个我已经重新捡起来的研究主题,因为我当前正在从事一项关于反垄断观念的研究。

当我开始《网络国家》这项研究时,我顺着钱德勒的观点提出假设:铁路是最早的管理型公司,管理型公司起源于1850年代,当时东海岸已有4条铁路干线穿过阿巴拉契亚山脉。钱德勒在《看得见的手》中关于铁路的写作篇幅远多于电报。然而,当钱德勒写到电报时,他沿袭了罗伯特·路德·汤普森(Robert Luther Thompson)的《布线大陆》的观点,汤普森在这本书中将西联描述为一家"自然"垄断公司,基于西联在1866年接管了其两个主要竞争对手的业务的事实。由于这本书的大部分章节讲述的都是南北战争之前的故事,故而我认为汤普森得出这个结论是因为他想找到一个省心的方式来结束全书,但如此一来,他并未触及的1866年之后几十年的电报史就悬而成谜了。于是钱德勒相信,到1866年,管理型公司在交通和通信行业中都已经落地生根。

我的研究引导我对以上两种说法提出质疑。尽管铁路公司确实有多重管理层,但它只是慢慢地变成了一家管理型公司,亦即一家表面上由股东拥有,实际是由一群自我延续的管理精英经营的企业。理查德·怀特(Richard White)在其最近一部有关横贯大陆铁路的著作《铁路》(Railroaded)中非常引人注目地阐述了这一点。在该书中,怀特展示了金融业人士(而非职业经理人)如何主导了早期的铁路政策。

同样,虽然西联公司在1866年是占主导地位的电报网络供应商,但没人会相信它的主导优势与政治无关。

出于这些原因,我现在认为,管理型公司的主导地位可以追溯到1910年代,而非更早的1850年代。因为只有在1910年代,管理型公司才被广泛接受为一种具有合法性的商业企业形式。

钱德勒通过淡化政府机构和公民理想对商业企业的影响,避开了合法性问题。此外,他对企业经理人为使企业合法化而发起的公关活动几乎一字不提。1910年代,贝尔公司的经理人们发明了企业公共关系来防止政府接管,并在1917年美国加入"一战"之后加大了推进企业公关的力度。公关不容小觑,即使它的重要性常常被低估、遗忘和抑制。罗兰·马尔尚(Roland Marchand)的杰作《创造企业灵魂》(Creating the Corporate Soul)对贝尔在1910年代的公关活动进行了精辟的剖析,展示了这一过程的运作方式。

钱德勒认为管理型公司的合法性是理所当然的,无须作为一种发展过程来解释,他同时也淡化了公司金融在管理型公司崛起中的作用。这是一个非常复杂的问题,涉及很多方面,我只能在这里提及一下。钱德勒在很多方面受惠于进步主义历史学家,就像那些历史学家一样,钱德勒不喜欢银行家,并把投机金融视为一个问题。他的做法是在写作中或多或少地将公司金融从美国历史中抹去——这一策略在1977年似乎比在2021年更可信。为了贬低公司金融在美国企业史中的作用,他将我们的注意力引向了像阿尔弗雷德·P.斯隆(Alfred P. Sloan)这样的技术创新型经理人身上。对于钱德勒来说,斯隆的对手是亨利·福特(Henry Ford),而不是像塞缪尔·因苏尔(Samuel Insull)这样雄心勃勃的金融家。相应地,路易斯·布兰代斯(Louis Brandeis)和富兰克林·罗斯福(Franklin Roosevelt)则直接反对高级金融业务,并通过这种做法,普及了一种关于商业、政府和公共利益的截然不同的叙事。

我想就管理资本主义(managerial capitalism)再多谈一些。在我看来,管理资本主义的合法性的确立至少要归功于外部政治压力,同时也有赖于管理层对技术律令和市场趋势的回应。例如,贝尔公司的经理人通过在第一次世界大战中高调地宣布志愿为美国军队服务来强化他们的企业的合法性。最近我在与法国技术史学家莱昂纳尔·拉博里(Léonard Laborie)合作的一篇文章《"胜利的回路":第一次世界大战如何形塑了美法两国电话的政治经济》中提到了这个话题。

JGX-18:《网络国家》一书着重探讨了电信网络的政治经济层面。政治经济这个术语很容易让人想到批判传播学界的一些关键思想家,他们使用"传播的政治经济学"这个术语来描述自己的研究兴趣,如达拉斯·斯迈思(Dallas Smythe)、赫伯特·席勒(Herbert Schiller)、文森特·莫斯可(Vincent Mosco)等。您和他们在提问方式以及沿袭的阐释传统上有何不一样?您是否愿意评论一下他们的研究?

RRJ-18:我在研究生院读书时就意识到传播学中存在着一种政治经济学传统。正如我已经提到的,我发现英尼斯对通信网络的空间"偏向"的反思富有启发性;我没有直接参考斯迈思、席勒或莫斯可的学术成果。在那些声称自己是在政治经济传统下写作的传播学学者中很少有人能与英尼斯的经验主义(empiricism)相媲美。相反,他们就书写书,而不是就通信网络写书,通信网络仅仅是他们宣称的写作对象。

四、反垄断的悠久历史

JGX-19：《网络国家》一书凸显了反垄断观念对电信网络的演化的挥之不去的影响。为何二百年来反垄断一直是美国通信政策的主基调？反垄断（anti-monopoly）和反托拉斯（antitrust）有什么不一样？为何不能将两者混为一谈？

RRJ-19：这些问题很好，也是我当前的写作项目正在致力于探讨的议题，我要写的这本书讲述的是1760至1930年代美国反垄断思想的历史。

简单概括一下我的这项研究就是，长期以来反垄断不仅在通信领域，而且在商业、土地和工业领域的监管中都占据着主导地位。共和国的缔造者中没有一位会为私人垄断辩护，他们认为私人垄断是外来的且反共和的。第一次反垄断运动可追溯到1840年代，其目标是通过立法使更多的美国人可在他们完全拥有的耕地上生活和工作，从而推动家庭自治。经济权力的适当集中可能是"自然现象"的观点是直到1880年代才出现的，且这一观点自出现后一直备受争议。直到1910年代，某种程度上受到了针对贝尔系统的联邦反托拉斯诉讼得以解决的刺激，管理型公司才首次在法律、政治和公共生活中获得合法性。

19世纪的反垄断者既关注产业的集中，也关注对外部商业的政治操纵和对公共土地的投机性占用。因此，我们不应该把反垄断与反托拉斯混为一谈。反垄断的历史更久，涉及面也更广。反垄断者害怕外部的政治宰制，支持无财产者的平等权利，反对经济浪费。如在1910年代，反垄断者嘲讽水力或矿藏等自然资源的不可持续性；自1970年代以来的反托拉斯者主要关注的是消费者福利的最大化，这是一个范围更窄的议程。

JGX-20：直到今天仍然流行的电信网络属"自然垄断"（natural monopoly）的理论解释在历史上是如何被提出的？您在书中提到过的像理查德·T. 伊利（Richard T. Ely）这样的社会科学家做了何种贡献？为何您认为电信业的"自然垄断"不是技术和经济的结果，而是政治和文化的产物？网络效应、自然垄断和技术决定主义三者之间是否存在着某种关联？

RRJ-20："自然垄断"的概念在1880年代由社会科学家理查德·T. 伊利和亨利·

C. 亚当斯（Henry C. Adams）普及开来。他们认为反垄断立法在某些情况下助长了一种对公司证券进行投机性操纵的罪恶。他们将自然垄断视为限制投机性操纵公司证券的一种工具。

今天，人们普遍认为电信网络的合并是技术律令和市场趋流的"自然"产物。我对这种说法持怀疑态度。"网络效应"势不可挡的观点并未在电报或电话的早期历史中得到验证。政治、金融和文化规范都十分重要。例如，像西蒙·斯特恩（Simon Sterne）这样有影响力的电话用户在1890年代就曾驳斥过电话公司关于"网络效应"的论调，即如果电话公司扩大其网络规模，用户将会从中受益更多，即便这会增加电话公司的服务成本。斯特恩说，在百老汇，他身边每天都会有无数路人经过，但他并没有兴趣与这些路人进行交谈，那么现在为什么他应该被收取更多的费用来通过电话和这些他没有兴趣与之进行交谈的路人联系呢？借用后来的语言表述一下就是，斯特恩向大型科技公司的炒作开了炮。

JGX-21：像贝尔这样的网络组织相对于其他传统企业更容易获得垄断地位，这是网络的技术逻辑使然吗？如果我们不得不对反垄断保持警惕，并主张监管，那么在您的美国电信史研究中，您认为行之有效的监管理念不是公共载具（common carriers）和网络中立（net neutrality）——因为它们会阻碍创新；相反，您证明了反垄断促进了创新，以及开放进入、市场分割、市政特许经营制与政府的企业家精神创造了从邮政部到贝尔系统的一系列高度创新的通信系统。为什么电信史上诸如统一费率（或者今天可能被称为网络中立）之类的政策往往会导致适得其反的结果？

RRJ-21：经济学家所说的网络效应（network externalities）是存在的，它有助于解释为何贝尔系统会采取它所实行的那种组织形式。例如，到了1907年，电话专家一致认为，大城市的电话运营公司之间的竞争纯属浪费，这对贝尔来说是一场巨大的胜利。然而，这一结果不仅是技术和经济的产物，也是政治和文化的结果。要想获得安装电话线所必需的城市通行权，代价可能非常昂贵：政治腐败盛行，许多市政官员都在从中捞取好处。腐败的市议员从市政特权政治中获利的幽灵形象给改革者带来极大的困扰。叫停市内的电话竞争成为限制贪污腐败的一种方法。电话公司的经理人们一致认为：在芝加哥和纽约市，电话的大众化极大地增加了电话用户的数量，帮助建立和维持了一个对良好的电话服务感兴趣的选举阵营，这个阵营的规模大到足以使他们战胜腐败的市政官员。市特许经营法确立了游戏的规则。正如麦克杜格尔在《人民之网》中所论证的那样,美国大城市的电话运营公司发现自己受到了市政费率和准入规制的限制,而加拿大的同类电话运营公司则没有这种限制。结果,电话在美国实现了大众化,而在加拿大则未实现。

简而言之,值得强调的是政府监管的创造性作用,在电话行业中则特别是市政特许经营法的作用。监管可以促进创新,使发明成果为所有人所共享。以电话为例,它加速了第一个电子媒介通信网络的大众化,使之成为面向全体人民的大众服务。

电报受到的监管比电话要宽松很多:不出所料,电报的创新性也要低得多。唯一的例外是在1866年出台的主张反垄断的《国家电报法》(National Telegraph Act)的推动下,电报在19世纪70年代出现了短暂的温室增长。《国家电报法》旨在促进电报网络供应商之间的竞争,在较短的一段时间内,该项法案确实发挥了作用。相互竞争的电报行业巨头威廉·奥顿(William Orton)和杰伊·古尔德(Jay Gould)利用该法案的条款,展开了一场史诗般的较量,来争夺发明家托马斯·爱迪生(Thomas Edison)和亚历山大·格雷厄姆·贝尔(Alexander Graham Bell)所拥有的专利的控制权。在相当短的时间内,爱迪生和贝尔的争夺战催生了四项轰动一时的发明:宽带电报、电话、留声机和发电站。

电话总是被高度监管,而且除了像自动电话这样的少数例外情况,贝尔系统在20世纪的大部分时间里,尤其是在1925年贝尔实验室建立之后,一直是大量生产各种轰动一时的创新产品的世界领导者。电报费率因用户类型而异(新闻经纪人比商人的费率低);电话费率不仅考虑用户类型差异(商业用户和住宅用户),还考虑各种其他标准的差异(包括服务质量)。从1910年开始,国会宣布电报和电话是联邦法律规定的公共载具。公共载具并不像"网络中立"的支持者后来所主张的那样,强制网络供应商对相同的服务收取相同的价格;相反,它培育出一系列精心设计的交叉补贴政策,这些交叉补贴政策一直是贝尔系统运转的核心,直到贝尔在1984年收到法院的解散命令。

网络中立实际上并不中立。相反,它更偏向于谷歌、亚马逊、奈飞等信息密集型的大型科技平台,而不利于信息服务提供商、实体零售商和媒体。电话费率始终受到监管,首先是在市一级层面监管,之后的20世纪大部分时间里在州一级层面监管。没人会认为这些监管是中立的;相反,这些监管旨在促进共同利益这个特殊愿景。

JGX-22：相较一个世纪以前的 AT&T 或标准石油这样的工业时代的托拉斯，今天的大型数字科技平台中的垄断发生了怎样的变化？电报和电话行业中存在的反垄断历史传统如何有助于我们批判性思考今天的大型数字科技平台的垄断？

RRJ-22：这些尖锐的问题都是对大型科技平台的"新布兰代斯式"（new Brandeisian）批评的核心问题。美国联邦贸易委员会的主席莉娜·汗（Lina Khan）通过汲取包括巴里·林恩（Barry Lynn）、马特·斯托勒（Matt Stoller）和盖伊·罗尔尼克（Guy Rolnik）在内的最具影响力的非新古典主义经济学家、历史学家和新闻记者的研究成果，将这些尖锐的问题带到了公众注意力的面前。

让我强调几个比较，这可能有助于提供对当前事件的看法。第一，我的前提。大型科技公司的公关人员一再试图让公众相信，我们生活在一个所有规则都已改变的美丽新世界。这压根不是真相。大型科技公司继续在一个建立了数十年的政治经济体系中运作。通过质疑这种公关宣传，历史学家可以帮助强调长期存在的原则的优点，比如公共载具、市场分割，甚至市政价格和准入规制。

公共载具理念是美国通信政策的基石，这一理念假定网络提供商有义务以无差别对待的方式提供网络访问服务。公共载具与网络中立性并非一回事：因为交叉补贴已成常态，不同的信息类别支付不同的费率，而同一类别中所有信息都被一视同仁地对待。

市场分割塑造了美国一百多年来的通信政策。例如，1913 年的麦克里诺兹和解协议（*McReynolds settlement*）迫使贝尔公司出售了其在 1909 年收购的西联电报的股份。尽管麦克里诺兹和解协议很少出现在美国通信政策的历史中，但它却有着深远的影响，因为它的存在注定了维尔的"普遍服务"愿景的失败，这项愿景计划将低成本的短途电话服务和长途电报服务整合在一起。更直白地来说，反托拉斯诉讼让"AT&T"损失了第二个"T"，毕竟 AT&T 是"美国电话电报公司"的缩写。

20 世纪 20 年代的反托拉斯压力使贝尔最终未能涉足无线电广播领域。1956 年，司法部要求贝尔以无差别对待的原则开放专利授权，并退出计算机业务；1984 年，为了应对另一起反托拉斯诉讼，贝尔选择放弃了其旗下的运营公司，并向竞争对手开放市场。这些举措在接下来的岁月里将会加快电信行业的大量试验。反托拉斯并非政府拥有的唯一监管工具。然而，它提醒我们，电信业的未来不必与过去一样。

市政价格和准入规制在美国电话业的早期阶段具有重大意义,且一直延续到了1996年。正如罗伯特·麦克杜格尔所指出的那样,加拿大的城市由于缺乏这样的制度,故而减缓了电话服务的大众化过程,这是比较制度主义路径的分析潜力的一个很好的例证。

JGX-23:历史地来看,由于 Telecommunication 这个术语本身所指涉的范围随着技术的发展在不断变化,从电报、电话、无线电到拨号上网,再到宽带服务提供商,网络中立这个术语本身指涉的意义也在发生变化。自1910年以来,电报和电话一直被归属为公共载具,而宽带服务提供商(ISP)的类别属性却一直在公共载具服务(common carrier)和信息服务(information)之间摇摆。对于宽带服务提供商、大型科技平台和新闻业之间的关系,您持怎样的态度?

RRJ-23:你的观察没错,对网络服务提供商(ISPs)的严格监管一直是美国通信监管的一个特点。大型科技平台拥有更大的自主权,它们游说国会推行有利于他们集体利益的政策,比如"网络中立",这不足为奇。以至于像新闻业这样的不可或缺的公共服务就成为这些政策的受害者,因为包括网络中立在内的这些政策取消了交叉补贴,而交叉补贴长期以来一直是支撑像新闻业这样的不可或缺的公共服务业的商业模式的支柱。

五、通向数字未来

JGX-24:《网络国家》出版至今已十多年了。过去的十年,我们见证了一个全球范围内点对点的数字互联社会的兴起,以及大型数字科技平台对日常生活世界的全方位入侵。如果我们从您的结论来推断,可能会得出这样的结论:这些变化"不仅是技术律令和经济诱因的结果,也是政府机构和公民理想的产物"。如果此时请您做一个回顾,您认为《网络国家》在帮助我们思考当前数字技术与国家的关系方面的价值是什么?同时考虑到《网络国家》中文版的出版,您认为美国经验对于不同制度和文化脉络下的读者,比如中国的读者,能贡献什么价值?

RRJ-24:尽管中美两国的政治经济有很大的不同,但两国的政治干预都强有力地塑造了各自的制度秩序。大型科技平台也将会以这样或那样的形式继续存在下去,但可以对它们的权力进行约束。正如钱德勒在其关于美国企业史的开创性著作和文章中所提醒的那样,去中心化(Decentralization)是可以设计的。当然,作为制度设计的去中心化也是联邦制的特征,而联邦制是美国地方自治试验的基石。

自《网络国家》出版至今,我们越来越清楚地看到,美国的立法者们有责任去重建一种去中心化的政治经济,因为这种政经形式拥有培育共同利益的传统。像亚马逊和脸书这样的大型科技平台已经成长为强大的行动者——不但加剧了财富的不平等,抑制了有价值的创新,还破坏了公民规范。

中国的决策者们在处理市场的政治构建(markets are politically constructed)方面的议题时,《网络国家》呈现的美国经验可资作为一种参考:反垄断法借由市场分割来促进当代人所谓的"公平贸易"已被证明卓有成效,而公共载具的监管则培育了经济上的去中心化。市政监管是一种经常被政策分析人士贬低的监管手段,但在推动新媒介的大众化方面却出人意料地有效。当然,言论自由的法律保障仍然不可或缺,但1996年的美国《电信法》第五章《通信规范法》(Communications Decency Act)的第230条所许可的那种不受约束的公开言论,则可能会威胁到每一个民族国家都赖以生存的共同规范。

JGX-25:在《网络国家》的导论中,您写道,"网络隐喻强调了早期美国电信的空间性"。您的另一篇文章《电话狂躁症:美国城市电话运营公司的争议性起源,1879—1894》告诉我们,"在电话领域,和其他许多领域一样,城市是创新的温床"。在美国电话事业的诞生阶段,芝加哥和纽约等大都市扮演了重要的角色,同样,电信网络在现代中国的落地生根,上海、天津等口岸城市则是举足轻重的先行者。那么我的问题可能涉及两方面:一方面,城市对于电信网络意味着什么?另一方面,电信网络对于城市意味着什么?

RRJ-25:几个世纪以来,城市不仅是商业创新的温床,也是公共政策创新的温床。这一点在电信行业体现得最为明显。空间的邻近性有助于为新方法和新技术的实施创造肥沃的土壤。反复出现的关于通行权(rights-of-way)的竞争催生了可加速大众化的激励措施,尤其是在市政价格和准入规制仍然有效的情况下。遗憾的是,电信史学家通常以国家作为最相关的分析单位,并将其作为参考框架放在分析的中心,而这个参考框架至少在电话的形成时代是处于次要位置的。

城市作为变迁的行动者所扮演的关键角色,是我在研究网络国家的过程中最重要的发现之一。起初我并没有打算写大城市的电话运营公司,事实上当我发现它们在档案记录中占据着显著位置时,我第一时间感到有些沮丧。我该如何完成一个已经花费了远超我预期时间的项目呢?我的孩子当时还小,我渴望我的生活继续保持在轨道上。更不用说,我的妻子也有同样的愿望!

当我发现了城市之于电话的早期历史是多么重要时,我就有了一种可以称为"格式塔转换"的感觉。除了罗伯特·麦克杜格尔、梅格安·马奎尔(Meighan Maguire)和罗伯特·霍维茨(Robert Horwitz)之外,几乎所有其他的通信史学家都认为这是一个无关紧要的主题,但事实证明,这个主题绝对重要。空间邻近性不仅对于电话公司经理人,而且对于电话发明者都至关重要,因为他们都面临去解决如何降低大城市电话交换所的呼叫连接延迟的问题,这是一项前所未有的挑战。

芝加哥和纽约市是创新的关键地点,尤其芝加哥是创新的始发站。两个城市各自都出台了市政特许经营法。然而,市民也很重要。电话这一新媒介在芝加哥的大众化很大程度上要归功于贝尔公司旗下的芝加哥电话公司经理富有远见的安格斯·希巴德(Angus Hibbard)的领导才能。1890年代,希巴德引进了新式交换装备,尝试了新的话机设备——包括现收现付的投币电话——并设计了新的计费方案,该方案将电话用户的资费方式从固定费率(flat rate)转向按次计费(measures service)。希巴德的战略建立在城市密集的专业技术网络之上:芝加哥电话公司的市中心电话交换所距离贝尔旗下的设备供应商西部电气公司的大型工厂很近。固定费率是一种倒退:它有利于大企业客户,却阻碍了电话的广泛应用。随着按次计费的引入,向全体人民提供基本水平的电话服务,在商业上首次变得可行。到1900年,一个电信的新时代开启了。

JGX-26:最后一个问题与技术史有关。在全球新冠病毒大流行期间,我们前所未有地体验到了远程信息与通信技术(ICT)对于物资流通和社会交往的不可或缺性,如无接触快递、Zoom和腾讯会议上的学术会议等。同样,信息和通信技术正迅速成为整个人文和社会科学研究的焦点。这让我想到马克·波斯特在《信息方式》中的一句话:人们必定会在现实情境中看到早期的发展,对数字媒介交流方式的解剖必然也会使对电子信息方式的解剖更加明白易解。在今天的数字媒介情境中,"制度"的意义是否发生了变化?它和您过去研究的"制度"有什么不同吗?例如,它能否帮助我们理解丹尼尔·贝尔所说的后工业社会的崛起？我们如何在自身与托马斯·休斯所谓的"大型技术系统"的关系中来重新定位我们自己？

RRJ-26：历史可以帮助我们理解通信网络是如何演变的。然而，历史并不是一门预测性科学。即便如此，我的研究得出的一些结论确实引起了人们的注意。

政治渗透于人工物，并且政治结构形塑商业战略。美国联邦贸易委员会主席莉娜·汗（Lina Khan）在她发表于《耶鲁法学杂志》上的一篇关于标准石油和亚马逊公司的里程碑式的文章中强调：当下的新事物极易被夸大。丹尼尔·贝尔的《后工业社会》和托马斯·休斯的《大型技术系统》都聚焦于现代性的核心特征。然而，他们二位的论点都没有围绕信息技术在政治经济中的嵌入性展开。

在美国，塑造电报和电话的政治经济同时具有国家性、次国家性和跨国家性。跨国层面的政治经济是电报的重要舞台，次国家性层面的政治经济是电话的重要舞台。当我们谈论今天的信息与通信技术时，我们可能要牢记一点：国家不是唯一的，甚至在某些情况下不是最重要的分析单元。企业同样是重要分析单元：今天，美国、中国、欧盟和许多其他地区的立法者们面临的是"国中之国"（imperium in imperio）问题的现代变体，这个问题一度困扰着中世纪的政治理论家们。

无论过往还是当下，沟通交流得更频繁并不一定就意味着沟通交流得更好。历史研究表明，相互的理解是如何有助于加强基本的社会联系，推动有价值的创新，并促进道德的进步。然而，没有什么是绝对确定的，而且，如果遇上事情进展不顺，我们很少会把责任归咎于沟通交流不畅这一独立因素。在人际关系中，以及在我们试图窥视永恒的短暂尝试中，误解不是一种偶然，而是一种常态。

大国如邻:电信的空间政治*

◎理查德·R.约翰 (金庚星译)**

> 几乎没有哪项属于未来的重大(技术)突破,其雏形截至目前仍然尚未萌发或尚未被预先暗示。……仅就"相互通信"方面而言,中世纪的信号灯(signal lights)为18世纪的旗语(semaphore)开了先道,19世纪晚期的电话则是对早期电报的一种补充。
>
> ——西奥多·N.维尔(Theodore N. Vail),1916

1906年,78岁的历史学家亨利·亚当斯(Henry Adams)追忆,有三起事件已经把他出生时的那个"旧宇宙"推进了"灰烬堆"。这三起事件分别是:1840年,第一艘按照时刻表准点到达的跨大西洋轮船停靠波士顿港;1841年,连接波士顿和奥尔巴尼的第一条区间铁路开通;1844年,新闻报道第一次用电报传送。[①]

亚当斯的回忆突显出一位深思熟虑的美国民众赋予其在青年阶段所经历的传播革命以巨大意义。不过亚当斯的记忆是有所取舍的。因为奇怪的是,在亚当斯广为人知的"第一"列表中,他偏偏没有提及1845年开创了美国"廉价邮资"时代的联邦立法,而在他写回忆录时,这项立法已是众人皆知的事件。[②] 同样令人费解的是,亚当斯所致敬的每一项创新都取决于政府的支持——轮船由英国海军部门补贴,铁路有马萨诸

---

* 本文经由哈佛大学出版社官方直接授权《中国传播学评论》刊发。副标题"电信的空间政治"为译者添加。理查德·R.约翰教授的博士生谢瑜帮助校订了初译稿的几处错误。

** 理查德·R.约翰,哥伦比亚大学新闻学院教授。金庚星,华东政法大学韬奋新闻传播学院副教授。

① SAMUELS E. The education of henry adams[M]. Boston: Houghton Mifflin, 1974: 5.

② MCMASTER J B. History of the people of the united states, from the revolution to the civil war, vol. 7: 1841-1850[M]. New York: D. Appleton & Co., 1910: 106-120, 124-134.

塞州议会支持,电报则获得国会的支持,但他并未对这些事实做出任何确认。亚当斯的目光短浅,特别奇怪。因为正如他自己所熟知的那样,其祖父约翰·昆西·亚当斯(John Quincy Adams)在其漫长而杰出的公职生涯中,曾大力提倡政府资助公共事业。

从1906年到现在,几代历史学家、社会理论家和文化批评家通过淡化政府机构(governmental institutions)和公民理想(civic ideals)对于重大技术创新的影响来呼应亨利·亚当斯的观点。他们认为,只有在20世纪中叶,政治经济才能跟上技术洪流。这种信念是错误的。从18世纪到现在,技术与政治之间一直存在千丝万缕的联系。

美国长期以来一直拥有一系列令人印象深刻的基础设施,使其能够在远距离和高速度的情况下有规律地、可靠地进行信息流通。到1840年,邮件将成千上万个地方连接到一个全国性的网络中,而视觉/光通信(line-of-sight/optical telegraph)①提高了全美最大的几个海港的船岸通信效率。到1920年,美国已经融入一个全球电报网络中,并号称已拥有世界上规模最大、使用频率最高的电话交换机联盟。

电报和电话对美国人的生活产生了深远的影响。电报建立了新的共时性传统,电话打破了传统意义上言谈与物理邻近之间的必然联系。到了1920年,这两种媒介已经变成城市的中枢神经系统。② 电报和电话对于美国社会的影响众所周知,然而,人们却经常忽略美国社会对于电报和电话的影响。

1840年到1920年,全体人民都有权享有某种基本水平的电报或电话服务的提议引发了长时间的有时甚至异常激烈的公开辩论。1840年时,几乎没人能预测到将来某一天全体人民都能通过电线交流。到了1920年,很少有人还会怀疑这个国家的电报和电话网络运营商,负有为全体人民提供用于跨越全美大陆发送电报或拨打本地电

---

① 译者注:Optical telegraph 在中文文献中有时被译成"光电报",译者认为这是一种误译。因为 optical telegraph 并不依靠电力作为驱动力传输信息,而是依靠视线光学为介质传输信息。所以将 optical telegraph 译成"光通信"似乎更为有说服力。把 telegraph 理所当然地等同于"电报"是一种"以今论古"的做法。Telegraph 的字面意思仅仅是远程通信,这种远程通信既可以光视线(line-of-sight)为介质,即光通信(optical telegraph);也可以电为驱动力,即电远程通信(electric telegraph),也就是电报。光通信早在1790年代就被发明出来,而电作为动力在远程通信中的商业化应用要迟至1840年代了。
② SCHLERETH T J. Victorian America:transformations in everyday life, 1876-1915[M]. New York:Harper Collins, 1991:xii.

话的基础设施的社会责任。电报和电话如何以及为什么从面向特定用户的专门服务，转变为面向全国人民的大众服务？这个问题不仅涉及技术和经济的维度，要回答这个问题还需进行政治和文化层面的探索。

电报最初在设计时，并非用来为全体人民提供便利，且多年以来，它也的确如此。实际上，在1845年第一条付费服务电报线开通后，直到65年之后的1910年，占主导地位的电报网络提供商才重新配置这一通信媒介以面向大众市场。1910年前，除了在极少数例外情况下，电报始终只为贸易商人、立法者和记者这些特定客户提供专门服务。电报行业的领导者认为这一状况不可避免。1890年，西联电报公司（Western Union）的总裁诺文·格林（Norvin Green）预计，和"信件交流"这一形式相比，即便在成本差不多的情况下，也只有不到10%的美国人更喜欢用电报。[1] 格林可能低估了低成本电报的大众普遍需求。即便如此，对于大多数人来说，邮件仍然是主要的远距离通信媒介。如果以营业收入作为公众需求的粗略指标，格林说得确有道理。西联公司运营着美国最大的电报网络。在1890年，它创造了超过2000万美元的收入，而邮政部门的营收是其3倍左右。（见表1）

表1 1866—1920年邮政部、西联和贝尔系统的年营业收入

营业收入（百万美元）			
年份	邮政部	西联	贝尔
1866	14.4	4.6	0.0
1870	18.9	6.7	0.0
1880	33.3	10.6	3.1
1890	60.9	20.1	16.2
1900	102.4	22.8	46.1
1910	224.1	30.7	164.2
1914	287.9	45.9	224.5
1920	437.2	n.a.	448.2

资料来源：《美国历史统计》（剑桥：剑桥大学出版社，2006），表Dg 19、Dg 69和Dg 182。

---

[1] Green N to Bingham H H：1890-12-11[A]. Washington, D.C.：Archives Center, Smithsonian Institution (president's letterbook, Western Union Collection).

尽管电报和电话在很多方面存在差异,但二者都经历了三个阶段的演化:第一个阶段是商业化(commercialization)——网络的建造;第二个阶段是大众化(popularization)——网络从为特定客户服务扩展至为大众服务;第三个阶段是自然化(naturalization)——通过不断重申现存的制度安排植根于技术与经济,而非政治和文化这一信条,网络得以去政治化。电话的商业化是在1870年代,大众化是在1900年左右,在"一战"期间完成自然化。在电报的情况中,大众化阶段和自然化阶段是倒置的。电报的商业化是在1840年代,自然化是在1880年代,而大众化是在1910年代。

在美利坚合众国的早期,传播的政治经济制度是高度集权的,这一传统促使人们做出电报也应由联邦政府机构来经营的假定。这种联邦主导的政治经济制度在1940年代部分程度上被以州主导(state-oriented)的政治经济制度所取代,后者鼓励已被特许为私营公司的电报网络供应商之间相互竞争。除了专利权仍归联邦政府管辖,在其他大多数领域,都是各州占据主导权。从1880年代开始,这一由州主导的政治经济制度与由市政主导(municipally oriented)的政治经济制度产生冲突,后者推动了电话公司的加速合并,使它们从私营企业变成公共事业。政治结构形塑商业战略。崇尚竞争的政经制度,美化网络供应商的平等权利,贬损政府授予的特许经营权;合并主义(consolidationist)的政经制度则是强烈谴责竞争导致的不必要浪费,并将网络为用户提供的服务视为一个理想化的公共事业。

"网络"(network)这个词如今已经变成一种隐喻,指涉任何包含一些链接与节点的组合现象。人们使用网络找寻工作、提升社会地位并保持消息灵通。大众媒体上充斥着社交网络、商业网络以及悲惨的恐怖主义网络这样的词汇。互联网(internet)从字面上理解是网络的网络,或者互联网络。为了理解这一现实,社会理论家发明了网络科学。① 如今,基本的经济单元不再是政府机构或私营企业这样的组织,而是变成了组织互动的网络。②

网络科学最显著的特征之一是假设网络对用户的价值随着网络规模的扩大而提高。这种关系被称为"网络外部性"(externality)或"网络效应"。但并非所有具有网

---

① BARABÁSI A. Linked: the new science of networks[M]. Cambridge, Mass.: Perseus Publishing, 2002.
② CASTELLS M. The rise of the network society[M]. Oxford: Blackwell, 1996: 171, 198.

络特征的企业都存在网络效应,例如,天然气厂与自来水厂就不存在这一效应。如果天然气厂或自来水厂的规模扩大,其消费者获取的天然气或自来水的单位价值仍然保持不变。相比之下,如果一个传播网络的规模扩张,则它为每个用户所提供的设施的价值也随之提高,因为用户现在可以在更广泛的空间范围内与更多的用户进行更紧密的联结。①

网络随着规模扩张而变得更有价值这一假说,已经影响了很多与电报和电话有关的历史作品。不幸的是,假说只是假说,并未获得证实。电报和电话网络的建造者们是在实践中渐渐开始意识到网络规模与网络价值是存在关联的。事实上,在某些情况下,他们有理由怀疑二者之间的相关性。在撰写美国早期电信史时,重要的是不能抽离时代背景,混淆21世纪网络理论家的理论与19世纪网络建造者的行为。

网络科学是新的,但"网络"这个词不是。最早的网络是指由金属或花边制成的复杂的、纹理密集的手工艺品。随着时间的推移,这个词开始用来表示更广泛空间范围内相互联结的人造物,如电报、邮件和电话。1845年,一名记者报道电报是"铁线的神经网络"②;1851年,一位立法者观察到,邮件正在"编织起一张社会、知识与商业交往网络"③;1913年,一名公关人士发表意见说,电话是一个"看不见的电线网络"④。

网络隐喻突显出早期美国电信传播的空间性。⑤ 虽然电报跨越国家,但其网络仍然存在漏洞,许多地方仍被排除在网络之外。电报仍然是一个松散耦合的联合企业,或者是欧洲人所谓的卡特尔,而不是紧密耦合的系统。电话的情况也同样杂乱无章。成千上万的运营公司激烈竞争,但很少有用户希望或渴望用电话与城市或小镇边界之外的人进行交流或通信。

---

① SHAPIRO C, VARIAN H R. Information rules: a strategic guide to the network economy[M]. Boston: Harvard Business School Press, 1999:chap. 7.
② The Magnetic Telegraph— Some of Its Results[N]. New York Daily Tribune, 1845-07-08.
③ FOWLER O. Remarks of Mr. Orin Fowler, of Mass... on a motion to reduce postage on all letters to two cents[M]. Washington, D.C.: Buell & Blanchard, 1851:5.
④ CHILDE C. Social uses of the telephone[J]. Telephone review, 1913(4):236-237.
⑤ GRAHAM S, MARVIN S. Splintered urbanism: networked infrastructures, technological mobilities, and the urban condition[M]. London:Routledge, 2001:186-194; LATOUR B. We have never been modern[M]. Cambridge, Mass.: Harvard University Press, 1993:117-122.

电话网络的异质性值得强调。通常认为,自 1908 年左右,每一家由美国电话电报公司(AT&T)投入大量资本的电话运营公司,都是 AT&T 总裁西奥多·N. 维尔口中的"贝尔系统"(Bell System)这个无缝网络的一部分。而实际上,电话网络仍然只是一个由组织上各不相同的运营公司所组成的联盟。不过在某种程度上也可以说,一个真正的贝尔系统的确是存在的,并在全国的那些大城市中被本地化。这些运营公司维护自身的企业形象,出版自己的公司杂志,设计自己的广告,发行自己的证券,甚至建造自己的总部大楼。1920 年代,几乎最具建筑学意义的摩天大楼就是位于纽约和旧金山的贝尔联合运营公司的总部大楼。

正如"系统"的比喻会产生误导一样,电报与电话将一个国家转变成一个"邻里社区"的宣称,同样会产生误导。在电信传播中使用比喻不可避免,并且网络、邻里社区与国家的关系也相当复杂。传播能创造共同体的思想,早在 20 世纪媒介评论家马歇尔·麦克卢汉宣称电视正在将世界转变成"地球村"之前就已经产生了。麦克卢汉本人承认,他是偶然从纳撒尼尔·霍桑(Nathaniel Hawthorne)于 1851 年出版的一部小说的对话中获取了这一比喻的灵感。这部小说中的一个人物角色欢呼道,电报已将"圆形的地球"转变成"巨大的脑袋,一个充满智慧本能的大脑"[1]。"邻里社区"的比喻甚至出现于电力的商业化之前。1829 年,早在美国第一条电报线开通之前的十几年,道德主义者威廉·埃勒里·钱宁(William Ellery Channing)就表述过,邮政已经使美国成为"一个伟大的邻里共同体"[2]。

电报与电话网络的发起人们经常夸耀这两种媒介在形塑国家方面的潜力。在电报的情况中,这种夸耀至少可以追溯到 1838 年,也就是第一条电报线开通之前的几年。电报发明者塞缪尔·B. 莫尔斯预测,"用不了多久","这个国家的全部地表"将"布满"那些"神经"。这些神经将以思想的速度,播撒所有活跃在这片土地上的知识,在实际上将整个国家变成一个邻里社区[3],但只要奴隶制问题一直存在,电报的政治含义就仍然存在

---

[1] MCLUHAN M, POWERS B R. The global village: transformations in world life and media in the twenty-first century[M]. New York: Oxford University Press, 1989:frontispiece.

[2] CHANNING W E. The union[J]. Christian examiner,1829(6):160.

[3] Morse to Francis O. J. Smith, February 15, 1838, in Electro— Magnetic Telegraphs: 25th U.S. Congress, 2nd session, H. Rpt.753 (serial 335) [R]. 1838:9.

争议。而随着南北战争中奴隶制的废除,网络与国家的联系已成为一种陈词滥调。

在电话的情况中,网络对于国家的不可或缺性是很难确认的。绝大多数电话呼叫仅限于城市或小镇的内部,很少有人需要或渴望通过电话进行远距离沟通。即便如此,电话的热心支持者们也尽了他们最大的努力。1910年,一名电话行业的公关人士表述道,铁路和轮船已经为美国人民的联合与团结做了很大的贡献,而电话是"拱顶石",它是使一个"相互依存的国家"能够"处理好自身关系并团结在一起"的"最后改进方案"。① 1915年,一个全国领先的电话网络提供商的公关通告夸耀道,横贯全美大陆的电话服务正在使"大国如邻"。②

电报和电话与国家的实际关系并非是显而易见的。电报最初不是为了将整个国家联结起来,而是要把位于英格兰曼彻斯特的棉纺厂与美国南部的棉花港口连接起来,形成一条巨大的、弧形的跨国通信线路。在1866年跨大西洋电缆竣工之前,这条线路的一部分仍然是不通电的,商人们依靠定期往返北大西洋的轮船来跨越大洋传递信息。甚至与横贯北美大陆的铁路一同被看成是促成国家一体化的珍贵象征的太平洋电报,原本也不是被构想成一个跨国家的项目,而是作为途经阿拉斯加、白令海峡和西伯利亚连接美国和欧洲的跨国线路中的一个环节。

电话与国家的关系甚至更为紧张。电话网络在其形成时期像是一个群岛,主要用来实现岛内交流,而岛与岛之间大多没有相互连接。1920年97%的电话呼叫仍然局限于城市或小镇内部。③ 今天,人们给远方的亲戚或朋友打电话闲聊已是司空见惯的事。然而,直到1970年代,对除了富人之外的大部分人民来说,这都是一种奢侈。尽管电话公司铺天盖地的公关广告大肆宣传区域内的、跨区域的甚至横贯大陆的电话服务的可能性,然而长期以来与电话服务最相关的空间范围既非国家,甚至也不是区域,而仅仅只是本地。电话行业的公关人士是如此执着于长途电话服务的宣传,以至于他们忽略了电话在离家更近的空间范围内所获得的胜利。

---

① CASSON H N. The telephone and national efficiency[J].Telephone review,1910(1):2.
② Making a neighborhood of a nation[J]. Telephone review, 1915(6): inside front cover.
③ WEIMAN D F. Building "universal service" in the early bell system: the co-evolution of regional urban systems and long-distance telephone networks [C]//History Matters: Essays on Economic Growth, Technology, and Demographic Change.Stanford, Calif.: Stanford University Press, 2004:351.

围绕电报"湮灭"了空间和时间这个反复被提及的论断,一个类似的误解已经产生了。就像"邻里社区"的比喻一样,"湮灭"的比喻往往与电报相联系。事实上,"湮灭"的论断早在电报商业化之前就出现了。这个论断似乎是其作品被广为引用的 18 世纪末期英国诗人亚历山大·波普的发明。① 波普所指的"湮灭"是通过神力介入,消除异地恋人之间的物理距离:"上帝!湮灭空间与时间,让两个相爱的人开心。"直到 19 世纪的头十几年,人们才习惯于认为,凡人也能拥有这样的力量。那个时代的人们援引"湮灭"的比喻不仅用来描述电报(electric telegraph),还描述邮件和光通信。1831年,一位散文家在描述其打开一位童年朋友通过邮件寄来的书信的体验时,欢呼道:"时间和距离被湮灭,我们就身在其中。"② 几年之后,一位光通信狂热爱好者滔滔不绝道,在思考媒介所能实现的可能性时,想象力被"打败"了:"距离已然消逝。"③ 无怪乎有位记者在 1838 年预测,如果电报(electric telegraph)获得成功,时间和空间将"几乎湮灭",到那时,距离的湮灭就不再仅仅是一个陈旧的隐喻了。④

　　今天人们通常将电报(telegraph)与电话归并在一起合称电信(telecommunication)。尽管这种结合易于理解,但严格来说并不那么准确。让人意外的是,"telecommunication"一词是新近才发明的术语。1904 年爱德华·埃斯托涅(Édouard Estaunié)在一本邮政管理员手册——《电力电信的实践条约》(*Traité Pratique de Telecommunication Électrique*)中创造了这一新词。埃斯托涅是一名法国邮政官员,同时作为散文文体家广受称誉。⑤ 他为 telegraph 一词留下了开放的表意空间,以避免其与非电力远程通信(nonelectric telegraph)混淆:因为 telegraph 除了可以指电力通信(electric telegraph)外,还可能指光通信(optical telegraph)。这也是他在《电力电信的实践条约》中于 telecommunication 一词之后再加上电力(électrique)一词进行修饰限定的原因。尽管这种用法在今天的工程师群体中已不多见,但历史学家们仍然沿

---

① MARX L. The machine in the garden: technology and the pastoral ideal in America[M]. New York: Oxford University Press, 1964:194.
② HAlE S. Letter writing: in its effects on national character[J]. Ladies magazine and literary gazette, 1831(4):242.
③ National Intelligencer[N]. 1837-04-13.
④ Amos Kendall[J]. United States magazine, 1838(1): 411.
⑤ ESTAUNIÉ E. Traité pratique de telecommunication électrique (télégraphie-téléphonie) [M]. Paris: Charles Dunod, 1904.

袭了这一传统。一位杰出的传播史学家解释说,"telecommunication 的本质"与驱动力无关,仅涉及以一种比物理的交通运输(physically transported)明显更快的速度在两点之间进行的信息传递。按照此标准,电报(electric telegraph)与光通信(optical telegraph)相比,还称不上是一个激动人心的改进,因为它仅仅加速了交通(transportation)与传播(communication)的分离,而这二者的分离则是由光通信所开创的。①

词语的身上永远携带着词源的印记,telecommunication 这个词亦不例外。Telecommunication 这个词自发明伊始就混合了一些形态各异的现象。1904 年时,它混合了电报和电话;到了 1930 年代,又变成了电报和无线电广播。Telecommunication 这个词对无线电广播的身份吸纳于 1932 年获得了官方的正式授权许可。这一年,位于瑞士的国际电报联盟(International Telegraph Union)扩展了其授权范围,纳入了无线电广播这一新媒介。为了突显这一变化,该组织同时更名为国际电信联盟(International Telecommunication Union,ITU)。一位美国政府官员解释,世界各国史无前例地正式开始采纳一个新词语来同时指代电报、电话、无线电广播,以及任何其他"电的或视觉信号"驱动的系统。② 有意思的是,国际电信联盟最先的授权许可中并不包括电话这一媒介,因为国际电信联盟是一个跨国组织,而当时的电话网络几乎没有跨越国界。今天,"telecommunication"通常用来指代电话和计算机的融合,并已将电报和无线电广播都排除在外,而讽刺的是,电报和无线电广播却恰恰是 telecommunication 这个词最先指代的两种媒介。

"Telecommunication"这个词是慢慢传到大西洋彼岸的。1920 年前,它并不为人所知。到 1934 年,这个单词才出现在《纽约时报》和《华尔街日报》上,二者都提到了其在欧洲的发展情况。③ 直到 1936 年,这个词才登上学术专著的扉页。④ "二战"之后,

---

① HEADRICK D R. When information came of age: technologies of knowledge in the age of reason and revolution,1700-1850[M]. Oxford: Oxford University Press,2000:193-197.
② GROSS G C. The world's first telecommunication convention[N].Radio news,1934-09-16.
③ Secretary Roper's report on communications study[N].Wall Street Journal,1934-01-30; World radio code links 75 nations[N].New York Times,1934-05-06. 对《华尔街日报》和《纽约时报》的机读版进行关键词检索发现,1940 年以前,"telecommunicatioin"只是零星地出现过。
④ HERRING J M, GROSS G C. Telecommunications: economics and regulation[M]. New York: McGraw-Hill, 1936.

美国社会才常规地使用这个词来表示一种传播媒介，而不再仅仅用它来指称像国际电信联盟这样的政府机构。而在那之前，人们如果想同时指称电报和电话，除了借用如"电力通信手段""电力通信"或"电线系统"这样笨拙的迂回之词外别无他选。当国会于 1934 年拟组建一个行政机构来监管电报、电话与无线电广播时，"telecommunication"这个词仍不为大众所熟知，这个机构使用了联邦通信委员会（Federal Communications Commission）的称谓，而非联邦电信委员会（Federal Telecommunications Commission）。

"二战"之前，"telecommunication"一词在美国可能并未被普遍使用，但是它所预设的媒介融合愿景，长期以来已然引发了网络建造者、立法者和网络评论家的兴致。美国第一家长途电话网络提供商——美国电报电话公司（AT&T）的名字本身就预示着电话与电报的融合。该公司时任总裁西奥多·N. 维尔同时也是"普遍服务"（universal service）普及化的推动者，这项服务的目的就是将电话与电报整合成一体化的交互式电信媒介。①

在电报（electric telegraph）的各种先驱中，几乎没有哪项能比 1790 年代法国政府为促进首都与各省间高速通信而建造的光通信（optical telegraph）更具影响力。这一项目直接激发了"telegraph"这个词的发明，这一新词由法国政府的行政人员创造。在希腊语中，"telegraph"这个词意味着"远距离书写"（writing-at-a-distance），在 19 世纪，很少有美国人认为应该对这个词义加以改进。法国的光通信依靠经过专门培训的报务员，沿着一连串信号塔传达经编码的讯息，各塔之间相互间隔 10 到 20 英里，这是

---

① 译者注："universal service"指的是在特定历史时期贝尔公司采用的一项商业战略，不能将其从历史语境中抽离出来作为一般的社会科学概念来理解。贝尔总裁西奥多·N. 维尔用"universal service"这个术语来指贝尔公司同时提供低成本的短距离电话服务和低成本的长途电报服务。当美国政府在 1913 年迫使贝尔剥离西联时，这项商业策略夭折了。这里需要注意 popularization 和 universal service 的差别。popularization 针对的是全体人民；而 universal service 针对的是电报电话两种不同媒介的融合，变成一个"通用的电线系统"（universal wire system），即只需通过贝尔的一张网就能既打长途电话，又打市内通话。维尔用 universal 想表达的是通用的、兼容的、万能的意思（相较这项战略实施之前，电报和电话网络各自隶属于不同的组织，贝尔运营市内短途电话，西联运营长途电报）。所以 universal service 这个词指的不是从面向专门用户转向为面向全体人民提供普遍的服务，而指向的是媒介网络的属性，也就是仅仅通过贝尔一家电信网络就可以同时解决包括长、短途通信在内的所有通信。如将之译成"全民服务"容易和"popularization"（大众化）的意思混淆，所以，这里将 universal service 译成"普遍服务"。

报务员在白天使用望远镜来解码信号所能达到的最远距离。如果天气状况无碍,那么唯一能影响讯息传递距离的因素就是传播网络中信号塔的数量。1803 年,一位百科全书编纂者适时地指出,新媒介就是一台从一个极点到另一个极点传递讯息的"机器",无论它们之间相距"多么遥远"。①

即便在英美两国已开始投入使用电报(electric telegraph)后,法国仍然保持着光通信(optical telegraph)的运转。1852 年,以巴黎为中心,光通信以轮辐式结构向四周辐射,触达城市至 29 座,连接了 556 座信号塔,延伸距离超过 2900 英里。天气晴好时,报务员每分钟可以在两塔之间传送 20 个字符,今天的电气工程师认为这样的传送速度即便与最早的电报比起来也丝毫不逊色。②

法国的光通信在美国亦众所周知。截至 1820 年,"telegraph"这个词已经以各种形式出现在 40 多种美国报纸的报头上。到了 1828 年,这个词还出现在总统候选人安德鲁·杰克逊(Andrew Jackson)的官方竞选报纸的标题中。③ 当然,"telegraph"这个词的所有变体形式指的都是 optical telegraph,因为彼时电力电报尚未发明。甚至电报的狂热爱好者也发现了光通信的令人印象深刻之处。1844 年,一位崇拜者观察到,在"各种现代系统"中,法国的光通信"可能是被人们最频繁提及的"。④ 随着电力电报的商业化,光通信渐渐从人们的记忆中消失。即便如此,它在大众想象中存活的时间已足够长久,被誉为电话的先驱。1912 年,一则电话公关通稿宣称,"拿破仑的视觉电报"是"第一个长途系统"。⑤

语言学家约翰·皮克林(John Pickering)是光通信最雄辩的拥护者之一。1833 年,在面向波士顿海洋学会的一次公开演讲上,皮克林宣告,光通信无疑是"现代以来最大的进步"之一,"目前在传递情报的速度上能够超越光通信或能与之相媲美的技术

---

① HARRIS T M. The minor encyclopedia, or cabinet of general knowledge, vol. 4 [M]. Boston: West & Greenleaf, 1803:219.
② HOLZMANN G J, PEHRSON B. The first data networks[J]. Scientific American,1994,270(1):128-129.
③ JOHN R R. Spreading the news: the american postal system from franklin to morse[M]. Cambridge, Mass.: Harvard University Press, 1995:86-87.
④ A new era in civilization— the electric telegraph[N].New York Herald, 1844-08-05.
⑤ Napoleon's visual telegraph: the first long distance system[A]. AT&T Archives and History Center, Warren, N.J., box 2061.

手段还未被设计出来……因为除了途经每个基站时几乎觉察不到的延迟之外,其速度足可与光自身的速度相匹敌"。皮克林抱怨道,光通信的很多功能仍然鲜为人知,这令人感到遗憾:"我们每个人日复一日通过光通信听说与阅读新闻,却从未考虑过,更别说理解有关这一情报传递模式的工作原理的任何信息。"① 虽然人们都将光通信视为一项重大的技术进步,但并非每个人都赞许其法国版化身的价值是良善的。1846 年,就有位记者警醒道,法国的光通信是拿破仑·波拿巴(Napoleon Bonaparte)将军"最有力的代理人"之一,他借由光通信的威力成功地变成了一个军事独裁者。②

"拿破仑的光/视觉通信:第一个远距离系统",1912 年 1 月,美国电话电报公司档案与历史中心,沃伦,新泽西州

虽然光通信随着电报(electric telegraph)的商业化而被遗弃,但它仍然存活在大众的想象中。在贝尔公司的这份 1912 年的公关声明中,公关人员称赞法国光通信是"第一个长途系统"——贝尔旗下长途电话网络的先驱。

---

① PICKERING J. A lecture on telegraphic language, delivered before the boston marine society[M]. Boston: Boston, Hilliard, Gray and Co., 1833:9-11, 28.
② Magnetic telegraph[J]. Niles's register,1846,71: 243.

美国联邦政府基于法国模式建造一个光通信系统的可能性吸引了国会议员们的注意,他们正被本国港口在面对海上入侵时所表现出的脆弱所困扰。而光通信技术可在军队遭受外来袭击时为其提供预警系统。1807年,国会就建造光通信系统的可行性举行了辩论,这一年,美国与法国或英国发生战争的可能性也大大增加。关于资助纽约与新奥尔良之间长达1200英里的光通信塔链的议案,支持的一方在众议院获得了多数票。不过最后,该项目却被搁置。纽约—新奥尔良的光通信系统并未付诸实施。① 随着拿破仑于1815年在滑铁卢的失败,远程预警通信系统的建设似乎也不那么紧迫了。但是这一构想并未被人们遗忘。例如,1833年,安德鲁·杰克逊(Andrew Jackson)总统的国务卿爱德华·利文斯通(Edward Livingston)提议联邦政府在政府机构所在地与海岸线上"最易被入侵"的那些点之间建立"远程通信"。② 四年后,一个类似的建议得到了光通信报务员塞缪尔·C.里德(Samuel C. Reid)的支持。

光通信的拥护者颂扬这一新媒介在战争与和平中的潜力。1800年左右,博学家威廉·桑顿(William Thornton)推测:光通信将使南北美洲的相连成为可能,使"最高政府"能够在不到一天的时间里实现与"这个庞大帝国最遥远的边界"的任意沟通,从而促进两大洲的政治统一。③ 1837年,里德宣称,光通信特别服务于"商业阶层社区",还没有为哪个国家的"广大公众"带来"更大的利益和优势"。④ 一旦联邦政府在纽约和新奥尔良之间建立起光通信系统,那么在这两个相距遥远的城市之间传递至关重要的讯息将只需两个小时。⑤

美国从未建造起如法国这样的光通信系统。然而,距离适中的船—岸光通信系统倒是在几座城市中建立起来了。美国最早的光通信在1801年投入运营,连接了北大

---

① National Intelligencer, 1807-12-28.
② Cited in Mary Orne Pickering. Life of John Pickering[M]. Boston: John Wilson and Son, 1887:405.(历史学家习惯将telegraphic翻译成远程通信,而非今天这样理所当然将之等同于电报。)
③ THORNTON W. Outlines of a constitution for United North and South Columbia[C]//Thornton's outline of a constitution for United North and South Columbia.Hispanic American Historical Review, 1932(12):214.
④ SAMUEL C. Reid to Levi Woodbury, April 1837, in Telegraphs for the United States, 25th U.S. Congress, 2nd session, H. Doc. 15 (serial 322)[R]. 1837:9.
⑤ REID S C. Petition...Praying for the Establishment of a Line of Telegraphs from New York to New Orleans: 24th U. S. Congress, 2nd session, S. Doc. 107 (serial 298)[R]. 1837:2.

西洋的航道与波士顿,长72英里。随着托马斯·杰弗逊总统的海外贸易禁令引发了商业混乱,这个项目作为这场混乱的牺牲品于1807年被舍弃。① 另一个早期的光通信项目连接了北大西洋航道与纽约市。由于长期资金短缺,它仅在1812年战争期间短暂地获得了知名度,当时它警示紧张的纽约市民附近有一艘充满敌意的英国护卫舰出没。②

1812年战争后的那些年里,美国最成功的光通信在纽约和波士顿建成。纽约的光通信工程由里德建立,波士顿的则是由约翰·R.帕克(John R. Parker)所建。它们各自向城市传递讯息,最后到达的目的地都是位于城市中心商业区的一个特别指定的房间,这个房间被称为"交换中心"。这项光通信业务的主要部分是船舶到达的时间信息。在1833年10月至1834年12月间的15个月里,帕克的光通信报告了波士顿港口2104艘船只到达的讯息。③ 每一次从航道到帕克的波士顿办公室的关于船只到达的远程通信记录都被妥善保存在一个装订本上。远程通信是通过一套精密的数字代码进行的,这套代码可以使用帕克的《美国远程通信词汇》(*United States Telegraph Vocabulary*)来解码,这本词汇书汇编了12 000个航海时惯用的短语。④ 这两个城市的远程通信系统的运转主要依靠用户所缴纳的年费。包括海运保险公司、商人、船主和记者在内的主要用户,通过缴纳年费将可获取到光通信所传递的信息。⑤

光通信(optical telegraph)对电报(electric telegraph)的倡导者们提出了明显的挑战。电报的倡导者们是如何将自己的发明与已经存在的光通信媒介区分开来的呢?一位电报的倡导者提出将其命名为莫尔斯通信(Morse-graph)以纪念电报发明家塞缪

---

① WILSON G. The old telegraphs [M]. London: Phillimore & Co., 1976:210-217; SWAN W U. Early visual telegraphs in massachusetts[J]. Proceedings of the bostonian society, 1929-1933(10): 30-47.
② STOKES I N P. The iconography of manhattan island, 1498-1909, vol. 5 [M]. New York: Robert T. Dodd, 1926:1564.
③ PARKER J R. A treatise upon the telegraphic science[M]. Boston: Dutton and Wentworth, 1835:16.
④ PARKER J R. The United States telegraph vocabulary: being an appendix to elford's marine telegraph signal book[M]. Boston: W. L. Lewis, 1832.
⑤ GOODRICH A T. The picture of New York, and stranger's guide to the commercial metropolis[M]. New York: A. T. Goodrich, 1828:208.

尔·B. 莫尔斯。① 大多数人还是沿用了旧名称 telegraph,部分是因为这个称谓已为人所熟知。为了避免混乱,电报的倡导者们强调这一新媒介的新式驱动力及其出色的可靠性。他们认为这个新媒介是"电报"(electric telegraph)、"电磁电报"(electro-magnetic telegraph)或"记录电报"(recording telegraph)。修饰限定词"记录"强调电报拥有自动产生脚本的能力。尽管这一功能很快就被舍弃,但莫尔斯一直认为这一点恰是其所发明的电报的本质特征。

光通信报务员面临着类似的挑战,他们需要将光通信与作为其竞争对手的电力媒介区分开来。为了突显这一差异,他们从英国人那里借来了在拿破仑战争期间创造的单词"旗语"(semaphore),用以描述海上船舶主要使用的视觉通信方法。②

美国的光通信几乎没在大众的脑海中留下什么印象。事实上,1928年,一位政府行政人员甚至误认为,美国从未建造过光通信系统。③ 即便如此,关于这些光通信的记忆依然留存于今天的地名中,比如旧金山的"通信山"(Telegraph Hill)。

虽然光通信很快就让位于电报,但邮件却是一个更持久的竞争对手。邮件的现代形式普遍被认为是从1792年《邮政法》颁布之后的几年开始的。这部《邮政法》是美国传播史上的一个里程碑,也是共和国早期颁布的影响最为深远的一部法律。这部法律确立了多项规定,确保邮政部拥有广泛的、动态的与开放的职权范围。这项法案尤其推进了邮件向内陆地区的迅速扩张,以及报纸和杂志通过邮件的大规模扩散,继而使邮件成为有关公共事务的时效性信息的主要来源。这些创新的成本都很高,每一项创新都是由用户通过一系列精心设计的、基于空间和格式的交叉补贴来支付的,只要邮件能够保持自给自足。这些交叉补贴的存在有助于解释为什么许多同时代人将邮件看成一个"系统":就像亨利·克莱(Henry Clay)的"美国系统"一样,邮政系统通过平衡不同的利益方来维持联盟的运转。

---

① O'Rielly H to Morse S F B:1846-02-06[A]. New York: New York Historical Society(letterbook, Henry O'Rielly Papers).
② Rogers & Black, patentees of the semaphore—O'RIELLY H. American telegraph system, semaphoric as well as magnetic[P/OL]. [2024-10-27] https://www.loc.gov/item/2020784917/.
③ FRIEDMAN W F. International radiotelegraph conference of Washington: 1927[M]. Washington, D.C.: U. S. Government Printing Office, 1928:7.

自"二战"以来,"信息"一词已经有了丰富的意义,这些意义是生活在1840年甚或1920年的人所无法预料到的。的确,一个被称为信息论的新兴科学研究分支已经诞生,用来定义信息的属性,并预测信息的行为。对于很多科学家来说,信息就像能源和物质一样,已经变成了自然世界的一个基本组成部分。一位杰出的物理学家在其回忆录中写道,"我认为我从事物理学的一生"可分为三个时期:第一阶段,一切都是粒子;第二阶段,一切都是场域;现在,他处在"新视野的支配下,一切都是信息"。①

在共和国早期,"信息"这个词的意义不大。它既不涉及关于自然现象的数据,也不涉及从书中搜集的见解。相反,它表示有关公共事务与市场趋势的时效性"情报",并通常被称为新闻。对于空间上分散的、永远不会面对面交流的人群而言,信息就是新闻。信息的流通是为了保障全体人民消息灵通,但要以建立制度化的安排为前提。②

在人类历史的大部分时间里,政治、宗教和军事领袖竭尽全力阻止普通民众获得更广阔世界的信息,而且往往取得了相当大的成功。事实上,很少有人像16世纪的西班牙君主菲利普二世那样,真的可以说遭受了"信息过载"。③ 直到16世纪,大量的非神职人员才成功地挑战了天主教会限制他们接近《圣经》的权威。到了18世纪末,对大众获取公共事务信息的压制仍是法国政府政策的基石。④

美国的缔造者们选择了一条不同的道路。如果按照联邦宪法所宣称的那样,人民是至高无上的,那么政府就有义务在权力所及之处为人民提供有关公共事务的定期广播,这一点似乎是无可争议的。如今,获取关于公共事务的信息不再是一项特权(privilege),而是变成了一种权利(right),或者更精确地说,成为政府实践的需要。因为政府的合法性建立在人民至高无上的权利之上。1792年,一位立法者宣告,邮件的

---

① WHEELER J A. Geons, black holes, and quantum foam: a life in physics[M]. New York: W. W. Norton & Co., 2000:63-64.
② PORTER T M. Information, power, and the view from nowhere[C]//Information acumen: the understanding and use of knowledge in modern business. London: Routledge, 1994:217-230.
③ PARKER G. The grand strategy of Phillip II [M]. New Haven, Conn.: Yale University Press, 1998:74.
④ 法国历史学家罗伯特·达恩顿(Robert Darnton)指出:"简而言之,在法国旧制度下,我的核心论点是:权力系统内部运作的信息是不应该流通的。"DARNTON R. An early information society: news and the media in Eighteenth-Century Paris[J]. American historical review, 2000, 105(4).

建立,除了向"联邦的每个角落""传递信息","没有什么其他的目的"。①

在一个如美国这般空间广阔的国家,信息的流通亟待一个大型企业或者社会学家所称的官僚机构(bureaucracy)的建立。在美国,这个机构就是邮政部,一个很早就为人所知的政府机构,早期通常被称为"邮政局""邮政"或"邮件"。

联邦政府关于信息流通的命令很少受到质疑,只有在极少数情况下才会存在争议。至少部分原因是同时代人认为信息流通的益处不仅是政治性的,也是经济性的。美国政治经济学家弗朗西斯·韦兰德(Francis Wayland)在初版于1937年的一本颇具影响力的教科书中解释道,为了激发人们交流的欲望,立法者所能使用的办法不多。其中最有效的方式是通过立法来建立"知识和情报传播"的物理通道,通过建立一个遍布这个国家每个角落的"高效廉价的邮件系统",将在"整个文明世界"流通的所有"信息"送到"每个人的家门前"。②

邮政部的职权是非常宽泛的。例如,1857年,伊利诺伊州的参议员斯蒂芬·道格拉斯(Stephen A. Douglas)援引该部的授权来支持联邦政府资助一个跨大西洋电报线路的建设。道格拉斯解释道,他拟议的法案是"邮政局的安排","这是为了传递情报,这就是我所理解的邮政部的职能"。③ 几年后,俄亥俄州议员詹姆斯·加菲尔德(James A. Garfield)援引了这项授权为国会收购整个电报网络辩护。如果国会认为有必要将电报网络移交给邮政部,加菲尔德不会反对,因为电报是传递情报的线路,而加菲尔德认为这正是邮政部的管理对象。④

对邮件的公民授权以一套错综复杂的交叉补贴为前提,以促进整个美国的报纸和杂志的低成本发行与流通。1873年,法学家C. C. 诺特(C. C. Nott)反思道,"情报"能够"完整地传递"到"最遥远的地方"是"文明的条件"之一。如果立法者废除这些交叉

---

① BRETZ J P. Some aspects of postal extension into the west[J]. American historical association annual report, 1909(5):145.

② WAYLAND F. The elements of political economy[M]. New York: Leavitt, Lord & Co., 1837:200.

③ 一个多世纪以来,道格拉斯关于邮政和电报的类比,一直被误认为是特拉华州参议员詹姆斯·A. 贝亚德(James A. Bayard)提出的。然而,贝亚德实际上反对联邦政府资助跨大西洋电缆项目。Congressional Globe: 34th U.S. Congress, 3rd session [R].(1857-01-22):421; FIELD H M. The story of the Atlantic Telegraph[M]. New York: Charles Scribner's Sons, 1898:100.

④ Congressional Record,43rd U.S. Congress, 2nd session[R].(1875-06-19):5210-5211.

补贴,诺特对未来表示担忧:"如果大部分人被切断了信件和报纸的信息来源,那么他们对华盛顿的事务了解的程度,就不会超出那些从华盛顿归来的人选择告诉他们的范围,如此一来,人们很难想象国家事务的状况将会变成什么样。"邮政部永远不能被摒弃。与弗朗西斯·韦兰德相呼应,诺特称其为一个"无偏私地"触达"每一个人的门前"的"政府机构"。①

邮政的交叉补贴几乎没有引发公众辩论,主要是因为这些补贴是无可争议的。1900年,官方的一位统计学家解释道,大部分美国人每次寄信都要缴纳税款,这已经获得了人们的"一致同意"。因为人们普遍认为有必要确保在回报率不高的地方,既便宜且高效地获取"信息"。"没有丝毫证据"表明,纽约市民反对将在纽约收的邮费,转移到得克萨斯和阿拉斯加去弥补他们的邮递成本,尽管纽约市民支付的邮费远远多于他们通过邮政设施获得的东西。② 1918年,政治经济学家亨利·亚当斯(Henry C. Adams)解释道,"邮政原则"概括了当时的传统智慧,补贴了不同的部门和阶层,使每个公民都能"平等"地获得邮件服务。③

根据公民授权,邮政部门可以流通的信息种类不断扩大。1890年代,经公民授权的邮政部门的业务范围主要局限于公共事务的信息;到了1825年,它又涵盖了关于市场趋势的信息。邮政部部长约翰·麦克莱恩(John McLean)在为这一新的授权辩护时说,邮政部门以传递信件的速度传送新闻纸,这对于邮件的声誉而言"至关重要"。④新闻纸刊载着关于海外市场农产品价格的时效性信息。麦克莱恩认为,联邦政府有义务确保农业主获取关于他们的农产品价值的最新信息。"基于公平交易的原则","财产持有人应当在其卖掉财产之前,被告知其财产的价值"。如果邮政部(的速度)无法超过私人运输商,投机者就可以以远低于欧洲的价格从生产者那里购买农产品。这是不公平的。在买方知情但卖方被蒙蔽信息的状况下,投机者以"价值的一半或三分之

---

① NOTT C C. The defects of the postal service[J]. Nation,17 (1873-09-04):157-158.
② NEWCOMB H T. The postal deficit[M]. Washington, D.C.: William Ballanytine & Sons, 1900:9.
③ ADAMS H C. Description of industry: an introduction to economics[M]. New York: Henry Holt and Co., 1918:258.
④ MCLEAN J. Circular[N]. National Intelligencer, 1826-05-26.

二"购买某件物品,是对"法律原则和健全的道德"的"违背"。①

麦克莱恩的速度至上准则给那些意图在速度上超过邮件的传播媒介的倡导者带来了棘手的法律问题,因为法官会根据普通法起诉商人的不正当商业行为。既然麦克莱恩已经承诺让邮政部在速度上超越私营邮递公司,那么突然之间,如果某位诉讼当事人指控像快信(horse express)或电报这样的高速邮递公司的所有者阴谋反对贸易,似乎就显得有合理性了。一名早期的电报史学家在反思1827年发明家哈里森·戴尔(Harrison G. Dyar)建造电报计划的夭折时指出,"毫无疑问",当戴尔因以"超过邮件的速度"传递信息而遭到起诉的威胁时,他就放弃了这个项目。② 最近对纽约一位著名银行家的阴谋进行的审判引燃了公众对内幕交易的愤慨,很难预测法院下一步会追究谁的责任。戴尔回忆道,公众对"秘密情报"的传播抱有强烈的"偏见",而这位银行家的许多朋友已经提醒过他,他的电报是一项"不合法的事业"。③

麦克莱恩对传递速度的信仰,给运营带来了巨大的挑战。新闻纸很重,而且运输成本高昂。即便如此,富有同情心的立法者们仍然没有被吓倒。1835年,田纳西州的参议员费利克斯·格伦迪(Felix Grundy)在为邮政部的快信辩护时表示:在"整个社区"通过"政府的邮递媒介"获得"益处"之前,"不应该允许"个人通过建立一种"通信模式"接收"情报"并借其优先"采取行动"。④ 这一对邮递服务的新的、更宽泛的授权在1843年获得了法律许可,当时司法部部长发出了一封公开信,在信中,他明确地界定了新闻不仅包括和公共事务相关的信息,也包括各种各样的"短暂事件",包括市场趋势。⑤

但并非每个人都持支持态度。信息的高速流通需要较高的成本投入,但其益处却只为少数人享有。1792年,新罕布什尔州朴次茅斯的邮政局局长杰里米·利比(Jere-

---

① MCLEAN J. The express mail[A]. McLean Papers, Library of Congress, Washington, D.C.,1827.
② PRESCOTT G B. History, theory, and practice of the electric telegraph[M]. Boston: Ticknor and Fields, 1860:7, 431.
③ DYAR H G. Deposition[A]// French v. Rogers, E. D. Pa. 104,1851:15.
④ Senate Committee on Post Offices and Post Roads. Condition and proceedings of the Post Office Department: 23rd U.S. Congress, 2nd session. S. Doc. 86 (serial 268)[R].1835:113.
⑤ Laws and regulation for the government of the Post Office Department[M]. Washington, D.C.: Alexander and Barnard, 1843:21.

miah Libbey)认为,"邮政系统的设计是为了方便整个州的居民",而且它容纳的用户越多,就越能更好地实现其"面向终端设计的"功能。在编写邮件合同的规范时,仅将邮件接收者限制在密集聚居的沿海城市是不合理的。利比认为,"向远处扩张并不意味着就能带来便利性",立法者应该指令承包商遵循为"最大数量的居民"服务的路线,即便这条路线迂回且耗时。[1]

1843年,公理会牧师伦纳德·培根(Leonard Bacon)发表了一篇关于"邮政系统"的深思熟虑的文章,该文对高速限制访问的利弊权衡展开了详尽的讨论。培根认为,邮政部的适当授权使社会"全体成员"得到"平等待遇"。"没有必要"让邮件"超过所有可能的运输工具"。在给定路线上,公众所需要的是"最快的日常旅行"的速度:"如果尝试更快的传播速度,将会牺牲掉便宜的价格来为速度买单。而邮件也将不再是为所有社会成员提供平等的服务,而是仅仅为那些能够担负高额邮资的群体提供便利。"[2]

电报作为私营企业的商业化注定了麦克莱恩对速度至上的信仰。但这并未削弱培根所坚持的信念,即联邦政府拥有公民授权来为全体人民提供"平等服务"。在未来的岁月里,这项授权将被证明是持久存在的。1869年,一名研究邮政事务的学生解释说,在整个"文明世界",邮件运输完全是由政府独家垄断的,"原因很简单",没有任何法律能够"规范和控制私人手中的机构",从而给予公众"适当的便利、信任及安全"。[3]在美国,"适当的便利"仍然是一种理想追求。1874年,一名政治评论家观察道,"再怎么夸大邮政这一伟大的政府机构在人民群众中广泛传播信息的影响力都不为过"[4]。1891年,散文家爱德华·埃弗雷特·黑尔(Edward Everett Hale)欢欣鼓舞道,邮政部是"有史以来最宏伟的公共教育系统,足迹遍布各方"[5]。

在美国电信的形成时代,网络的建设没有单一的逻辑可以遵循,也没有固定的发展方向。网络建设者强调某些组织形式的同时也忽略了其他形式。他们只是偶尔用

---

[1] Jeremiah Libbey to Josiah Bartlett, July 25, 1792[C] // The Papers of Josiah Bartlett, ed. Frank C. Meyers. Hanover: University Press of New Hampshire, 1979:381.

[2] BACON L. The post office system as an element of modern civilization[J]. New Englander, 1843(1):15-16.

[3] SAUER G. The telegraph in Europe: a complete statement of the rise and progress of telegraphy in Europe [M]. Paris: Printed for Private Circulation, 1869:144.

[4] Our postal system[J]. Republic, 1874,2(7):28.

[5] HALE E E. A public telegraph[J]. Cosmopolitan magazine, 1891(12):249, 251.

像电报和电话这样依靠电力作为驱动力的网络做类比。电报网络的建设者们没有电气原型可以参考,他们从光通信、包裹运输及邮递系统中获得灵感。电话网络的建设者则是将从电报、邮件、煤气灯厂和发电站衍生出来的组织形式混合在了一起。

狂热是一种很少和网络建造者们联系在一起的情感特质。然而,它不仅恰如其分地描述了电报和电话的发明者的思维定式,而且也体现了网络建造者的观念模式,这些网络建造者将自己的发明升级为自给自足的创新。一个全球电报网络的建设使得希拉姆·西布里(Hiram Sibley)和赛勒斯·菲尔德(Cyrus Field)在一场史诗般的竞赛中陷入相互对立。全国范围的电报网络向一个持久的机构的转型则极大地消耗了西联总裁威廉·奥顿(William Orton)。电话的大众化普及引燃了安格斯·希巴德(Angus Hibbard)几如福音派般的热情。将所有已知的电子通信媒介整合成一个单一的交互式网络,这对西奥多·维尔来说是一个未实现的梦想。像西布里、菲尔德、奥顿、希巴德和维尔这样的狂热人士不仅推动了营利性的商业投资,也打开了通向未来的视野。对于这些天才般的领袖,以及他们的许多追随者来说,网络建设已超越单纯的物质层面的考量,变成一种重塑世界的史诗般的追求。

专题二
中国近代城市媒介史研究

城市之光:电灯与近代上海都市空间*

◎周叶飞　闫霄霄*

摘要:本文将电灯视作近代都市上海之构成的一个基础性条件与要素,在具体的历史场域中考察电灯如何重新塑造它所触及的社会和生活形态。电灯不仅改变了上海的城市地理,创造出一种视觉性的消费空间与城市奇观,更深入到精神与经验层面,重构都市的时间观念与生活节奏,进而孕育出一种全新的都市文化。讨论电灯与近代上海都市社会的缠绕或者相互构成,能够为理解上海的都市现代性提供一个媒介的角度和侧面。

关键词:电灯;上海;奇观;媒介;城市

"竿灯千盏路西东,火自能来夺化工。不必焚膏夸继晷,夜行常在月明中。"[①]这阕竹枝词描绘了上海的街道在使用煤气灯照明后的盛况。上海在开埠后,先后引进煤气灯、电灯照明,上海的夜晚也从"几同黑暗世界"变成"四达通衢如白昼",良好的夜间公共照明为都市夜生活提供了物质基础,上海也逐渐变成"火树银花不夜城"的摩登城市。

研究惯习上,学界很少把电灯理解为媒介,个中的原因,或许正如麦克卢汉所说,电光这个媒介之所以未引起人们的注意,正是因为它没有"内容"。直到电光被用来打出商标广告,人们才注意到它是一种媒介。但此时人们关注的并非电光本身,而是广告的文字信息,这又是另一种媒介的内容。准确来说,电光使黑暗中无法进行的活动

---

* 本文为教育部重点研究基地重大项目"数字媒介视域下的晚清报纸与上海-江南现代城市共同体研究"(项目批准号:22JJD860001)的阶段性成果。

* 作者周叶飞系上海大学新闻传播学院副教授,复旦大学信息与传播研究中心研究员;闫霄霄系上海大学新闻传播学院硕士研究生。

① 顾炳权.上海风俗古迹考[M].上海:上海书店出版社,2018:284.

成为可能,这些活动可以被视为电光的"内容"。"一切媒介都成双结对",只有电光是例外,它只是单纯的信息,因此"限制其转换功能和传递信息功能的内容",是不存在的。①

更进一步,媒介技术不是通过它们传递的内容,而是通过它们的形式来塑造社会。作为媒介的电光会重塑它所触及的生活形态,改变社会的时空经验,甚至重构现有的社会文化组织模式,"电光的威力,可以转换它渗进和接触的一切时间、空间、工作和社会。但是,只有当电光与现存的人际组织形式遭遇时,杂交能量才会释放出来"②。

本文试图摈弃将城市仅仅视为传播实践发生的容器的做法,而是深入探究上海这座城市本身的特质,寻找电灯媒介与上海之间的历史、现实的内在关联。换言之,以上海作为市民生活的基本场域,观照电灯如何重构都市时空感,以及对都市文化、社会生活的影响,追问晚清上海如何引进电力照明,电灯在具备实用性后如何在上海城市空间中传播开来,电灯的引进给上海的都市时空、都市文化带来了怎样的影响,而市民的生活方式与生活节奏又发生了哪些变化,最终,进一步追问电灯与"新上海"的关联是什么。

一、"申江好,地火最光明":"电"与"城"的相遇

1882年,《申报》刊文讲沪上"电气灯"见闻,"灯以电名,创制也,前岁始盛于外洋,今年已行于上海,其设于港之滨路之侧……远近大小共计数十处,每夕士女如云,恍游月明中,无秉烛之劳,有观灯之乐"③。电灯创造出一种视觉性的城市奇观,这与稍早前的上海,恰形成强烈的对照。

正如所周知,上海在开埠前,家庭内部主要使用油灯、蜡烛照明,室外出行则使用燃有蜡烛的灯笼照明,公共照明设施几近阙如,即使某些繁华的街道置有"天灯",但因照明亮度较低,夜晚出行仍"几同黑暗世界"。④

---

① 麦克卢汉.理解媒介:论人的延伸[M].何道宽,译.南京:译林出版社,2011:70-71.
② 麦克卢汉.理解媒介:论人的延伸[M].何道宽,译.南京:译林出版社,2011:70-71.
③ 论电气灯之用[N].申报,1882-11-07(1).
④ 周武.晚清上海市政演进与新旧冲突:城市照明系统和供水网络个案分析[J].近代中国,1999(9):255-273.

19世纪60年代,众多来沪定居的外国人无法忍受租界内"弄黑街阴"的现状,建议引进西方国家先进的煤气照明设备。1861年1月,一位名叫史密斯的人从澳大利亚给工部局致函,建议其在上海租界创建煤气公司,并从国外引进煤气灯照明。① 他的提议引起了在沪英侨的兴趣,不久即有人成立临时委员会,着手筹建煤气厂,在上海租界使用煤气灯照明。1865年12月,大英自来火房为打消市民疑虑并展示煤气灯的照明效果,点亮了街头的10盏煤气路灯,首次亮起的煤气灯被赞为"地火天灯,灿若晨星"。王韬在《瀛壖杂志》中对煤气灯的照明原理进行了细致描绘:煤气灯主要将"煤磺之气"聚集在一起,喷发出火焰照明,在煤气灯上方则有六角玻璃笼罩,因此远观"灿若明星"。租界的煤气照明主要是由自来火房管理,居民若想使用煤气灯,则需要向自来火房申请铺设煤气管道。②

煤气皆由铁管送至各家使用,即使隔着河流、小巷等曲折蜿蜒之路,也都能送达。租界的街道上"遍立铁柱",顶端装置有煤气灯,至晚间燃烧,灯光照耀如白昼。大户人家多有数十盏煤气灯,用"小铁管暗砌堂壁",灯火"回环从上而下,宛如悬灯"。而煤气灯的收费也颇为巧妙,自来火房在每家煤气铁管的总阀门处设立灯表,便可测得所用煤气的数量,自来火房则按月验表收取费用,王韬感慨"其人工之巧,几于不可思议矣!"③

因煤气路灯照明亮度高,使用清洁、便利,租界市民开始接受这种新式照明工具,据《沪游杂记》记载,租界的街道、茶馆、戏馆、住宅等都陆续装上了煤气灯,一入夜,燃烧着的煤气灯如"火树银花"般绚烂多彩,数百盏煤气灯照亮了上海的街道,"荧荧星火"使人忘却"天地有黄昏",上海的"不夜城"之称就此开始。④

不过,煤气灯的使用虽使上海的街道照明情况有所好转,但煤气灯数量较少,实难满足整个租界的道路照明需求。据史料记载,在黑夜之中,"暴力殴打""失足跌倒""猥亵""盗窃财物"等恶性事件屡见不鲜,租界居民也颇多怨言。有人向工部局致函,强烈

---

① 罗苏文.上海:一座近代都市的小传[M].上海:上海人民出版社,2009:130.
② 王韬.瀛壖杂志[M].上海:上海古籍出版社,1989:125.
③ 王韬.瀛壖杂志[M].上海:上海古籍出版社,1989:125.
④ 顾炳权.上海风俗古迹考[M].上海:上海书店出版社,2018:286.

要求在街道两旁装设路灯,以改善公共照明设备,方便居民夜晚出行。① 为满足城市发展的照明需求,重置更为安全的照明设备显得尤为迫切。

在煤气灯诞生十几年后,电灯这种新的照明技术开始在西方国家推广开来,不久被引入租界上海。1882 年 5 月 23 日,上海电气公司在吴淞炮台安装电灯试燃,场面壮观。《申报》报道称,彼时"光照海面,几同白昼。海上船只历历可数,而巨浸汪洋,不啻星汉矣"②。同年 7 月 26 日晚间,上海电气公司点燃了从虹口招商局码头及礼查饭店、公家花园、美记钟表行到福利洋行等处共计 15 盏弧光电灯。③ 新奇的景象引来不少市民围观。《申报》报道说,电灯一经点燃,发出的光亮比明月更甚,美记钟表行虽只点燃一盏电灯,"而内外各物历历可睹,无异白昼","凡有电灯之处,自来火灯光皆为所夺"。④《沪报》则赞美点燃的电灯"远望如一轮皓月皎洁晶莹,所射之光亦与三五月明不相上下"⑤。

与蜡烛、煤气灯相比,电灯有着不可比拟的优势:首先是其亮度较高,照明范围更广;其次则是电灯的稳定性强,不易受恶劣天气影响。电力照明技术所具有的优越性能可以满足公共租界道路建设的现实需要,而电力照明在国外的成功应用更为租界提供了良好的范本,租界里的西人对此也呈普遍接受的态度,工部局在综合考虑上述因素后,应允上海电气公司在租界经营电力照明产业。⑥

西人率先将成熟的照明技术与设备引进租界,并进行大范围推广,英法租界普遍使用电灯照明,"如星罗棋布然",夜晚的街道、住宅灯火辉煌,与白昼无异,便利居民夜晚出行。而华界却仍使用油灯照明,仅有的"天灯"也暗淡无光,街道一片黑暗,华界与租界相较而言,可谓"明晦悬殊,未免相形见绌也"⑦。华界因缺少有效的公共照明设施,市民出行不便,便争相涌进租界购物闲逛,形成租界熙熙攘攘、华界空空荡荡的局面。直到 1879 年,在上海租界已经使用电灯照明十年后,上海道蔡和甫才认识到电灯

---

① 杨琰.工部局与近代上海电力照明产业研究:1882—1929 年[D].上海:复旦大学,2013:31.
② 电灯照海[N].申报,1882-05-25(2).
③ 试燃电灯[N].申报,1882-07-26(2).
④ 电灯光灿[N].申报,1882-07-27(2).
⑤ 燃点电灯[N].沪报,1882-07-27(3).
⑥ 杨琰.工部局与近代上海电力照明产业研究:1882—1929 年[D].上海:复旦大学,2013:32.
⑦ 李维清.上海乡土志[M].吴健熙,标点.上海:上海古籍出版社,1989:106.

照明的益处,决定参照租界的办法设置电灯,"想此后可以大放光明,来往行人无冥行之苦矣"①,始有商人"装设电灯以惠行旅"②。在 1898 年 1 月 21 日,华界内的第一盏电灯在南市电灯厂点亮,上海县令黄爱棠曾带领一众官员去现场察看情况。《申报》报道:"各官察看时,已日堕崦嵫,电光大放,九衢四达,几疑朗月高悬。"③

随着华界的跟进,南市电灯公司、闸北水电公司陆续建成并开始投入使用,华界的市政设施也全面铺开,其电力照明虽在建成初期发电能力较弱且惠及区域较小,只有外马路和大码头大街一带可以享用,但随着后续的推广,电灯在华界也逐渐普及,成为人们日常生活中之必需。④

二、"地埋铁管通街市":上海"都市风景线"

晚清上海的竹枝词和城市游记,多以惊奇的眼光打量沪北"新上海"。《申报》从 1872 年 5 月开始刊登袁祖志《沪北竹枝词》,此后数年引来文人士子们往来酬唱,十分热闹。晚清的读书人一脚踏进租界,往往是"一进吴淞眼界开",不能不感叹上海的"繁华"。⑤ 这种城市体验的新奇,跟传统的游观是很不同的。传统游记笔之所至,不过山川胜迹、岁时风俗,士人冶游往往能在山水之中融汇天人关系。而洋场才子所载之申江胜景,往往"炫异矜奇,有迥出于寻常意计之外实为中土亘古所未有,所谓人巧极而天工夺,虽博雅之士,亦思先睹为快而不必天,趣之求者,如申江诸胜是也"⑥。这些"沪游杂记"多瞩目力量、速度、数量和新奇之物,且常以"梦影"入题,诸如《淞南梦影录》《沪游梦影》等,所要凸显的正是城市体验的奇幻,"以非梦为梦,以无影为影……以为梦,则其事皆信而有征也;以为非梦,则其情又若迷离惝恍"⑦。

其中,电灯通过运用电光与色彩创造出丰富的城市景观,成为读书人竞相描摹的

---

① 仿设电灯[N].申报,1898-01-13(3).
② 上海市政协文史资料委员会.上海文史资料存稿汇编:市政交通[M].上海:上海古籍出版社,2001:112.
③ 光明世界[N].申报,1898-01-25(3).
④ 唐振常.上海史[M].上海:上海人民出版社,1989:254.
⑤ 顾炳权.上海洋场竹枝词[M].上海:上海书店出版社,2018:92.
⑥ 吴友如.申江胜景图[M].扬州:广陵书社,2017:2.
⑦ 黄式权.淞南梦影录[M].上海:上海古籍出版社,1989:96.

"震惊"之物。在现代照明工具出现前,文人笔下的夜晚多描写星、月等自然景观,但当电灯出现后,星与月的光芒已经被电光所掩盖。作家所关注的也不再是高悬于天际、虚无缥缈的星与月,而是与人处于同一水平线的街灯。李伯元在《海天鸿雪记》中写道:"上海一埠,自从通商以来,世界繁华,日新月异,北自杨树浦,南至十六浦,沿着黄浦江,岸上的煤气灯、电灯,夜间望去,竟是一条火龙一般。"①

晚清的沪上文人深感煤气灯之"淫巧",写下了大量的竹枝词描绘煤气灯营造的夜景,它们成为后世考察晚清城市面貌变化的重要材料。如一首竹枝词把点燃的煤气灯比作火树银花:"街中地火不堪描,仿佛银花火树摇。一到晚来灯百盏,教人错认是元宵。"另有一首竹枝词描写上海街头煤气灯星罗棋布的景致:"不用兰膏只用灯,自来灯火满街明。晚从黄歇浦边望,万点光中不夜城。"②这些诗文不仅突出煤气灯的鲜明特性,还勾勒出在煤气灯的照耀下"不夜城"的奇幻。

电灯从引进伊始,当然并非只是承担照明功能之用。作为一种西洋文明的表征,它本身就是一种都市景观。霓虹灯的出现,则进一步强化了电力照明美化都市景观的能力。夜幕之下,霓虹灯装饰着的建筑光彩夺目,成为具有一定美感的夜晚景观环境。这恰如麦克卢汉所说,"媒介不是人与自然的桥梁,它们就是自然"。媒介不是去表征或者再现外部世界,恰恰相反,媒介本身构成一种实在,"新媒介并不是把我们与'真实的'旧世界联系起来;它们就是真实的世界,它们为所欲为地重新塑造旧世界遗存的东西"③。

电灯对于都市消费空间的构建至关重要。中国古代的室外照明工具多为灯笼、火炬,明代以后,开始在人群密集的市镇设置路灯,但照明效果并不佳,市民夜晚出行甚为不便。自租界陆续设置道路照明、铺设人行道,这些市政举措为行人提供良好的夜间活动条件,夜晚街道的治安状况亦有大幅改善,外滩和南京路一带开始成为"开设店铺的宝地"。④ 与此映照,华界则因为缺乏有效的道路照明,市民夜黑出行不便,便纷

---

① 二春居士.海天鸿雪记[M].上海:世界繁华报馆,1904:1.
② 顾炳权.上海风俗古迹考[M].上海:上海书店出版社,2018:284-285.
③ 埃里克·麦克卢汉,弗兰克·麦克卢汉.麦克卢汉精粹[M].何道宽,译.南京:南京大学出版社,2001:407.
④ 上海市档案馆.租界里的上海[M].上海:上海社会科学院出版社,2003:78.

纷前往租界购物游荡,形成租界热热闹闹、华界冷冷清清的局面。① 在租界铺设公共照明后,华界的人群开始向租界流动。良好的道路照明不仅吸引市民在夜间出行,甚至吸引新的店铺在周边建设。于是,整个租界开始沿着公共照明发达区域的道路延伸开来。② 文人在《申报》上登载《路灯有益于地方说》赞扬路灯的开设:"沪地自通商以来,昔时之荒凉郊鄙,一变而为热闹市廛。由十六铺桥迤北,见街道之整齐,层楼之巍焕,车马之逐电追风,铺户之五光十色。一至夜晚,电气灯、地火灯大放光明。洋场十里中,遥望之如银花火树"。③ 电灯的出现,不仅使昔日的"荒凉郊鄙"变成"热闹市廛",还凸显了电灯在一定程度上重塑了传统城市"中心"和"边缘",使得城市内部消费空间发生了转移与更新。

在引进电灯照明前,商场的光线被自然条件所限制,一旦日光不佳,则很难看清商品的全貌,影响营业。使用煤油灯照明又不够清洁卫生,而使用电灯照明,不仅方便干净,还能使商场明亮舒适。《申报》的电灯广告介绍店铺使用电灯照明的优势:"试观各商铺装有窗门电灯者,游人必群集,生意因之发达,且陈列之货物点尘不染,可谓最妙之广告法,电灯之有益于卫生,固尽人皆知。"④商场为了将室内装潢时尚以吸引顾客参观,还会竞相采用兼具美观及现代感的新式灯具,像永安与新新就曾为"首先使用日光灯"的头衔针锋相对。1941年,慎昌洋行将美国新发明的荧光管日光灯引进上海,标榜能够节省用电,且发光清亮,引来不少参观者。四大百货公司的照明亮度之强,从林微音的《南京路》一文中即可领略:"从屋子的每一角都在放着强大的光线,仿佛在说,就是太阳以后不再来临,也可从它们照明大地似地。"⑤此外,四大百货公司在1910年前后开始采用玻璃橱窗的形式推销商品,橱窗陈列的灯光设计对于吸引过往行人的目光至关重要,在灯光的照耀下,商品可以展示出全部的细节,而玻璃橱窗与灯光的组合使商品闪烁着光芒,激发着市民的消费欲望。而且橱窗展示并不会随着商店打烊而终止,惠罗公司在橱窗中安装电灯,"备日间办事甚忙之人,晚上往观之用也"。从空间

---

① 上海市政协文史资料委员会.上海文史资料存稿汇编:市政交通[M].上海:上海古籍出版社,2001:112.
② 张鹏.城市形态的历史根基:上海公共租界市政发展与都市变迁研究[M].上海:同济大学出版社,2008:206.
③ 路灯有益于地方说[N].申报,1889-02-25(1).
④ 注意电灯[N].申报,1911-11-08(17).
⑤ 林微音.散文七辑:下[M].上海:时代图书公司,1937:293.

的角度来看,玻璃橱窗的灯光设计使百货公司将都市公共空间扩展为商品空间,过往行人只需要把目光瞥向橱窗,不必走入商店也可以知道公司所推销的物品内容,以至感受到商品的诱惑而进店购买。①

在 1926 年,南京路首次出现霓虹灯广告后,四大百货公司之一的先施公司紧随其后,在公司大楼的最高处悬挂霓虹灯店牌。霓虹灯广告以其新颖的造型图案和绚丽的光色夺人眼球,赢得了青睐。据说,当时上海最大的霓虹灯广告牌当属陈设在西藏路"大世界"斜对面屋顶上的"红锡包"香烟广告。屋顶上架有高大的架子,中间放一座大钟,霓虹灯管环绕其间。每到夜晚,"锡包"的霓虹公主和大钟图案为上海最繁华的街市平添了几分色彩。② 霓虹灯牌用亮丽的色彩和鲜明的符号呈现出鲜明的商业信息,营造出一种视觉刺激的氛围。

到了 30 年代,各大商业公司几乎都装有霓虹灯广告,南京路上的四大百货公司的霓虹灯广告牌高高耸立,和橱窗广告一齐打造都市的消费空间,时文描述霓虹灯的宣传效果时写道:

> 年红灯装置的地方,高至十几层大厦的屋顶,低至窗柜的面前,而且屈曲随意,不论文字图画,广告招牌,均可应用。五色缤纷、明灭不定,引人注意,即如南京路三大公司——先施、永安、新新,七层楼上的年红灯广告,虽远在江湾、真茹、浦东,只要抬头一望,便可看见红红绿绿的年红灯,这种年红灯宣传力量的伟大,绝非从前仅以电灯为都市点缀者所可比拟。③

霓虹灯作为一种特殊的夜间广告形式,既修饰了夜上海的街道景观,还营造了街道的消费空间。霓虹灯广告牌在夜幕下闪闪发光、璀璨夺目,整个南京路都被笼罩在闪耀的光芒中。霓虹灯璀璨如斯,夺人眼球,逐渐成为文人笔下夜上海的象征。一位《申报》的作者写道,一切赞美都市的文字,莫不以夜为中心,而人们之所以赞美夜,多半不把夜当作夜,而是"在夜间求画",相当程度上乃是依靠大街上的霓虹灯所造成的

---

① 连玲玲.打造消费天堂:百货公司与近代上海城市文化[M].北京:社会科学文献出版社,2018:120.
② 益斌,柳又明,甘振虎,等.老上海广告[M].上海:上海画报出版社,1995:5.
③ 夜色的上海市场[N].大公报,1935-05-19.

效果。上海的夜晚,是"以人工为骨子的"。① 电能和电光创造出一个人工的都市,或者说"第二自然"。

三、"到此城宜不夜称":编排城市生活节奏

人类的时间观念在经历了自然时间、钟表时间变革后,正在向着新型的"媒介时间"过渡。在传统的农业社会,人们凭借四季的变化、星象、日升日落与月升月落等自然规律变化,划分出年、月、日②,进而形成了自然时间的观念,人们一直遵循传统的"日出而作,日入而息"的日常秩序。古人从事农业生产,认为按照自然时间作息是天经地义的秩序,符合人的自然生理节奏。《国语·鲁语》中敬姜所言"明而动,晦而休",就是对普通民众日常生活作息的要求,以自然的昼夜更替为基础来编排民众基本的生活秩序。同时,官方对夜晚活动的管理很严格,出于对社会秩序的管理和控制的需要,官方很重视时间分配的问题,只有大家步伐一致,各地时间一致,才会觉得像一个"民族"、一个"国家"。③

由于古代夜间公共照明匮乏,为了维持社会治安与确保政权稳定,古代政府一直有巡夜的传统,夜禁制度也应运而生。在唐宋时期,已有法律规定日常作息秩序,如若违反官方规定的日夜秩序,"诸犯夜者,笞二十"。古代社会对人们日常生活时间有着严格刻板的规定,但元宵节等节日往往作为一种调节和补充,给日夜周期作息的人以变换生活的节奏,人们可以夜以继日地玩乐。

在鸦片战争后,西方的现代钟表大量涌入中国,价格低廉的钟表赢得了民众的青睐,民众开始使用钟表计时,此外,西人还在上海等地建造大型钟楼传达公共时间。由于个人的钟表时间并不一定准确,沪上的众多西洋钟楼就承担了传达公共时间的任务,"到来争对腰间表,不觉人歌缓缓行""行人要对襟头表,驻足墙阴仔细睇"④等诗句描写的正是时人以钟楼时间来校准个人所佩戴怀表的行为。西方钟表的引进带来了

---

① 章克标.星期杂话(续)[N].申报,1933-03-03(17).
② 郑作彧.社会的时间:形成、变迁与问题[M].北京:社会科学文献出版社,2018:36.
③ 葛兆光.严昏晓之节:古代中国关于白天与夜晚观念的思想史分析[J].台大历史学报,2003(12):33-55.
④ 顾炳权.上海风俗古迹考[M].上海:上海书店出版社,2018:296-297.

西方的时间观念,二者对中国传统的时间观念和生活产生了冲击,个人开始利用精细的时间来安排活动行程。

麦克卢汉认为,钟表作为一种机器,会将时间与个人的生活节奏、生活经验相分离。① 在以往的农业社会,人们会依据自然现象来识别时间,而在工业社会,钟表则以抽象的统一单位来计量时间。钟表的计时逐渐渗透进个人的日常生活,使原本凭借自我的生理需求来决定吃饭睡觉的时间,变成顺应钟表时间安排日常活动。而电灯等现代照明工具的引进,也颠覆了以往社会所调控的日常,使人们真正拥有了把黑夜变成白昼的能力,人们的日常生活时间也得以延伸,引发生活节奏的变化。事实上,1860年代以降,正是大马路、自来火(煤气灯)、电灯、德律风(电话)、电报等新式物质技术重塑了上海城市地理,也改变了市民的知觉和感官经验,并将城市生活向夜晚延伸。"热、电力、水、光、速度和交流之类的网络化技术对于理解当代城市经验、其感官条件、视觉条件以及奇异感来说变得至关重要"。城市的物质性,同时也是一种"时空过程"。②

照明条件的改善使人们可以自由支配夜间活动时间,都市的夜生活变得多姿多彩:"申江今作不夜城,管弦达旦喧歌声。华堂琼筵照夜乐,不须烧烛红妆明。"③都市的日常生活呈现出"昼夜分隔模糊"的状态,蒋光慈说:"上海是不知道夜的。夜的障幕还未来得及展开的时候,明亮而辉耀的电光已照遍全城了。人们在街道上行走着,游逛着,拥挤着,还是如在白天里一样,他们毫不感觉到夜的权威。"④

电灯所带来的"夜如白昼"的日常体验,实则改变的是人们传统的时间感知方式。夜晚的来临不再只意味着宁静与休息,它同时变成消遣和谈生意的时光,被重新纳入了人们时间安排中的一环。19世纪中叶,上海众多缙绅接二连三建立新式花园,并陆续向市民开放。在缺乏良好照明条件时,出于安全的考虑,人们大多只在白天逛公园,只有极少数人选择秉烛夜游。电灯的引进使人们可以摆脱自然条件的限制,活动时间由白天延伸至夜晚,由此,游"夜花园"成为当时上海市民流行的公共活动。1886年10

---

① 麦克卢汉.理解媒介:论人的延伸[M].何道宽,译.南京:译林出版社,2011:168.
② 莱瑟姆,麦考马克,麦克纳马拉,等.城市地理学核心概念[M].邵文实,译.南京:江苏教育出版社,2013:59.
③ 黄式权.淞南梦影录[M].上海:上海古籍出版社,1989:144-145.
④ 蒋光慈.冲出云围的月亮[M].上海:上海文艺出版社,1983:3.

月,张氏味莼园"以游人最盛,而晚间未免寂寂",率先在花园内试燃数十盏电灯:

  屋外林间,灯光四射,计不下二十盏,高高下下错落,可照见园中各处,纤毫毕露……满园灯火与新月争明,众客左右瞻眺,无不拍手称善。①

  电灯"燃如白昼"的照明效果吸引了众多市民前往夜花园游玩,于是,沪上善经营者争相在各自花园引进电灯照明,以招揽游客通宵达旦游览,收取门票营利。一时间,上海各种夜花园如留园、新花园接踵而至,成为沪上市民夜晚娱乐的新去处,而沪道蔡观察曾以"男女联袂偕游,有伤风化"②为由,照会工程局关闭夜花园。夜花园经营者谋求利益,藐视禁令,阳奉阴违,致使夜花园屡禁不止,新开的夜花园仍然"通宵达旦,游人颇盛"③。还有巴黎夜花园、新华园、逸园等夜花园在开业之初为增加名气,在《申报》上刊登广告,如"独一无二之避暑夜花园 新华园"④。

  上海晚间娱乐场所多种多样,除夜花园外,还有楼外楼、新世界、大世界等多家游乐场夜晚营业,这些面向大众的娱乐场所大多采用了新式的电灯照明,"入内则灯光辉耀,如同白昼"。良好的照明使其营业时间从上午8时延伸到晚间1时,为白日忙碌的普通市民提供了夜间的休闲娱乐场所。这些游乐场有着琳琅满目的项目,从歌舞、戏曲到杂技、电影,可谓应有尽有。由《大世界》等报纸上刊登的游客夜晚游大千世界记,亦可见都市晚间娱乐风气之盛。曾虚白说:"都市的男女都过着双重的生活:日的与夜的。这是绝对不同的两个宇宙,不相统属的两个星球。"⑤电灯的引进延长了人们的活动时间,夜间活动变得丰富起来,但夜间的活动绝不是日间活动的重复,这是两个互不统辖的生活空间。

---

① 重九试灯记[N].申报,1886-10-08(1).
② 夜花园藐视禁令[N].申报,1910-07-29(18).
③ 夜花园之势力不同[N].申报,1910-08-01(19).
④ 独一无二之避暑夜花园 新华园[N].申报,1914-06-27(9).
⑤ 曾虚白.夜的迷魅:都市之夜(一)[N].雅典,1929(2):1-2.

四、"陆离光怪层层现":电灯、都市感知与审美新知识

1930年代,上海已经成为繁华的现代化都市,有"东方巴黎"之誉。这种都市现代性主要体现在上海的"声光化电"上——爵士乐队演出的声音、工厂里纷杂的机器声与百乐门耀眼的霓虹灯,也体现在星罗棋布的高大建筑物、宽阔的街道和奔流不息的汽车上,还体现在电影院、马戏场、跑狗场、百货商店等娱乐场所上。①

都市环境的改变带来了感知方式的变迁,尤其是视觉经验和听觉经验的转变。本雅明指出:"在漫长的历史阶段中,人类感知方式随整个人类生存方式的变化而变化。人类感知的组织形态,它赖以完成的手段不仅由自然来决定,而且也由历史环境来决定。"② 在传统的农业社会,人们的视觉、听觉、嗅觉、味觉、触觉五种感官之间是一种相互影响的关系,视觉与其他感觉处于平等的地位。而在现代都市,每一项媒介技术的发明与应用,都将改变身体感官认知世界的方式。伴随着媒介技术的不断发展,人类感官逐渐分化并加以时空延展。③ 在摩登上海,各种技术制造出大量的视觉奇观,使得人们的注意力被五彩斑斓的视觉幻象所吸引,视觉与触觉、听觉逐渐分离,"眼见为凭"的视觉性获得了超越其他身体感知的特殊地位。电就是那一个"奇观的媒介"④。

现代城市的电气化创造了与电影体验并行的新感知矩阵。随着电力照明技术的使用,都市空间的重新切割和时间的飞旋速率足以使人在知觉上产生某种变化,从而带出新的都市书写体验与形式。这也是史书美在其研究中所追问的:都市物质如何造就了刘呐鸥等人的"异国情调"?1930年代上海的现代主义作家"已经处于为现代生活之技术图景所改变了的新的感觉和肉体/感官经验之中"。⑤ 电光使作家的视觉感官体验到光怪陆离的意象世界所带来的震惊与刺激,它们在某种程度上激活了作家用

---

① 刘永丽.被书写的现代:20世纪中国文学中的上海[M].北京:中国社会科学出版社,2008:64.
② 阿伦特.启迪:本雅明文选[M].张旭东,王斑,译.北京:生活·读书·新知三联书店,2014:237.
③ 孙玮.论感知的媒介:兼析媒介融合及新冠疫情期间的大众数字传播实践[J].新闻记者,2020(10):5-16.
④ 米歇尔,汉森.媒介研究批评术语集[M].肖腊梅,胡晓华,译.南京:南京大学出版社,2019:4.
⑤ 史书美.现代的诱惑:书写半殖民地中国的现代主义(1917—1937)[M].何恬,译.南京:江苏人民出版社,2007:295.

视觉感官呈现都市生活的想象力。然而,中国传统的叙事手法侧重写实,采用线性结构方式展开故事情节[①],这种模式已不能够满足作家描写光怪陆离的现代都市的要求。因此,上海新感觉派作家在研究学习日本新感觉派的表现手法后,决心运用全新的写作技巧与叙述视角来表现世界,尤其以视觉、听觉作为认识现代世界的出发点。[②]这个受西方文明影响而迅速发展起来的城市,有着与传统社会完全不同的都市环境,孕育了书写现代都市感觉的文学流派——上海新感觉派。"感觉"成为新感觉派文艺观的核心,新感觉派注重传达瞬间的感觉体验、潜意识以及内心世界。

与其他流派的城市叙事不同,中国新感觉派以一种全新的视角切入上海。新感觉派作家既不简单描绘和再现都市万象,也不展示人物内心活动的变化,而是通过文字将倏忽而逝的感觉定格,进而传达出人们在现代都市所体验到的"新现实"。穆时英在《夜总会里的五个人》里表现周末都市夜晚繁华的街道景致,十分大胆地突破了都市文学写实的传统,没有通过描写街市熙熙攘攘的人流和车流、街上叫卖晚报的声音,而是通过闪烁的霓虹灯来描写具体的视觉感知:

> 《大晚夜报》!卖报的孩子张着蓝嘴,嘴里有蓝的牙齿和蓝的舌尖儿,他对面的那只蓝霓红灯的高跟儿鞋尖正冲着他的嘴。《大晚夜报》!忽然他又有了红嘴,从嘴里伸出舌尖儿来,对面的那只大酒瓶里倒出葡萄酒来了。红的街,绿的街,蓝的街,紫的街……强烈的色调化装着都市啊!霓红灯跳跃着——五色的光潮,变化着的光潮,没有色的光潮——泛滥着光潮的天空……回旋着,永远回旋着的霓虹灯。忽然霓虹灯固定了:皇后夜总会。[③]

作家通过描写卖报的孩子"张着蓝嘴""又有了红嘴"等画面,表现街上五彩霓虹灯闪烁变化的动感,写出了电光、色彩与身体交错的感觉,这种充满画面感的视觉想象,克服了平面感。招牌上的"高跟儿鞋""大酒瓶"等图案,"红的""绿的""蓝的""紫的"这些丰富的、令人目眩的色彩——跳跃着的霓虹灯以鲜明的符号和绚丽的色彩,使人们

---

① 杨剑龙.上海文化与上海文学[M].上海:上海人民出版社,2007:153.
② 陈世安.中国现代文学[M].南京:河海大学出版社,2005:216.
③ 周斌.穆时英短篇小说集[M].长沙:湖南文艺出版社,1997:116.

的视觉神经受到强烈冲击,使人们的情绪活跃起来,也调动起人们躁动的欲望。

光电所带来的色彩变幻、形状的改变都刺激着人们的感官,甚至引发着生理和心理的周期变化。① 新感觉派作家因此在文本中充分发挥感官的功能,运用视觉化的表现手法,使现代都市小说具备全新的艺术表现形式和语言技巧,新感觉派小说具有了比传统小说更强的可感性,继而传达出带有主观色彩的新体验。但是新感觉派作家为了使文字描写更具视觉感,往往聚焦于都市现代性的瞬间体验和印象感知,不惜牺牲故事的人物性格和叙事线索来呈现都市环境,因此提供给读者的往往是一组组拼贴的画面和场景,而非关于人物或叙事的完整整体。②

新感觉派作家笔下的上海都市万象不是宁静的乡村和自然的风貌,也不是喧闹的纱厂和肮脏的棚户区,而是由舞厅、影院、夜总会、咖啡馆所汇聚成的都市奇观。为了反映繁华刺激、光怪陆离的都市生活,作为都市物质文明代表的"声光化电"中的"电光",就成为新感觉派作家笔下最常见也是最有代表性的都市意象。都市夜空下色彩绚丽、光怪陆离的灯光对于新感觉派作家而言,就是一幅幅充斥着视觉冲击的景观,这些现代化意象直接被融合成小说新的写作题材。他们不直接描写、表现都市欲望,而是用夜晚的灯光来暗示都市的繁华与夜晚的沉醉。刘呐鸥认为"都会人的魔欲是跟街灯的灯火一块儿开花的",他在描写繁华都市夜晚的诱惑时,总是少不了都市的灯光。

> 近处一条灯光辉煌的街道,像一条大动脉一样,贯串着这大都市的中央,无限地直伸上那黑暗的空中去。那中间的这些许多夜光虫似的汽车,都急忙动着两只触灯,转来过去。那面交错的光线里所照出来的一簇蚂蚁似的生物,大约是刚从戏园滚出来的人们吧!③

这段描写都市夜景的文字,将灯光照耀下的街道比作"大动脉",将亮着灯的汽车比作"夜光虫",而"蚂蚁似的生物"则是都市夜晚娱乐的人群,作家使用比喻的手法生动形象地写出了都市夜晚的喧哗与骚动。同时"灯海、灯光辉煌"与"黑魆魆、黑暗的空

---

① 闵学勤.感知与意象:城市理念与形象研究[M].南京:东南大学出版社,2007:32.
② 孙绍谊.想象的城市[M].上海:复旦大学出版社,2009:77.
③ 刘呐鸥.都市风景线[M].杭州:浙江文艺出版社,2004:9-10.

中"形成视觉上鲜明的对比,作家用一种俯视的视角、新奇的表现形式,来描写都市夜晚的灯光风景线。这些视觉化的文字描写,不仅将对都市景观一瞬即逝的感觉外化,还传达出体验、认识都市的新视野、新方法。

中国的新感觉派作家在触及上海众多新器物、新事件时所受到的强烈的感官刺激和震惊,使他们对描写都市万象充满着一种话语的执迷。五颜六色、闪烁不定的"电光",因象征着都市的科技进步,成为新感觉派作家把握都市、想象现代的技术物。以往的作家描写"电光"等都市景观只是为了衬托故事情节的发展,作为小说人物活动的背景,电光所蕴含的文化特征没有得到深刻的表现。在小说《子夜》中,电光只是单纯地作为一种现代化的"震惊",包含着作家对现代都市罪恶的痛斥,其本身并不具备独特的审美特性。[①] 而新感觉派作家笔下的"霓虹灯""电灯"等意象,开始成为被着力描写的主体。而其背后,正是上海都市的"声光化电",孕育出一种独特的都市心态、感觉和审美,创生出新感觉派这种新的城市文学形态。

五、结论:"秦淮怎敌此繁华":电灯与"新上海"

现如今,随着现代科技的引入,城市之间的差异早已弥合,唯有电灯在上海出现伊始,才能体验到其他城市与繁华的上海都市之间的差异。"洋泾风景尽堪夸,到处笙歌到处花。地火荧荧天不夜,秦淮怎敌此繁华。"[②] 这阕赞美洋场胜景的竹枝词,在对比中,得出秦淮不敌上海繁华的结论,其中"地火荧荧"所营造"天不夜"的环境,以及"到处笙歌到处花"的生活方式都是都市繁华的象征。与上海相隔不远的南京,在晚清时期仍使用传统的煤油灯、蜡烛照明,而此时上海已陆续引进煤气灯、电灯等现代照明技术。在《十九世纪末南京风情录》一书中,德国人骆博凯记述了 19 世纪末的南京生活——这里的照明条件简陋,在宴会上使用的是煤油灯照明,燃烧着的煤油灯还弥漫着刺鼻的气味。在夜晚出行,需要有专人提灯笼照明,一旦"很晚来接,只得一个人摸黑回去"。照明的不完备使得夜晚生活"匮乏而清苦",晚间的娱乐活动只有学习英语

[①] 杨剑龙.上海文化与上海文学[M].上海:上海人民出版社,2007:140.
[②] 顾炳权.上海洋场竹枝词[M].上海:上海书店出版社,2018:426.

或和其他德国人打牌,因此,在晚上11点左右就上床睡觉。① 而上海的社会生活则与之形成了鲜明的对比,不仅拥有"火树千株照水明,终宵如在月中行"的照明环境,更有"昼夜供欢娱"的都市生活。这种巨大落差的产生,主要缘于上海在晚清时期引进了最新的照明技术,当电灯这个新器物嵌入城市日常生活后,个体所处的日常时空都发生了剧变,进而引发了社会环境与生活方式的变迁。

克莱默尔认为,人类对于媒介的认识有两个维度:一是作为传递工具,它只是信息的载体;另一个则是媒介的非器具性维度,即"作为装置的技术",它生产出一个人工的世界,开启了新的经验。② 电灯不仅仅纠缠于自然环境的改变,还建立具有鲜明标志的消费空间,更深入到精神与经验层面,重构都市的时间观念,颠覆人们的生活方式,进而孕育出一种全新的都市文化。

现代城市的电气化创造了与电影体验并行的新感知矩阵,随着电灯的使用,都市空间的重新切割和时间的飞旋速率足以使人在知觉上产生某种变化。"电灯一亮,就出现一个感知的世界。电灯一灭,这一感知世界就荡然无存"③。新感觉派作家用自己新的感觉来体验、书写这个世界,"电灯一亮"则激活了作家用视觉感官呈现都市生活的想象力,作家开始用视觉来感知整个世界,传达瞬间的感觉与内心深处的意识。电灯对作家所产生的视觉冲击,使得作家开始超越传统小说的叙事模式,发挥人的感官功能,使用视觉化的语言技巧,来呈现现代都市的变化。

新媒介之新,在于创造了一种新的时空关系,由此出现政治、经济、文化等社会关系的变革。电灯通过消除都市时间、空间的差异,开启了社会生活与都市文化变迁的多种可能性。正如吉登斯所说,现代性的动力机制派生于时间和空间的分离以及它们在形式上的重新组合,正是这种分离和重组使得社会生活的精确的时空"分区制"成为可能,导致了社会体系的脱嵌。④ 这里的现代性,实质就是时间、空间关系的不断重组。从这个角度来看,电灯将都市的时间与空间两个方面进行重新组合,激发、创造了

---

① 骆博凯.十九世纪末南京风情录:一个德国人在南京的亲身经历[M].郑寿康,译.南京:南京出版社,2008:3.
② 克莱默尔.传媒、计算机、实在性:真实性表象和新传媒[M].孙和平,译.北京:中国社会科学出版社,2008:74-75.
③ 麦克卢汉.理解媒介:论人的延伸[M].何道宽,译.南京:译林出版社,2011:150.
④ 吉登斯.现代性的后果[M].田禾,译.黄平,校.南京:译林出版社,2022:18.

崭新的社会实践和公共环境,从而参与城市现代性的建构。"现代早期媒介有干预能力这一含义似乎不仅仅是改头换面,卷土重来,而且是以一统天下的方式卷土重来"①,从这个意义上而言,电灯之于近代上海,无疑具有"事件"的特性。德勒兹把"事件"等同于"奇点"这个关键词,他说奇点是一个"敏感"点,是"熔断""转折"和"感染"。事件和意义即是一个不能还原为既定的平缓结构上的点,"它是突兀的,是褶皱的,它耸立在那里,成为一个奇观,最终事件或奇点打破了既有的宁静,让世界上涌动的潮流沸腾起来,让世界都围绕着奇点的节奏而流动,只有在那一刻,我们才能体会到事件或奇点降临的意义"。事件的发生意味着占据一个新的位置,让事物可以在新的位置和空间中发生彻底的改变。② 事件是一种"无中生有",本质上就是意义。

着眼于媒介的尺度,媒介和城市不是互为相加的关系,不是习惯认为的前者"反映"后者的作为,也不是媒介被带入城市环境中的使用,而是互相卷入、共同创生。③ 在电灯的媒介研究中,上海这座城市不能仅仅被视为媒介技术发挥影响的场域,它应当被看作一个塑造社会的行动者,能够推动社会和个人的进步与发展。④ 城市是促进媒介发挥影响力的场所与空间,媒介则重塑了城市的社会生活与都市文化。一方面,电力照明事业的发展需要技术支持与政策扶持,而在晚清时只有上海这个城市才具备相应的背景和条件,同时,上海市民也具有使用电灯照明的需求与接受电灯的意愿,由此产生了稳定的使用群体。另一方面,城市在电灯照明的推广过程中也深受影响,都市的时空与文化被改变,电灯成为重塑城市的重要动力,对"新上海"的"创生"起着不可替代的作用。

---

① 米歇尔,汉森.媒介研究批评术语集[M].肖腊梅,胡晓华,译.南京:南京大学出版社,2019:4.
② 蓝江.面向未来的事件:当代思想家视野下的事件哲学转向[J].文艺理论研究,2020(2):150-158.
③ 黄旦.报刊:构成城市生态组织的首要因素——再谈新报刊史书写[M]//中国传播学评论:第九辑.北京:中国传媒大学出版社,2020:53-67.
④ 孙玮.城市传播的研究进路及理论创新[J].现代传播(中国传媒大学学报),2018(12):29-40.

近代邮政明信片与"风景民族主义"的形成*

◎陈鑫盛**

摘要：本文关注近代中国的邮政明信片如何实现一种崭新的风景观看体验，塑造民间社会对国家的视觉感知和空间实践。明信片在大清邮政官局成立之初即被全国推广，并且结合时兴的印刷及摄像技术而成为一种风景图像媒介；现代邮政系统带来全国性的邮件流通，促使各地出现风景明信片生产和寄递的热潮，城市民众得以"于斗室内卧游世界"；明信片图像提供对于国家空间的风景化感知，并且因此推动全国旅游文化的兴盛。有别于文字以及画报，明信片以邮政传递和收集等日常流通为基础，借助世俗化的风景塑造民众对于国家空间的共同认识和想象，成为中国民族共同体构建的一个独特面向。

关键词：明信片；近代中国；媒介；图像；风景民族主义

一、缘起：被"遗忘"的明信片

沃尔特·本雅明曾经在晚年的一篇散文中自述过这样一次经历：在西班牙伊比萨旅行期间，他曾经在一处山区小镇寄居数月。时逢酷暑季节，他休闲的方式，便是在各种以圣贤命名的小巷之中转悠。一次偶然的机会中，本雅明发现一家售卖明信片的小店，并且被其中一幅城墙主题的风景明信片深深吸引："这面墙，如同一曲跨越了数个世纪的赞歌，透过风景震荡开来。"本雅明为此游兴大发，按照照片边上所写的"S.

---

* 本文为教育部重点研究基地重大项目"数字媒介视域下的晚清报纸与上海-江南现代城市共同体研究"（项目批准号：22JJD860001）和上海哲学社会科学规划课题青年项目"近代邮政与上海城市现代性的形成"（项目批准号：2023EXW003）的阶段性成果。

** 陈鑫盛，上海大学新闻传播学院助理研究员，上海大学媒介与江南研究中心学术团队成员。

Vinez"(S. 维纳兹)字样去探寻这面城墙。然而,尽管翻遍地图,四处问询,却始终找不到名为"圣维纳兹"(Saint Vinez)的巷子。最终,他再次光顾门店端详这张明信片,才恍悟过来,那个字样是画作者本人名字"塞巴斯蒂安诺·维纳兹"(Sebastiano Vinez)的缩写。①

可以想象,正是这张印制了古城墙的风景明信片深深勾住了旅行者本雅明的心,以至于他甚至没有辨明画作边上字样的含义,便进入疯狂的寻找之中,企图对此加以亲身验证。事实上,本雅明毕生都沉迷于风景明信片匪夷所思的"魔力"之中;他大量地收藏风景明信片,戏称自己的专业就是对这些古董明信片的收藏,并且不吝赞叹明信片对其人生的影响:"在我孩童时期的冒险书里,肯定没有一本书,能够像我的祖母在她漫长旅途中源源不断地寄给我的明信片那样,点燃我对旅行的热爱。正是其外面的图像,决定了我们对一个地方的渴望。"②

尽管本雅明最终未能实现夙愿,写成一本题为"风景明信片的美学"的著作。但是,这位在图像理论研究领域独树一帜的哲学家,想必已经意识到风景明信片对其现代性论述的参考意义:和通过印刷机或者胶卷而被机械复制的图像一样,对风景明信片的鉴赏,同样是建立在一系列复杂技术条件组合之上的一种现代视觉体验,并且对于理解图像及其观看者的现代处境具有关键意义。在本雅明之前的半个世纪,罗兰·希尔(Rowland Hill)便士邮政改革所催生的现代邮政系统,使得全球范围内的邮件往来成为日常;1865 年普鲁士邮政官员海因里希·冯·史蒂芬(Heinrich von Stephan)的构想和 1869 年 10 月奥匈帝国的邮政方案,创造出明信片这种广受欢迎的特殊邮件形式;再加上印刷术、摄影术的普及和商品市场的发达,才能让本雅明在乡镇的小店里看到被贩售的本地风景明信片。正是在这样一个庞大的技术体系支撑下所形成的一张小卡片,却能够让本雅明以视觉的形式与一个陌生的场景发生关联,并且透过画面,"数个世纪之前"的历史时空转化为聆听"赞歌"一般的具身感受,最终促使本雅明为此着迷,四处进行实地探寻和验证。

在本雅明之后,明信片继续流行了一整个世纪,哪怕到了今天的中国,寄递风景明

---

① BENJAMIN W. Walter Benjamin's archive[M]. London:Verso Books,2015:181-183.
② BENJAMIN W. Walter Benjamin's archive[M]. London:Verso Books,2015:163.

信片的风气依然存在。因此,明信片上各种各样的图像,也在漫长的发展历程之中受到文史领域的学者以及业余爱好者的关注。图像明信片往往被作为一种特殊的史料,用以探索和佐证城市空间、社会交往、风土民俗等面向的历史境况。① 在归纳和整理历史明信片的基础上,对明信片图像本身的反思也逐渐出现,研究开始聚焦于明信片图像生产背后的视角争夺。由于在近代中国,图像明信片的生产最初大多是来华旅行的外国摄影师和驻华的外国商业机构所推动的,伴随着本土摄影技术的普及,才出现国产风景明信片的兴起。因此,研究者或考察中国的图像明信片背后西方中心的殖民视角预设②,或关注后续本土化力量生产的明信片图像背后主体与他者视野的复杂交织③。总而言之,图像制造与权力关系的关联,始终是这些明信片研究的重点。

当明信片图像作为"香饽饽"被捧到历史研究者案头的时候,明信片本身却在这种探讨之中被"遗忘"了。具体来说,就学术研究而言,明信片本身相应地跌落到一个"惨淡"的境遇之中:明信片大多只是在邮政事业史研究里才被看作研究对象,即便如此,也往往只是被看作一个特定的业务门类,在交代完信件、包裹、汇兑等主营业务之后,才被匆匆一笔带过。而且,既然是叨陪末座,所交代的东西,也不外乎是业务形成推广、制度订立沿革、邮资涨跌起伏、国家及地方业务规模概况等。这些邮政研究者不会看到内容和载体之间所存在的媒介意义上的关联,和包裹银洋一样,明信片被等同视之,其上搭载什么图像并不被关心。由此一来,尽管所有的研究者都明白,明信片上的风景是依托明信片在邮政系统里传播的,但是邮政明信片如何影响其信面上所印制的风景,这种影响在风景图像的观看及其社会实践上又扮演什么角色,都不在其讨论范围之中。

---

① 仅近代中国这一范围内,明信片集锦相关书籍就非常之多。有些按照年代整理,例如:留伯仙.晚清明信片集萃[M].上海:东方出版社,2003;陈玲.明信片清末中国[M].北京:中国人民大学出版社,2004;王迦南.百年前的明信片[M].北京:京华出版社,2006.有些按照城市整理,例如:弗鲁克.上海历史明信片[M].上海:同济大学出版社,1993;姚丽旋.美好城市的百年变迁:明信片看上海[M].上海:上海大学出版社,2010.此外,在数字人文领域,也有相关历史明信片数据库,例如:法国里昂大学东亚学院狄瑞景(Regine Thiriez)团队所建立的"中国历史明信片项目(1896—1920)"(URL:http://postcard.huma-num.fr/Database.php)。
② 张瑞德.想象中国:伦敦所见古董明信片的图像分析[M]//张启雄."二十世纪的中国与世界"论文选集.台北:"中央研究院"近代史研究所,2001.
③ 黄猷钦.邮政、观光与视觉霸权:风景明信片的可见与待见[M]//张瑞德,吴文星.寄给时间的漂流记:华人世界明信片图像写真精选辑.台北:优秀视觉设计出版社,2015.

不过,在海外社会学、传播学以及文化研究领域之中,已经有学者意识到这一问题,开始严肃关注邮政明信片的流通特征如何影响明信片所牵涉的社会交往和内容意义。例如,澳大利亚社交媒介史学者伊斯勒·米尔纳(Esther Milne)就强调邮政明信片本身作为一种移动性形式,在介入日常交流的过程中,带来私密交流与公共观看的冲突、流通传递和静止展示的矛盾,乃至书面表达习惯的转换,借助明信片而维持的社会观念、规范、制度相应发生调整①;德国媒介学家伯恩哈德·西格特(Bernhard Siegert)则把问题进一步推到邮政与文学互相构成的层面上,强调明信片是19世纪中叶便士邮和世界邮政联盟出现后的典型现象,意味着对私人书信时代文学话语空间的冲击。具体来说,为了适应邮政流通,明信片的发展过程呈现出文本格式、文本内容和图片的标准化特征,由此,文本不再仅仅服务于阐释性功能,与后者相关联的灵魂、个体、自然、意义等观念也旋即走向消解。②

这样的视角激发我们对图像明信片,特别是风景明信片的重新思考:图像非但不能独立于明信片之外,而且,明信片本身的流通传递,对于图像内容、观看及其相关实践至关重要。就风景明信片来说,风景是一个地方自然及人文地点的视觉再现,现代邮政系统的流通,使得远距离的风景鉴赏成为可能,而现代邮政系统的空间规模,不仅可能带来风景图像所牵涉的空间范围和内容的转变,而且还会形成社会民众在空间感知和相关行为层面的革新。

基于这样的想法,本文想要做的,就是以近代中国邮政流行的风景明信片作为经验对象,考察图像明信片如何塑造时人的空间感知。具体而言,这个问题牵涉三个层面:第一,在近代中国城市的背景下,邮政明信片是如何流行起来的?其何以成为一种图像媒介?风景和明信片如何结合在一起?第二,现代邮政系统的流通环境,如何影响风景明信片流通的空间范围?由此激发出什么样的风景明信片生产实践?带来什么样的风景明信片鉴赏体验?第三,风景明信片带来什么样的空间感知上的变动,并且如何作为一种现实生活之中的地理依据,激发新的空间实践?具有什么样的社会

---

① MILNE E. Postcard[C]//ADEY P, BISSELL D, HANNAM K, et al. The handbook of mobilities. London: Routledge,2014.

② SIEGERT B. Relays: literature as an epoch of the postal system[M]. Stanford: Stanford University Press. 1999.

意义?

二、"尺幅间具诸胜迹":风景明信片的兴起

1897年10月,大清邮政官局成立不久,就推出明信片业务:

> 尚有一种不封口之信,外洋谓之明信片,如市上店铺开报、货物行情及银洋涨落消息等事,照外洋通例,只须购此明信片,将所报之事随便填写,并注明收片之人姓名住址,局中即可饬差递到。①

在大清邮政官局颁布这一方案的时候,明信片早已作为一种不封口的邮件门类,在国际邮政联盟所辖的各国邮政网络流行了20多年。早在1874年,国际邮政联盟成立时所订立的《伯尔尼条约》,就将这一在1869年于奥地利问世的邮政发明纳入其中。同年,上海公共租界行政机构工部局主办的工部书信馆率先在中国引入明信片业务,一方面免费批量发放给工部书信馆的年费订户②,另一方面也对社会发行,每张明信片邮资为一分钱(candareen),是平信邮资的三分之一③。尽管工部书信馆的明信片业务已经行之有年,但使用对象仍然多为驻沪外国人。明信片真正在近代中国民间社会普及,仍然要追溯到国营现代邮政系统的建立:1897年2月,大清邮政官局宣布开张,主持大清邮政的海关总税务司赫德野心勃勃,想要建立遍布中国、通联国际邮盟的现代邮政系统,于是便顺应国际邮盟的趋势,开设明信片业务。在大清邮政官局的定价之中,普通信件每函不超过二钱五分重,收费洋银二分;明信片的价格则比普通信件还要减半,每张明信片收费洋银一分。

尽管在推行明信片前后,海关方面仍然对明信片能否在中国内地畅行怀有疑虑,担心内地华人商民与香港商民或者驻沪外国人一样,"宁愿寄信也不愿意使用明信

---

① 邮局新政[N].申报,1897-10-15(3).
② 上海市档案馆.工部局董事会会议录:第7册[M].上海:上海古籍出版社,2001:590.
③ North China desk hong list[M].上海:字林洋行,1874:154.

片"①;然而,在经年累月的推行之中,明信片在民间社会逐渐被推广,特别受到以上海为代表的口岸城市商民的青睐:"吾人关于商业上之通讯及友朋间通常之慰问,实无用封缄书函之必要,苟用明信片则简便而经济。故明信片之制,实与吾人以莫大之利益者也。"②

具体来讲,城市里的商业往来是明信片使用的主要场景之一。商业流通牵涉大量简单的讯息,例如商品价格的数字和变动、订单的内容、商铺或者顾客的地址等,使用明信片寄递,远比封缄的平邮来得便捷和实惠。除此以外,商业经营需要广告宣传,除去在报纸和杂志上刊发告白之外,价格便宜、制式简单的明信片同样是广告进行规模化散发传播的重要途径。由于用明信片发布广告的做法颇为普遍,大清邮政官局甚至发行专门作为告白传单的明信片,要求单次寄递数量超过50张,邮资则给予相应优惠。

除去商业往来,明信片也被应用到人际社会交往之中。特别是在同城之间,简单的功用性信息多以明信片传递,例如道贺、问候、致谢、邀约、请柬、答复等,甚至是讣闻的传递都能成为明信片书写的主题。③由于通过明信片相互问候传达的方法颇为便捷,以至于原本那种具身性的社交往来都减少了许多。周瘦鹃就曾经描绘过明信片对贺年习俗的冲击:"街上拱手作揖恭喜发财的声浪已经少了许多,还有那街上翎顶袍套坐着轿子出去拜年的也不见了,但那邮政局的邮筒中却平添了千千万万花花绿绿的新式贺卡,比城隍庙里江北人手中五光十色的万花镜更好看。"④

在明信片推行之初,其样式为一张带有简单邮政标记图案的卡片,正面书写收发信息,背面书写事由内容。按照费拉尔为大清邮政官局所设计的明信片版本来看,信面上所印制的内容除去格式信息之外,仅有简单的大清邮政局字样、蟠龙、八卦等图案。⑤ 不过,伴随着印制技术的发展,民间商业机构开始在明信片上印制图案,制作图像明信片。图像明信片的做法同样起源于欧美,并且在19世纪末期因为新兴成像制

---

① 中国邮政博物馆.费拉尔手稿:晚清邮政邮票与明信片备忘录[M].北京:人民邮电出版社,1991:32.
② 忏因.明信片之起源[N].申报,1923-05-29(8).
③ 新制酬世大全[M].上海:广益书局,1947:92.
④ 周瘦鹃.旧新年闲话[N].申报,1920-02-25(14).
⑤ 中国邮政博物馆.费拉尔手稿:晚清邮政邮票与明信片备忘录[M].北京:人民邮电出版社,1991:32.

版技术的应用而逐渐流行。这些外国产制的图像明信片,通过外国书信馆、工部书信馆等邮政网络流入中国,催生出中国本土的图像明信片实践。在中国城市里,一些现代出版机构逐渐采用铜板制作的三色版或者玻璃制作的珂罗版(Collotype)在明信片上印制图像,像商务印书馆这样的大型出版机构,甚至设有专门的照相制版部门负责图像印刷和发行,明信片就是其中的一种业务。

图1 费拉尔设计的大清邮政明信片

图像明信片的出现,最初不过是起到美化卡片的辅助性作用,然而,随着图像明信片的普及,图像逐渐获得自身独立的地位,赏析图像成为明信片交流的必要环节,甚至于图像反过来成为寄递明信片的理由,成为寄件人和收件人交流内容的主题。因此,平邮处理时那种随意在信面上盖戳的做法,在明信片爱好者那里则受到了愤愤不平的指责:"不谙此道者,每将风景污以邮戳,使大好美术品,蒙此不洁,真谓煞风景矣。"[①] 究其原因,尽管图像印制在信面,但它本身早已成为明信片交流的内容组成部分。

因此,明信片成为一种常见的图像传播媒介。不同的社会力量看中明信片的传播范围与效率,选择与出版机构合作,印制不同类型的图像明信片进行宣传:在政治领域,无论是政府组织还是爱国商业机构,时常将政治要人头像,或者国旗、军旗、嘉禾、国歌歌词、爱国口号等政治图像符号印于明信片上进行散发;重大社会活动的开展或

---

① 云子. 明信片[N]. 邮话月刊,1935(4):12-13.

者特定事业领域取得进展,例如体育比赛的举办、飞机铁路的修筑、高楼大厦的竣工、世界语的推行等等,都喜好发布宣传明信片;在艺术领域,明信片则是一种可以让大众"以极低廉的代价,欣赏到极高贵的作品"①的新方式,当时的艺术工作者——无论是国画、西洋画还是新兴的漫画,艺术家或者美术组织,都热衷于通过明信片印制宣传自己的作品,学习美术的学生甚至把明信片上的图画当作临摹的范本,按照当时一位画家的说法:"细细去臆想,中国现在的西洋画作家,哪一个不是从临摹这种画片开始的。如此说来,这种画片对于我国艺术的前途倒是很有希望了。"②

在流通之中,图像明信片与近代中国新兴的摄影术相互结合,并且为摄影作品提供了重要的展示渠道。在娱乐领域,时人能够在手头端详名优、名伶、名妓乃至新兴电影明星的肖像真容,如新中华图书馆出版海上花影明信片,"搜辑海上名妓化妆照片数百种,择其芳名尤著者,用珂罗版铜板五彩印成明信片,传神阿堵、栩栩欲活。每名各撰小传,备载真实姓名,年岁籍贯,住址及其种种风流趣史,印于照片四周,不啻洛妃微波,令人意远"③。在新闻领域,新闻事件的图像明信片,则以具象的方式塑造对于时代政治的感知,例如近代中国的战争时期,无论是辛亥革命、国内战争还是抗日战争,都有与战争景象相关的明信片发行。例如在辛亥革命期间,上海商务印书馆发行彩色铜板精印的革命纪念明信片,由于展现"战区地方之糜烂,与两军战斗之情象",使人"阅之触目惊心,可验战争之真相",因此一时大为畅销,"未及一旬,风行中外"。④

正是在这样的背景下,风景摄影,作为早期摄影中的主要门类,成为图像明信片最为主要的品类之一。清末民初,正是风景摄影兴起的时期,不仅有诸如约翰·汤普森这样的外国人不远万里到中国采风拍摄,而且在中国民间社会也逐渐出现诸如黎芳等热衷拍摄风景的摄影师;到了民国时期,照相馆在大城市里逐渐普及,除去提供人物肖像、节庆活动的拍摄以外,照相馆也会自行组织团队外出拍摄风景民俗,例如美国新闻图片社的摄影师查尔森,就在经营华美图片制作洋行之余赶赴各地采风拍摄。⑤ 这些

---

① 漫画明信片[N].申报,1934-04-26(7).
② 李涛.画家的第一时期[N].申报,1925-12-14(19).
③ 海上花影明信片[N].申报,1917-06-09(14).
④ 大中华印刷局 双十节之大赠品[N].申报,1924-10-10(13).
⑤ 孙孟英.影记沪上明信片[M].上海:上海三联书店,2017:41.

风景摄影作品,除去通过报刊、书籍等大众出版物形式发行面世之外,也往往被制成价格便宜、规模印制的明信片行销各地。

  这种印刷着风景照片的明信片,延伸和丰富了民间社会风景鉴赏的体验。在中国民间社会,不乏再现风景的媒介载体,也因此形成各种相应的鉴赏文化。例如,传统文人喜好山水画卷,不仅发展出"澄怀观道,卧以游之"的观赏风气,而且也形成在文人交游之中共同鉴赏山水画、以之为题吟咏作诗的社交现象;印刷机械复制催生的画报、画册这类大众出版物,则提供了近代文人在书籍和报刊阅读之外的一种延伸性阅读。与如上的风景媒介不同,风景明信片则吸引都市民众对之进行赏玩考据:明信片提供了被摄影师镜头所捕捉到的风景照片,摄影术的特征,在于它能够保留住远超过肉眼所能捕捉的信息。正因如此,在抗日战争前期,官方曾经禁止出现军事要塞的风景明信片。因为这种"因爱好华美"而流行的"带画片之明信片,竟为敌人所利用,其摄有关于军事要塞者,敌人则收而转为寄回本国,以利军事"。[1] 这种技术图像所带来的丰富信息,则给予民众以真实性的体验。按照阿斯曼(Aleida Assmann)的说法,文字往往被阐释为"思想的直接的溢出",图像则作为一种"能动意象"被看作"强烈情感或者下意识的直接表现",文字和图像的对比,会使得文本被看作能导致假象的证据,而图像则成为"文化下意识的更优先的载体"。[2] 因此,明信片上的照片,在风景鉴赏媒介的谱系之中,成为与真实性观念相捆绑的媒介形式,人们把这一依托机械成像和印制技术的图像看作文字作品和美术作品抽象基础的"真实"风景样貌。正是依托这种对观看"真迹"的渴望,在近代中国,风景明信片的生产往往选择在诗文传统里被频繁提及的"名胜古迹"作为主题,例如西湖、孔林、庐山等中国文化里的经典意象。明信片的生产者们想必早已清楚,在这些诗文传统的映照下,"真迹"的商品化价值才能展现出来。

三、"于斗室中卧游世界":全国性风景图像的汇聚

  作为一种邮件形式,风景明信片依托现代邮政系统进行流通。邮政这一规模庞

---

[1] 玉俞.风景明信片有关军事要塞者一律查禁[N].醒民日报,1933-03-24(6).
[2] 阿斯曼.回忆空间:文化记忆的形式和变迁[M].潘璐,译.北京:北京大学出版社,2016.

大、无远弗届的制度化传递网络，使明信片在前所未有的空间尺度之内被传递。那么，现代邮政系统的运作，又将使我们透过风景明信片看到什么？

中国的现代邮政系统由大清邮政官局在1897年建立，在此之前，中国民间社会存在若干不同的邮递网络，其中最主要的莫过于民营的小型邮政机构民信局。民信局经营主体纷繁庞杂，根据1897年的海关数据，仅仅上海一埠，就有80家民信局之多。这些民信局组织规模小，往往只经营若干条邮路，有些主营口岸与内地市镇之间的内河邮路，有些则通过轮船维系口岸之间的资讯和物资往来。此外，在当时中国的口岸城市，还有来华外国力量主办的外国书信馆和工部书信馆，所经营的线路主要是通商口岸之间以及通商口岸和海外，对内地则没有涉猎。正是在这样的背景下，通过光绪皇帝批准、海关总税务司赫德主导，大清邮政官局应运而生，在数年时间内，建立起以口岸为中心、辐射内地、覆盖全国并且通联万国邮政联盟的现代邮政系统。自此以后，依托现代邮政系统，纸质文本、印刷品等等内容媒介被带入一个全新的流通环境之中，全国范围内的邮件往来真正在中国大陆成为可能。

近代民间社会因应先进交通技术而出现的流动人口，紧密依托现代邮政系统维持社会交往。从19世纪末开始，轮船、火车、飞机、汽车等新式交通工具陆续被引入中国，蒸汽动力的运输效率，使全国乃至全球范围内的人口流动现象愈发普遍，无论是人口迁移旅居，还是到其他地方观光旅行，都逐渐趋于日常。现代邮政系统无远弗届的特征，则提供给流动人口以远距离沟通的便利。旅行途经一地，只需购买邮票信纸，就可以通过邮件问候故地亲友，维持联系。除去书信以外，风景明信片同样是异地通信的合适选择。明信片上除去文字，还有印制在信面上的当地风景照片，能够在文字的叙述之外，以一种更为直观的方式呈现发件人所在地的情况。图2这张鲁迅在厦门大学任教期间写给许广平的明信片，恰是展现风景明信片实现异地空间感知的例证：在明信片信面上，印制着厦门大学的全景照片。鲁迅在上面标注："前面是海，对面是鼓浪屿，最右边的是生物学院与国学院，第三层楼上有 * 记的便是我所住的地方。"[①]鲁迅的记号，所预设的正是明信片图像与他现实所在地点的关联。这张依托邮政网络而流向许广平手中的明信片，为许广平认识和想象鲁迅居住空间提供了依据。

---

① 夏晓静. 鲁迅藏明信片[M]. 郑州：大象出版社，2011：4.

图 2　鲁迅致许广平的明信片,1926 年 9 月 11、13 日

　　因此,五湖四海的风景被印制在明信片之中,顺着邮政的持续流通,汇聚到城市民众的案头。因为现代邮政系统的存在,即使是近代中国城市里的平头百姓,也能够感受到世界各地的风景,"于斗室中,犹可卧游世界","尼加拉瓜的瀑布,纽约的大旅社,匹兹堡的工厂"[①],凡此种种,不一而足。因应这种体验,也逐渐形成搜集、鉴赏明信片的市民文化,按照当时上海一位民间明信片收藏爱好者的说法,明信片的鉴赏与收藏是在"嘈杂苦闷的上海市觉得无聊"的平民之中"所形成一种新娱乐"。[②] 在城市里,明信片爱好者经年累月地搜集明信片,积少成多,有些人数年之内,"案头已堆叠数十集"。明信片被装订成册,细致的收藏者还会分门别类地进行整理,区分出历史类、自然类、风俗类等类别。[③] 此外,和邮票一样,明信片的收藏也在城市之中促发形成爱好者的组织,他们相互展示、交流、交换所搜集到的明信片。

　　"于斗室中卧游世界"的体验,带来全国范围内风景明信片生产的热潮。考虑到顾客的寄递需求,全国不少地方的景点经营方往往协同出版机构制作精良的风景主题明信片供人选取。于是,在景区附近的商铺之中,明信片成为一种售卖的物件,并且往往受到游客的青睐:"游客们觉得每一张都爱不忍释,全买又恐钱不够,不买又不忍割爱,

---

① 搜买美术明信片[N].申报,1928-12-08(19).
② 保恒.我的新娱乐[N].申报,1926-12-19(19).
③ 泉影.明信片收集谈[J].星光月刊,1928(2):3.

常有不能自制的游客,把全部旅费都用在了购买这种明片的。"除此以外,城市出版机构也顺应风潮,贩售由专业团队统一摄制的地方风景明信片。

因此,现代邮政网络覆盖全国,并且通过图像明信片,将所覆盖的空间转化为一处又一处的名胜风景的画面,送回到城市民众的案头。在20世纪上半叶,上海大型出版机构商务印书馆所印制的"中国名胜"主题明信片,就是最好的体现:从20世纪最初十年开始,商务印书馆就开始以地点为线索,四处拍摄以国内名胜景区为主题的风景影像,制成系列明信片。黄炎培等近代文化名人都曾经是商务印书馆采风摄影团队的成员。经过数年累积,商务印书馆所发行的这一系列明信片,已经涉及全国范围内的风景名胜,翻看商务印书馆的明信片广告可以发现,所售卖的明信片风景涵盖直隶名胜、北京风景、山东名胜、江苏风景、浙江名胜、河南名胜、江西名胜等等。每一处风景地点,则又具体体现为若干处名胜古迹的画面。商务印书馆发行的西湖风景明信片,就标榜自身的系列明信片所涉及的风景,"东含杭州全城,西至老东岳云栖等地,北迄西溪古荡,南揽钱塘江之一部。凡城市之街道桥梁,湖中之岛屿码头,以及祠庙园亭,名胜古迹之地,皆刊载无遗"①。可以说,全国范围的风景明信片生产热潮的后果,就是通过邮政明信片,将中国转化为千百处风景画面的结合体。

反过来,这也意味着,景点叠合成地方,地方叠合成国家,明信片上的风景提供了一种日常化、具象化、世俗化的方式,让民众可以看到自己所在的国家空间。出于收藏与展示的需求,明信片还往往成组印制,同组内容环环相扣,连续推进,而收藏者则通过长时间的费心搜集、整理和归纳,将这些四散于邮政流通系统中的图像集合起来,使得单页的风景被拼接在一起并且形成互文,勾勒出一个空间的整体图景。由此,名胜图像变成近代中国民间社会通达国家空间的一座桥梁。对于观看者而言,似乎很容易经由名胜联想到自己所生活的国家:

> 终会发现,风景画面上,可爱的景物与动人的风景。尤其是,可以从秀丽的名胜与风景的景物画面,联想到这一国家的山川、人物、政制……本国人看到本国的景物,山川,风土,那将更加亲切,更加爱护祖国的热诚。例如看到

---

① 西湖游览指南[J]. 东方杂志,1929(10):18.

台湾的日月潭风景照片,不能不留恋台湾的一角河山。^①

明信片汇聚了全国各地的风景图像,使得身居一室的民众遍览中国名胜。如果恰如米切尔所说,"不是把风景看成一个供观看的物体或者供阅读的文本,而是一个社会和主体性身份通过这个过程形成的过程"[②]的话,那么同样可以说,也正是在感知到国家空间而产生的、上文所述的这种"亲切感"和"留恋"之中,鉴赏者早已不自知地将自身置于国家空间之内,意识到自己是这一民族国家土地上的国民。

四、"名胜中国":风景明信片与国家空间感知的塑造

风景明信片将中国转化为一幅幅风景图像,近代社会民众足不出户就可以通过明信片遍览中国名胜,对于这些民众的国家空间感知意味着什么?又会激发出什么样的空间活动的社会现象?

风景明信片是对中国地理空间的再现。空间的再现形式本身并非独立于空间本身,而是参与制造空间的要素,这一点早在既有的研究之中被认可。西格特就曾经以地图为例,探讨过空间与其再现形式的问题。如果没有地图这种平面化的空间再现形式,以及依据地图的再现所组织起来的一系列社会政治实践,那么所谓被再现的空间现实,即国家领土本身,根本无从谈起。因此,西格特离经叛道地将建构主义宗旨般的观点"地图并非领土"改为"地图就是领土",所强调的正是地图的再现对于领土空间具有决定性意义的塑造力。[③] 这样的视角,同样可以推到其他维度的空间和其他类别的媒介之上:在现代旅游文化的研究上,约翰·厄里(John Urry)有关于"观光客的凝视"(Tourist's Gaze)的经典论述,其所强调的正是特定媒介所实现的视觉形式对于全球性的旅游空间和旅游文化的构建。

事实上,厄里的论述早已对风景明信片的空间制造潜力有所关注,因此,厄里书的

---

① 汉渔. 谈谈名胜风景的邮票及明信片[J]. 现代邮政,1948(4):26.
② 米切尔. 风景与权力[M]. 杨丽,万信琼,译. 南京:译林出版社,2014:5.
③ SIEGERT B. The map is the territory[J]. Radical philosophy,2011(5):13-16.

扉页上,引用了这样一句日常评语:"这风景看起来真像明信片。"①也就是说,明信片图像对空间的模拟,最终带来的结果,是塑造出风景化的空间,并且带来现实空间中通过旅游来对这样的模拟加以验证和感受。明信片刺激着现代旅游的发生和推广,并且以此将可被观光的风景空间践行为现实。全球旅游业中涌现出来的各种"明信片小镇"正是这种空间塑造的体现。②

以这样的视角来看本文所讨论的近代中国明信片的案例,明信片上的风景图像,既是对中国地理空间的再现,也是民众感知自己所处的地理空间,并据此组织自身空间活动的依据。换言之,明信片在带给近代中国民间社会,特别是城市社会民众以中国地理新的视觉观看方式的同时,也在借助纸片之上作为图像的"中国名胜",来塑造一个可被感知的国家空间的模样,一个风景维度的国家空间,一个"名胜中国"。进一步地,风景明信片也作为一种地理媒介,促使民众根据这些新的地点感知组织自己的活动,在旅游观光之中实践这个风景维度的国家空间。

具体来说,明信片图像本身意味着对于一个地方的风景化。其一,明信片图像往往遴选与中国文化特别是诗文传统紧密关联的地点,通过这些地点的片影的并置组合来代表一个特定的地方。例如,可以查阅到的、中华书局在民国时期所发行的西湖主题系列明信片,就把西湖细化为雷峰塔、三潭印月、理安寺、栖霞洞、九里云松、净慈寺、蕉石鸣琴、上天竺、柳浪闻莺、大佛寺、玉泉、表忠观碑、西溪探梅、断桥残雪、虎跑寺等36处景点,不难注意到,被选出来的图像往往是与西湖诗文传统具有紧密关联的地点,也就是所谓的名胜古迹,至于西湖周边的行政、商业和居民生活区域,则不会出现在明信片之中。其二,明信片照片的拍摄者将拍摄角度纳入考虑之中,除去通过直接的特写视角来呈现部分古迹建筑之外,明信片上的照片还往往将赏景的角度考虑其中,例如雷峰夕照、断桥残雪、曲院风荷之类的图像中,建筑物往往被放置于湖面、天空等自然环境之中,建筑与环境相互结合所带来的视觉感受被收摄在画面之内,有些地方甚至是通过视角来命名图像,例如"从钱塘门远望宝石山""离宫前牌眺望城皇山"

---

① URRY J. 观光客的凝视[M]. 叶浩,译. 台北:树林出版有限公司,2007.
② ARREOLA D D, BURKHART N. Photographic postcards and visual urban landscape[J].Urban Geography, 2021(7):885-904.

"钱塘江畔六和塔远景"等。其三,在更细致的层面上,在拍摄图像明信片之后,往往专门请人上色,使得天空、湖面、树木、建筑乃至游人显现出色彩,赋予观看者色彩艳丽、栩栩如生的视觉感知。通过这样一个拍摄地点、角度手法乃至画面色彩的图像技术设置,一个可供观光的西湖跃然纸上。风景维度上的城市空间被开显,而政治以及经济维度上的城市,无论是机关大院、都市马路、市井商业还是郊县农村,则不在其中。西湖如此,中国其他的地方亦然。因此,通过风景明信片,民众感受到一个有别于主流现代国家构建论述中的政治空间或者经济空间的、风景维度的国家空间。

图3 中华书局印制的西湖主题明信片①

---

① 韩一飞.西湖老明信片[M].杭州:杭州出版社,2006:123-140.

被风景化的国家空间,带来现代观光文化的兴盛,并且在这种旅游活动中被持续加强。人们在观览到西湖、孔林等荟萃的名胜古迹之后,正如上文所述的、作为旅行者的本雅明对明信片上古城墙的着迷一样,也会依托各种交通方式跋山涉水,去实现明信片为其所定制的观光之旅。因此,如果说在上文我们已经看到现代移动性和全球邮政网络的结合带来风景明信片的热潮,那么事实上,它们彼此是一种相互促进的关系,风景明信片反过来也起到刺激旅行文化的作用。在这一点上,明信片市场上的设计者和商人早已有所察觉。因此,在兜售明信片的时候,商人们标榜明信片对于旅行的帮助:"诸君前往避暑,均宜购备,按图游览,较觉便利""作为游山览景的样本,那是再好没有的物品,可以先睹为快"。① 另一方面,风景空间的经营者,也将风景明信片增加客流、畅旺生意的手段,标榜为明信片能够"促进文化历史与国民之认识,借以收得广大宣传之效果"②。非常有趣的是,在民国初期,曾经有一位名为钟紫垣的沪宁杭甬铁路局长,主张由铁路部门自行印制风景明信片,赠送给乘坐铁路的游客,并且分给沿线邮局廉价出售。按照他的说法,风景明信片是铁路"推广营业之广告"。尽管在今天,已经无法推知铁路明信片上印制的是哪些风景,但是,这位嗅觉敏锐的局长想必已经意识到,风景明信片与旅游观光已经形成一种相互交织、相互推进的关系,所以,发行风景明信片,就是在推动铁路之上的旅游浪潮。③ 在明信片所塑造的风景空间与现代旅游观光实践的相互推动之中,风景维度上的"名胜中国"持续沉淀成为现实,构成民间社会现代国家认知的一个重要面向。

五、结语:明信片的"风景民族主义"④

在近代中国,明信片伴随着现代邮政系统的确立而出现,将机械复制的风景图像推入现代邮政系统的世界性流通网络之中,由此带来的明信片传递、交换与收藏的全国性风潮,激发出全国范围内制作风景明信片的现象。各地风景名胜明信片借助邮政

---

① 千山史迹风景制明信片出售[N]. 大同报,1942-10-19(3).
② 千山史迹风景制明信片出售[N]. 大同报,1942-10-19(3).
③ 发行风景明信片[N]. 亚细亚日报,1915-12-02(14).
④ 李政亮. 风景民族主义[J]. 读书,2009(2):79-86.

网络流传散播,并且通过搜集和整理汇聚在社会民众的案头之上。借助这些风景明信片,中国被转译为一个风景空间,因而推动以现代观光旅游为特征的全国性空间活动,在鉴赏与观光之中,一个风景维度上的中国持续沉淀为社会现实。在中国民族国家共同体意识萌生的历史阶段,风景明信片成为一种日常化、世俗化的途径,使得人们在寄递、交换、搜集、整理、考据、印证等明信片相关实践之中,感知和体验民族国家这样一个空间范畴,共享对于民族国家的审美性认识和想象,由此,为近代时期政治意义上的民族共同体的形成奠定了一种日常化的根基。可以说,以明信片为媒介,形成了一种独具风格的"风景民族主义"。

走笔至此,风景明信片逐渐显现出其作为一种民族国家意识形成的媒介化途径的特征,并且可以显著辨析出其与文字媒介、其他图像媒介生发民族主义的方式的区别:自本尼迪克特·安德森关于"想象的共同体"的论述开始,民族主义的媒介面向逐渐受到关注[1],安德森所关注的是报纸等文字印刷媒介的大规模扩散,带来远距离受众同步的时间感知,以及对于社会事实的标准化认识,为民族共同体的想象和感知提供了根基,由此民族主义得以出现并且形成全球性的散布。对比起文字所实现的抽象政治共同体的想象,明信片的图像,尽管同样是在印刷散播的规模化流通模式下被观看,但是所形成的空间想象却是依托直观的、日常化的风景,由此所形成的共同体的认知,不是文字所代表的那种神圣的、抽象的、政治意义上的共同体,而是世俗的、具象的、文化意义上的共同体。

然而,明信片所塑造的"风景民族主义",同样与其他的风景图像媒介塑造民族主义的机制有显著区别。举例而言,唐宏峰曾经在安德森的基础上进一步延伸出"图像印刷资本主义",探讨机械复制的图像所带来的共同体感知。[2] 唐宏峰所看到的是以《点石斋画报》的《卧游图》为典型的图像出版物所呈现的中国山水,这些画报定期临摹或者绘制中国风景,并且通过印刷大规模散发给文人,使得一个风景维度上的中国在这种延伸性阅读之中被接纳。尽管风景明信片也是通过印刷机制作发行的空间图像,但是,风景明信片具有与画报不同的流通模式:明信片依托邮政网络而实现大众化流

---

[1] 安德森.想象的共同体[M].吴叡人,译.上海:上海人民出版社,2016.
[2] 唐宏峰.透明:中国视觉现代性(1872—1911)[M].北京:生活·读书·新知三联书店,2022:154.

通，这意味着，明信片的观看者，不像阅读文字或者阅读画报一样，在正式的阅读实践之中感知和想象国家空间，而是通过日常化的邮件往来，以及围绕明信片所形成的交换、买卖、收藏、整理、展示、赏玩等实践，以一种如同古玩的方式来接纳这种风景意义上的共同体。因此，明信片所塑造的民族共同体的群体范围，也不再像文字或者画报那样主要集中于文人阶层，而是将邮政系统覆盖范围内的城市商贩、工人乃至平头百姓都纳入其中，促使不同阶层的人在日常的邮政实践过程中共享对于民族国家的感知。

"再造街头":晚清白话报的贴报、讲报与唱报*

——以《京话日报》为中心的考察

◎崔英超**

摘要:在清末启蒙运动的时代背景下,为了使报刊"新知"融入社会最底层民众的日常生活,白话报入驻街头,结合街道的空间特性,调整和转化为"贴报""讲报"和"唱报"三种形态。其中,"贴报"增加了行人街头驻足和交谈的时长,增强了街头景观的公共性;"讲报"以"报议"取代家常闲话,改变了街谈巷议的性质;"唱报"把新闻和音乐相结合,革新了街头娱乐活动。随着街头文化的转变,街头民众在潜移默化中成为"公众"。作为城市日常生活缩影的"街头",也在与白话报的相互构成中展现出新的生机和活力。

关键词:街头;贴报;讲报;唱报;公共性

"报安能人人而阅之,必自白话报始"①,白话报是清末启蒙运动中知识分子为"开民智"推行的主要尝试。为了进一步降低阅报的价格门槛并打破文字壁垒,将报纸新知普及至社会底层,1905年至1906年社会各阶级广泛参与的贴报、讲报和唱报活动在北京街头兴起,又逐渐演变成阅报社、讲报处等组织化的阅报方式向全国各地普及。义务贴报的热心人士对北京城区的地理划分、对贴报地点和报刊种类的选择,不同城区间贴报频次和数量多寡的竞合,讲报和唱报等言语活动对白话报的有声演绎,使街头"阅报"因特殊的地理空间明显区别于室内的私人默读和组织化的集体阅报活动,也

---

* 本文系教育部重点研究基地重大项目"数字媒介视域下的晚清报纸与上海-江南现代城市共同体研究"(项目批准号:22JJD860001)的阶段性成果。

** 崔英超,汕头大学长江新闻与传播学院讲师。

① 裘廷梁.无锡白话报序[N].无锡白话报,1898-05-11.

使"街头"①因报刊实践活动的竞相展演成为城市文化空间中的重要节点。

此前以李孝悌、胡全章、杨早、李斯颐为代表的研究者②在对白话报展开分析时，多从报刊内容、报刊文体、白话文改良、启蒙效果等角度出发，虽然也关注到了报纸的言语活动，但多以对场景表现、听报效果的描述为主，视角也多集中在讲报处、阅报社等组织性的阅报空间，很少关注普通百姓最日常的活动中心——街头。"报刊隶属主体以何为利益——立足点，自然也就决定了其空间视野及其关系之构成，包括所能抵达的空间"③，白话报既然把普通民众视为利益主体，迎合民众的文化程度和日常生活方式，调整报刊语言和传播方式，并将传播空间深入至街头巷尾，那么，对各阶层都相对平等的"街头"无疑成为考察普通民众与白话报日常交流互动的主要视窗。本文将围绕白话报的报刊实践，以"街头"为切入点，具体而微地讨论报纸、街道、读者（听众）间环环相扣的关系，以及报纸因"街头"做出的调整、"街头"因报纸出现的改变。

街道是城市最重要的公共空间，如同毛细血管般贯通、激活并规划了整个城市。"百千家似围棋局，十二街如种菜畦"是白居易在《登观音台望城》中对皇城长安街区的描述。同为皇城的北京城，自16世纪中叶起便以九经九纬的城市格局为基础，由外至内划分为外城、内城、皇城和宫城，四重城墙上各自建有城门④，由街道连接，形成了严整规制的"环形＋大格网"式的街道网络。在元大都游历过的马可·波罗曾如此描述街道布局："街道甚直，以此端可见彼端，盖其布置，使此门可由街道远望彼门也"⑤，"全城地面规划有如棋盘，其美善之极，未可言宣"⑥。清代北京城继承了元代的街道

---

① "街"在城市空间中是市民共享的公共空间，内含"街头""街尾""街角""街巷""街边""街市"等物理范围。由于街道的贯通性很难具体辨析出哪里是"街头"，哪里是"巷尾"，本文从街道的公共性出发，将街道人流最活跃的交汇处统称为"街头"，考察报纸在街道中的实践活动。
② 李孝悌的《清末的下层社会启蒙运动：1901—1911》、胡全章的《近代中国报章之兴与文体之变》和《清末民初白话报刊研究》、杨早的《京沪白话报：启蒙的两种路向——〈中国白话报〉、〈京话日报〉之比较》、李斯颐的《清末10年阅报讲报活动评析》等，都是围绕白话报展开的研究。
③ 黄旦.耳目喉舌:旧知识与新交往——基于戊戌变法前后报刊的考察[J].学术月刊,2012(11).
④ 外城七门（广渠门、广安门、左安门、右安门、东便门、西便门、永定门），内城九门（东直门、西直门、朝阳门、阜成门、崇文门、宣武门、德胜门、安定门、前门），皇城四门（大明门、地安门、东安门、西安门），宫城四门（午门、神武门、东华门、西华门）。
⑤ 波罗.马可波罗行纪:第二卷[M].北京:中华书局,2004:210.
⑥ 波罗.马可波罗行纪:第二卷[M].北京:中华书局,2004:213.

布局,从晚清的《北京城图》(图1)可以看到,整体街道网络中轴对称、礼制严明,多重城垣环环相扣又自成完整回路。街道多数笔直,只有樱桃斜街、李铁拐斜街、烟袋斜街等部分街道因水文地势原因偏斜。

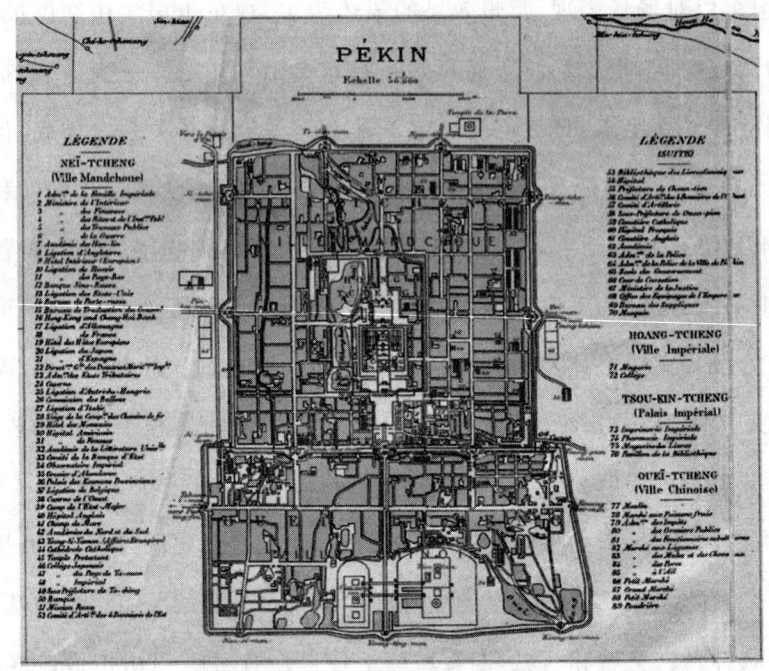

图1　1900年法国驻北京陆军部普意雅测绘的《北京城图》①

在内城和皇城之间,居住着八旗及其家属,以汉人为主体的普通民众主要在外城居住。为了保护皇宫安全,内城几乎没有保留永久性的商业、行会及各种形式的娱乐活动,外城是满足民众日常生活和贸易活动需要的主要城区。其中,正阳门大街、南长街、北长街等南北走向的街道和长安街、西四东大街、崇文门东大街等东西走向的街道,构成了民众出行和商品交换的主要骨架。另据清末《京师坊巷志稿》记载,北京城有街巷胡同2077条,直接称为胡同的有978条。这些从主干道延伸出来的胡同小巷与主干道,不仅承担着交通等基本功能,聚合成北京城的交通流、信息流和经济流,还逐渐发展为民众的自由市场和休闲空间。三教九流聚集在街头和天桥卖艺,货郎小贩游走在街头巷尾出售商品,店铺把招牌、幌子、货摊等延伸进街道招徕顾客,生活在街

---

① 普意雅.北京历史舆图集:第3卷[M].北京:外文出版社,2005:322.

边的居民直接把街道作为日常生活的空间,悠闲地从事择菜、唠嗑等各种家常活动,孩童们随意寻找一处街角空地,就可以斗蟋蟀、斗鸡或者放风筝。

街道是相对平等的公共空间,但不同群体看待和使用街道的方式是不同的,并具体表现在出行工具、行经速度、交流时长、目光范围等方面。熙熙攘攘的街道是普通民众生活劳作、休闲娱乐和交换信息的好地方,可以没有任何限制地免费进入或者退出。但对上层群体而言,在街上"闲逛"是一件苦事。"无风三尺土,有雨一街泥"是梁实秋在《北平的街道》里对老北京街道的描述,他认为"如果在路上闲逛,当心车撞,当心泥塘,当心踩一脚屎!要消磨时间么,上下三六九等,各有去处,在街上溜馊腿最不是办法"①。因此梁实秋小时读书,"每星期往返这条道上,前后八年,有时候骑驴,有时候乘车"②。街道是社会各阶层汇聚的重要场所,但它的公共性不代表不同的行人会共享相同的时长,并拥有相同的交流意愿。在诸多作家的回忆录和外国摄影师的街景照片中,步行在老北京街头并驻足交谈的主要群体是包括贩夫走卒、花子乞丐等在内的普通民众(见图 2、图 3)。

图 2　20 世纪 20 年代初喜仁龙拍摄的北京外城街景③

---

① 梁实秋.梁实秋散文集[M].南京:南京出版社,2018:226.
② 梁实秋.梁实秋散文集[M].南京:南京出版社,2018:226.
③ 喜仁龙.北京的城墙与城门[M].北京:北京联合出版公司,2017:279.

图3 20世纪20年代初喜仁龙拍摄的北京西直门外店铺林立的街道①

一、沿街贴报:"街邻"的凝聚与延伸

在晚清启蒙运动的办报风潮中,以街道为主要生活空间的市井百姓,正是白话报人预期的读者和主要的启蒙对象。为了"开民智",晚清知识分子先后尝试过办白话报、建阅报社、公共演说、改良戏曲、开办新式学堂等多种方式,尤以白话报影响最大。其中,"街道"的空间意义被白话报人发现,并与白话报巧妙结合在一起。

《京话日报》首开在街头贴报之风气。《京话日报》创刊于1904年7月,是晚清第一份白话日报,也是在北方影响最大的白话报,价格低廉,文字浅白,一直以"为下等人说法"为办报宗旨。为了便于贴报,报馆专门印制了单面报,将原来每日一张、正反四版的报纸分为两张单面印刷,每天早上出报后,在报馆门口和京城各零售点外分别粘贴一份。过往行人"街上走走,那能就知道京外的事"且"不用花一文钱,就可以看报"②。因而,《京话日报》也被街面上的行人戏谑地称作"穷看报"。这个别名传到主编彭翼仲耳中,他反而很欣慰,"(穷看报)字面儿很挖苦,含着的意思,听到耳里,我们

---

① 喜仁龙.北京的城墙与城门[M].北京:北京联合出版公司,2017:329.
② 保护贴报[N].京话日报,1905-04-29.

倒很喜欢。穷的都肯看这个报,阔的更不必说了"①。

在贴报之前,民众能在街面上通过文字获取的信息主要源自官府张贴的文言告示,但对仅粗通文字的市井百姓而言,"文字眼儿转的太绕脖子,不明白文话的人,全给错会了意"②。白话报人深谙民众的苦处,曾在《文言不喻俗》中对此批评道,"告示、告示,简直的要问当面告诉一样。又同指着给他看一样。那才做实在了告示两字。……据我们的见解,凡是告示文字,都当用白话编成"③。为了接近民众的日常口语,《京话日报》严格按照"话怎么说就怎么写"编排,即使粗通文字的叫花子读起来也没有太大困难。据彭翼仲街头所见,"我出门去买东西,看见一个花子,站在本馆门外,楞默默的,抬着头看报,我便走到他的背后,听着他念,果然都念下来了,念到得神的地方,还把脑袋摇了又摇"④。告示晓谕民众的信息局限在官吏调动、官方政策调整等方面,内容单一且有限,无力购报者要想了解国家大事和世界形势,看贴报成为最好的方式。天天去鼓楼街同善钱铺门外看贴报的小民李文镕,曾特意致函《京话日报》表示感谢,"想我这等小民,未曾念过多少书,又不明白时事,更没有半品的官职,如同又聋又瞎的孩子一样,怎么懂得爱起国来呢?只因鼓楼街同善钱铺卖报,门外贴着《京话日报》,天天去看,看来看去,上了点儿瘾"⑤。

民众看贴报的热情感染了更多的爱国志士,渐渐有热心读者有感于白话报"人人全都看得懂",为了"叫中国人明白外洋的情形和中国的事"⑥,自费购报后在熟识的生活区沿街张贴。北京首批义务贴报的热心志士是松俊三和文哲臣,从1905年2月起他们主要在人烟稠密的东城张贴,从"东城闹市口一直的到小街子北边"⑦,品类以《京话日报》为主。从刊登的贴报声明可以看出,他们不是随意张贴,而是定有明确的张贴地点和负责人。松俊三负责在裱胡同东口八根旗杆和齐化门内三元子处贴报,文哲臣负责在西裱胡同东口路北砖瓦铺和六条胡同东口路南天德馆贴报。

---

① 彭翼仲.穷看报[N].京话日报,1905-01-04.
② 请看文话告示的效验[N].京话日报,1905-07-21.
③ 文言不喻俗[N].京话日报,1905-01-17.
④ 彭翼仲.穷看报[N].京话日报,1905-01-04.
⑤ 李文镕.小民爱国[N].京话日报,1905-04-17.
⑥ 刘瀛东.沿街贴报[N].京话日报,1905-04-28.
⑦ 附件[N].京话日报,1905-05-18.

在东城贴报活动的带动下,英文教习刘瀛东找到《京话日报》馆,表示愿意用自己的大半束脩每日订购 30 份单面报,在南城沿街张贴。报馆感佩刘瀛东"为的是咱们既是中国人,就当知道中国的事,大家伙儿看看这个报就能知道点儿了"的用意,不仅"减半收纸价,印工白送"①,而且在报纸上详细公布了贴报的 30 个街头地点,号召来往行人留意驻足。街道是流动开放的日常生活空间,行人充满随机性和任意性,但每日出版的报纸具有连续性。要想让街头阅报人形成每日看贴报的习惯,不能像游击性的街头表演一样充满变动,需要广而告之后在固定地点张贴,达成一种相沿成习的默契。因而刘瀛东在报纸上公布贴报地点后又与读者约定,"将来有添贴的地方,我再登报"。

沿街而建的多为民宅和商铺,街道所划分的城市空间为生活在同一片街区的民众赋予了"街坊""街邻"的身份。虽然贴报属于自发行为,不设地域限制,但"远亲不如近邻"的心理认知使贴报人往往愿意在有限的力量下先惠及街坊亲邻。且每天固定往返在多个街区贴报是个大工程,要想持之以恒,最可行的办法就是使贴报地点和生活区、工作区重合。刘瀛东作为湘学堂英文教习,在南城区化石桥路北的湘学堂工作,他首次在报上公布的 30 处贴报点,也均在宣南城区。从"贾家胡同中间东墙"开始,途经宣南会馆、骡马市大街、增寿寺、土地庙、顺兴茶馆、姚家井茶馆、南横街、缢匠胡同、东口茶馆等人口稠密的街巷胡同,一直延伸到"后孙公园练勇局对过"②。因贴报线路与工作路线基本重合,所以能够做到"每天步行两个小时左右,依次张贴《京话日报》,风雨无阻"③。

同时,"街"作为天然的地理纽带强化了同一城区居民的共同体意识。刘瀛东在南城区的贴报活动通过《京话日报》的宣传,激发起了其他城区爱国志士的竞合心理。抱着个人与城区"荣辱与共"的心态,其他城区的爱国志士立刻有了回应,并且逐渐结成了组织性的团体。东北城以玮臣为代表的十人致函《京话日报》馆,"现在我们大家,也商量了商量,凑了十分,在我们东北城儿,天天去贴。……崇松石捐三分,荣伟卿捐二分,安文光捐一分,忧心人捐一分,熙绛园捐一分,康毅臣捐一分,疯子暂捐一分。安定

---

① 彭翼仲.本馆告白[N].京话日报,1905-04-21.
② 刘瀛东.沿街贴报[N].京话日报,1905-04-28.
③ 彭望苏.北京报界先声:20 世纪之初的彭翼仲与《京话日报》[M].北京:商务印书馆,2013:130.

门二条胡同路北恒宅具"①。住在东城区贡院东门的伊树轩同时受到感染,"我想自己心窍已经开了,何不劝劝我们街坊,请大家都明白明白呢"②,打算每日贴报,又恐独力难成,因此联合了五位朋友一起捐报、贴报。南城和东北城的贴报之风兴起后,家在西北城的春治先羞愤于城区内民智不开,亦决定贴报,而且只贴《京话日报》,"要打算开民智,叫人人明白国家的大局,除了看报,没别的法子。现在南城跟东北城一带,有明白人出钱,捐贴贵报,实在是劝化人的好法子,因此我也生了一点热心。我住在德胜门内,北京城里属我们西北角上的人傻,风气最难开,我打算跟着人家学,也要专贴这中国的《京话日报》"③。最早义务贴报的松俊三、文哲臣为扩大贴报范围,进一步联合了同一城区的继立堂、松子□、荣炽臣、荣预华、李道生、英□香、兴寿彭和荣馥亭八人,"约会同志,量力捐助,稍尽中国人爱中国人的心"④。

在组织化的贴报外,分散在北京各地的订报人,为了充分利用报纸的价值,常将阅后的报刊贴在房前屋后的街巷,供左邻右舍和过往行人阅览。由于单面报印量较少,不对大众发行,需要专门订购,北洋军医学堂的学生沈作新曾致函《京话日报》,建议报馆将最具新知价值的头版"演说"和紧要新闻印在一面,"贴一张不能见全报,贴两张又觉浪费,学生想让这演说、新闻,都印在一面","也供街坊四邻,并过往的人,都可以看看,或者又能多开化几个人,岂不是化无用为有用了啊"⑤。据王鸿莉考证,北京兴起的义务贴报活动呈现出"从内城东南、外城宣南开始,进而到内城东北,再到内城西北等"的空间发展顺序⑥。以街巷为路径,以城区为单位,又在民间各订阅人门前屋后贴报的呼应下,整个北京城呈现出以点到面、遍地开花的贴报盛状。沿街阅报成为北京城市景观之一,上海《警钟日报》曾以惊异的口吻报道北京"担夫走卒居然有坐阶石读报者"⑦。北京的贴报活动同时还引动了外省争先效仿,霸州知州钱亮臣忧心于"霸州风气,还没大开",想借贴报开通民智,"少一件开民智的东西,想来想去,最好是《京话

---

① 玮臣.来函[N].京话日报,1905-05-08.
② 伊树轩.呦,我也入了迷了吗?[N].京话日报,1905-07-04.
③ 春治先.来函[N].京话日报,1905-05-14.
④ 附件[N].京话日报,1905-05-18.
⑤ 沈作新.来函[N].京话日报,1905-08-03.
⑥ 王鸿莉.清末京师阅报社考察:基于空间和族群的视角[J].近代史研究,2020(5).
⑦ 新闻[N].警钟日报,1904-11-17.

日报》了",专门致函向《京话日报》馆订购单面报,"想请贵馆,将那一面的贴报,先寄送四分,若是大家看得高兴了,还要添的多哩"①。此外,黑龙江省署木兰县以及固安县、保定涞水等地也沿袭了贴报的风气。

于民于国有益的街头贴报并非只有正面反馈,贴报与行人间也并非简单的"贴一读"关系。街道是一个动态混乱、自由多元的城市空间,不同观点和目的的行人都会在街头汇集,而这种冲突和矛盾又会以重复粘传单、撕报纸、偷贴报牌等异质性行为表现出来。刘瀛东的贴报常出现被商家的传单覆盖和撕毁的情况,在痛恨"我中国人,私心太重,不懂什么叫公益"的同时,刘瀛东专门在报纸上央求"地面官交派交派五城练勇,替我照护照护",又好言劝说"各处有好心的朋友们,替在下照料照料,只要不准人家撕去,诸位的功德,也就不小了"。②刘瀛东的请求得到了众多看报人的声援和支持,第二天每日在米市胡同北口看贴报的讷拿(化名)就以"保护贴报"为主题,极力谴责了损毁报纸的不文明行为,"人家都说京城是首善之区,听见这个名,必应该是极文明的地方了,哪里知道其中大是不然"③。且街道虽然开放自由,却不是法外之地。街头行人虽互不相识、各行其是,但"撕报"违背了公序良俗,不仅会受到其他行人的道德监管,还会遭到巡捕的制止。如宗室人富二、松峻撕毁南关市口的贴报后,被"明白宗室群起而攻之"④;四十九段巡捕在西北城巡街时,巧遇了一个正在沿街撕报的人,"登时把他拿获,扭送巡捕西局"⑤。

为了保护贴报,贴报人开始改换贴报的物质载体,推广贴报牌。如果街道两旁的空白墙面是可以共享和争夺的公共空间,那么竖立在街边的贴报牌则具有私有性质,既不会被商铺的告白传单盖住,又能够在商铺打烊、人流稀少时撤回保管。据《京话日报》1905 年 5 月刊登的告白可知,自贴报人在南闹市口改换贴报牌后,"接续照办者此呼彼应,日见增多"⑥,"目下京城地面约计已有百分"⑦。而热心志士也从捐助贴报,演

---

① 钱亮臣.来函[N].京话日报,1905-09-03.
② 刘瀛东.沿街贴报[N].京话日报,1905-04-28.
③ 讷拿.保护贴报[N].京话日报,1905-04-29.
④ 要紧报告[N].京话日报,1905-05-14.
⑤ 撕报人被巡捕拿获[N].京话日报,1905-10-26.
⑥ 告白[N].京话日报,1905-05-23.
⑦ 告白[N].京话日报,1905-05-25.

变为同时捐助贴报木牌,如"同文馆学生齐宗康捐助贴本报木牌三十面,大学堂靳瀛旭、刘云屏、李绚瀛、王道元、何师富、崔庆钧、梁兆璜,每月各捐助贴本报一分"①。

当贴报活动在街头普及时,阅报社作为一种更加安全稳固、组织有序的阅报空间同时发展起来。它们多建在街头、广场、庙宇、桥头等人流密集处,免费向读者提供多种类的报纸和茶水。1905年4月北京出现了第一家民办阅报社——西城阅报社,由几位湖南热心人士通过自愿摊捐的方式办起,后期因得到了管学大臣张野秋尚书等官员的助捐,得以维系②。在不到一年的时间内,北京迅速成为全国阅报社最发达的地区,"北京城内外设产地讲报阅报社,不下三四十处。算起内外城地面,哪条大街上都有讲报阅报处"③,影响力甚至波及直隶、奉天、天津等外省市。至1905年底天津组建了4处阅报社,河南有十余家阅报社创立,苏州到1906年底创设了6家,贵州、广西、新疆、内蒙古等偏远地区也相继有阅报社组建④。

虽然晚清北京阅报社的数量一直稳居全国首位,但因需要租住房屋、购买桌椅、定期更新报刊、预备茶水、配备管理员,人力物力耗资很大,从持久性和数量上无法比拟街头贴报。一位住在东城区崇文门花儿市大街的居民看到街区内没有阅报社,有意提倡又困于没有财力,只能以《奉劝崇文门外的财主办公益事》为题在报上规劝本街区的财主,"在下虽有这个心,没有这个力量,即使有这个力量,也是独力难放。……因为我们花儿市一带的财主,没一个出头办公益事。我不但替诸位财主害羞,连我的脸上都没光彩,故此登报奉劝"⑤。李斯颐在对清末220家阅讲报所直接参办人的身份进行统计后发现,最多的为士绅(占比38.46%),其次为官吏和民间社团(各自占比约19%),再次为政府机构(占比16.57%),最后为普通市民(占比7.10%)⑥。结合史料和数据可以看到,相比以普通民众为参与主体的贴报,阅报社的创办者多为有一定资产的商贩、士绅、读书人、医生、蒙师或报人,后期阅报社更是被政府视为宣传新政的重

---

① 捐助贴报[N].京话日报,1905-05-25.
② 彭望苏.北京报界先声:20世纪之初的彭翼仲与《京话日报》[M].北京:商务印书馆,2013:121.
③ 奉劝崇文门外的财主办公益事[N].京话日报,1906-07-30.
④ 阅报社出现[N].大公报,1905-07-05;各省报界汇志[J].东方杂志,1905(11).
⑤ 奉劝崇文门外的财主办公益事[N].京话日报,1906-07-30.
⑥ 李斯颐.清末10年阅报讲报活动评析[J].新闻研究资料,1990(2).

要工具,投入了大量官方力量,在择报、监管、思想宣传等方面具有了官方的管教色彩。

不同于街头看报的游散,阅报社虽然多建在街头,却已是一个组织化的室内空间,会根据开放时间、运作机制等出台相应的阅报章程,如"新到之报,每期所取,以一册为限,连旧报不得逾四册""只许在社披阅,不得携出"①。同时为保证集体阅读的公共利益,会严格规范读者的个人行为,如"凡来阅报者须各于一纸默坐静阅,不准高声朗诵,乱他人之耳鼓""不准任意评论谈笑"②。相比街头开放的阅报空间,阅报社对阅报人具有管制力,但这种管制超出一定限度会造成心理压力。北京东四牌楼南半日学堂附设的阅报社因社员对读者轻慢以待、严加呵斥,"以致下流社会人员畏其声威,竟有徘徊门外,不敢妄入者"③。衣衫褴褛的叫花子会畏于阅报社的规定选择不进门,每日蹲在门外看报,"多闻阅报社前几天去了个叫花子,身披破衣裳,提溜着棍子,抱着沙锅,见人并不讨钱,蹲在门外看报纸,看了足有半天,站起来才走,听别人说,这个叫花子,天天要看报"④。对行色匆匆、为果腹终日奔波在街头的市井百姓而言,很难每天抽出专门时间进阅报社看报,反而是形式灵活、数量众多,又与蛛网般细密的街巷胡同巧妙融合的街头贴报,更符合他们的生活习惯,"凡热闹的地方,抬头就是,不用花一文钱,就可以看报,那是再便宜没有的了"⑤。但不可否认,阅报社的出现丰富了阅报种类,为民众的深入阅读和思考提供了安稳宁静的阅报空间,与街头贴报形成互补。

二、街边讲报:街谈巷议的"每日更新"

街头贴报使报纸从读书人的私人案头、封闭的学院和组织性的阅报社中走出,融入日常生活空间,被普通民众所共享。在此之前曾有报人感叹"京城这样大的地方,除了官场学堂,看报的人很不多,买卖人等更不知报是怎样个物件"⑥。但对识字不多或

---

① 成都开智阅报公社章程[N].大公报,1902-10-01.
② 河南·中州阅报社[N].大公报,1904-11-25.
③ 相形见绌[N].大公报,1907-02-20.
④ 叫花子看报[N].京话日报,1906-07-11.
⑤ 讷弇.保护贴报[N].京话日报,1905-04-29.
⑥ 告我国人[N].京话日报,1904-12-29.

者根本不识字的底层民众而言,仍未解决"可达性"的问题,不少民众抱怨"可恨认的字不多,白话报还是看不下来"①"中国不识字的人太多,阅报贴报的用意虽好,可就苦了我那不识字的朋友了"②。面对文字造成的阅读障碍,知识分子和普通民众不约而同地选择以"讲报"济"文教"之穷,并将白话报作为主要的讲读文本。白话报不仅是视觉的,也是听觉的。白话报人在办报时就考虑到,以口语为主要信息交换方式的普通民众是口语思维,因此依据他们的语言习性③,格外强调"要办一种白话报,不但写在纸上的白话报,要办挂在嘴上的白话演说报"④,不仅语言力求通俗浅白,以短句断句,常用插入语、俚语和感叹句,还会通过放大字号、改换字体、附注"●""○""◎"等圈点符号,以及密点连排等方式,为文字注入声音和情感,从而在纸面上建立起一种听觉想象。作为天然的"讲报",白话报为视觉性"阅报"向听觉型"讲报"的转换,提供了基础和前提。

动态的"讲报"不同于静态的"默读",时刻受到周围环境的影响。街头作为城市网络的关键节点,是人流交汇的场所,过往行人在身份、年龄、职业、性别、文化程度等方面都有差异。他们带着不同目的,赶赴不同地点,却会出于共同的兴趣聚集在贴报旁,形成临时性的看报"群体"。因此不同文化程度的看报人反应各异,呈现出丰富的多样性,"有念念叨叨的,也有跟人打听的"⑤,"有自己看得懂的,有听人念念就明白的"⑥。在没有人发声时,每个人都可以按照自己的方式阅读和理解,但一人发声就会影响他人,影响范围与声量的高低成正比。因而经常看贴报的朱景酥提议,"凡过路的大君子,走在这贴报的地方,高高的声音,念上他一篇,随围着看的人,跟那瞎猜乱批评的人,明白明白,不识字的朋友,也可以痛快痛快"⑦。但街头的开放性决定了"讲报人"

---

① 小女孩不愿白吃饭[N].京话日报,1905-07-05.
② 朱景酥.要叫不识字的朋友明白[N].京话日报,1905-05-13.
③ 沃尔特·翁在《口语文化与书面文化》中提出了口语文化里语言表达有九大特性:(1)附加的而不是附属的;(2)聚合的而不是分析的;(3)冗余的或丰裕的;(4)保守的或传统的;(5)贴近人生世界的;(6)带有对抗色彩的;(7)移情的和参与式的;(8)衡稳状态的;(9)情景式的而不是抽象的。翁.口语文化与书面文化:语词的技术化[M].何道宽,译.北京:北京大学出版社,2008:27-37.
④ 彭翼仲.山西白话演说的祝词[N].京话日报,1905-07-23.
⑤ 李墨林[N].京话日报,1906-06-26.
⑥ 朱景酥.要叫不识字的朋友明白[N].京话日报,1905-05-13.
⑦ 朱景酥.要叫不识字的朋友明白[N].京话日报,1905-05-13.

的匿名性和随机性,无须指派,自愿充当,使得他们的观点(特别是谬误)会不加把关地传递给围观的民众。针对这种情况朱景酥曾忧虑道,"所最难的有一层,认字不多的人瞎猜乱批评。这样浅文理的报,还是常把报上的事看错,错了偏不认帐,必要假作聪明,跟人去说,今天有什么新闻了,姓张的帽子,给姓李的戴上,说的乱七八糟,你还不能跟他争理。贴报的好意思,岂不叫他给淹没了吗?"①。

街头人人可发声,除了"讲报人"外,其他看报人的闲谈和对话也作为一种"背景音"构成了"街头讲报"的一部分,其中不乏谬说歪理,却很容易对其他听报人造成干扰。做佣工的李墨林在看贴报时差点受到误导,"内中就有一个老人,向那少年说道:'咳呦,左不是一张洋报不咧,作什么占住了看他呀?就是看他一年半载,也不能够升官发财,碰巧了入了圈套,不定生出什么事来呀!走罢,走罢'"。李墨林乍听到这样的见解,差点信以为真,"走到跟前一看,字句很容易懂,从头到尾把报看完,反倒添了许多心事。报上说的话,全都是忠君爱国,合群保种的道理,就让登些各国新闻,也没有谄媚洋人的口气,为什么叫他洋报呢?"李墨林粗通文字,能够自己辨别,但对不识字只能靠他人讲报的听众来说,只能人云亦云了。街头本就容易滋生风言风语、传播飞短流长,行人在贴报旁听到的片言只语,不管事实是否准确、立意是否高明,常常会在街头巷尾成为闲聊时的谈资。

有识之士对这种不开化的"街头巷议"深恶痛绝。在东北城贴报的玮臣听到旁人讥诮围观"洋报"的百姓"真不开眼"时,"脊梁沟儿一发麻,心眼儿里一发酸,又掉下泪来了(原注:真冤枉)"②。还有宗室文谦如实还原了他听到的街边谈话,"不是说朝廷爱法,染了康党的余毒,就是说教育改良,学生全都学了洋人。无论事情小大,通通是洋鬼子的坏(原注:洋人太冤)。更有说现今的大老官,也听了新党的指使,八成儿都喝了外国药水儿拉罢。什么叫作变法?简直的是无法!可惜朝廷那些俸禄,没有一个想庚子以前的了,想来是小辫儿要长不稳罢。唉,可惜,啧啧!"看到凡是不符合旧观念的新事物都被歪曲,文谦不由地愤慨,"诸位听听这些话,都是人嘴里说的么?虽说巷议街谈,无关轻重。有民才能有国,要想国富,先得民强,百姓不能明白,风气从那里开通

---

① 朱景酥.要叫不识字的朋友明白[N].京话日报,1905-05-13.
② 玮臣.请看疯话[N].京话日报,1905-05-16.

的了?"①市井百姓主要以狭窄的地域为界限,依据熟人的耳闻目见构建对周遭世界的认知。报纸能够传递"新知",舒德森认为"很少有东西比新闻的发明及其每天的更新对现代文化更有典型和启发意义"②,但仅靠旁观者出于热心随机性地"念报",很难达到扭转观念的成效。为了在二者间建立沟通渠道,"讲员"替代文本成为最重要的中介。

"念书不如看书,看大书不如看小说,看小说不如看报,看报不如听讲报"③,"讲报"的价值为民众所普遍认可。但是讲报和日常说话不同,需要专业的技能和特殊的要求。以讲报为主业的"讲员"最早出现在讲报处。讲报处对"讲员"的文化素养、道德品性、声音形貌等都有一定要求。1905年4月医生卜广海考虑到"阅报、贴报专为识字的人预备,不识字人明白不了。要叫不识字的也明白,除非是用嘴说",将自己出租给茶馆的棚屋收回改建为北京第一个讲报处——会友讲报处,并以"热心爱国、口齿清晰"为标准,邀请了两位朋友义务充当讲员,专讲《京话日报》④。《新闻报》在《设讲报所》中也倡议,广泛设立讲报处"开通下流社会",并"延聘通儒采择浅近显豁有关于内政外交之事"⑤,有学识的"通儒"是对"讲员"的定位标准。在社会各界的倡议和推动下,很快第二讲报处、讲报说书处、灯市口讲报处、健锐营讲报处等讲报处纷纷成立,西城阅报社等阅报社也开始增加讲报活动。由于"讲员"不是任何人都能胜任,北京普遍出现了缺少讲员的状况,甚至多个阅报社会同时争抢一个讲员。如首善阅报处增加讲报功能后缺少讲员,请报馆登告白代为寻访,但"代访多日,能任此事者甚少。甘石桥王子贞处虽有几位,已为西城阅处请去,势难兼顾"⑥。在讲员紧缺的情况下,不少普通民众自发争当"讲员"。甘石桥泼街的水夫张健全,每天泼完了街就去尚友阅报处听讲报,晚上无事时会将白天听到的讲报重述一遍,据说"感动了许多人,有吊眼泪的,有拍桌子的,有咬牙切齿要说话说不出来的"⑦。《京话日报》的读者李建中每天看完报

---

① 文谦.变法[N].京话日报,1906-02-26.
② 舒德森.新闻的力量[M].刘艺娉,译.北京:华夏出版社,2011:48.
③ 皆窳.改戏[N].京话日报,1905-06-11.
④ 说书馆改了讲报处[N].京话日报,1905-05-09.
⑤ 设讲报所[N].新闻报,1905-11-09.
⑥ 西河沿首善阅报处延请讲员[N].京话日报,1905-07-15.
⑦ 水夫开化[N].京话日报,1905-07-17.

后就到公共场所讲报,"见了人的面,不管他是谁,打开话匣子,滔滔不断的没有完。说什么话呢?除了说《京话日报》,还不会说别的"①。为了避免再出现街头"念报"时胡乱解意的行为,《京话日报》馆不仅经常组织培训,"每逢星期,趁着各学堂休息的功夫,请大家聚在一处,练练演说的功课,并准外人听讲"②,彭翼仲还会反复叮嘱义务讲员,"既要讲报,千万不可节外生枝,自己以为口才好,说了许多闲篇儿","果能照着报上念,念得一字一板,到了筋节儿上头,加上点儿精神,必然能够动人"③。

"讲员"主要的讲报空间有两类:一类是室内空间,典型代表是讲报处、带讲报功能的阅报社或茶馆;一类是室外空间,以街头、市集为代表。在不同的空间中,即使"讲员"面对的是同一份白话报,也会有不同的表现形式。室内讲报,在空间、数量、时长等方面都有有限性。阅报社由于人力物力的资金投入,数量本就有限,讲报处因对讲员有刚需,开办难度更胜于阅报社,李斯颐在调查了清末十年间讲报处和阅报社的总数后统计出,二者数量之比约为 1∶4.23。④ 讲报处能容纳听众的人数有限,程丽红在《清末宣讲与演说研究》中统计,清末讲报处的常听人数为 20~50 人⑤。且讲报处每天讲报时间不长,第二讲报处"每日从一点钟起五点钟止,讲说《京话日报》"⑥,半日讲报说书处"每日由十钟起十二钟止,任人听闻"⑦。讲报处的讲报时间虽然固定,但每所讲报处又各有不同,要根据能够邀请到的讲员的空余时间安排,所以各讲报社还需在报上刊登准确的讲报时间,广而告之。如《识字义塾讲报处告白》宣称,"二□先生每日由晚六点钟起至八点钟止,在该处宣讲报章,尚望诸公惠临为盼"⑧。

相比之下,街道是"没有界线的","是一个包罗万象的巨型建筑物,是一个没有封闭点和终结点的开放场所"⑨,在人流的不断穿梭中街头讲报能够覆盖更多的听众,讲

---

① 李建中.迷信报纸[N].京话日报,1905-11-12.
② 彭翼仲.奉劝诸位讲报的先生(文末附注)[N].京话日报,1905-12-29.
③ 劝立讲报处[N].京话日报,1905-06-02.
④ 李斯颐.清末 10 年阅报讲报活动评析[J].新闻与传播研究,1990(2).
⑤ 程丽红.清末宣讲与演说研究[M].北京:社会科学文献出版社,2021:108.
⑥ 第二讲报处广告[N].京话日报,1905-05-31.
⑦ 半日讲报说书处告白[N].京话日报,1906-08-04.
⑧ 识字义塾讲报处告白[N].京话日报,1905-12-15.
⑨ 汪安民.身体、空间与后现代性[M].南京:江苏人民出版社,2015:152.

报机制也更为自由和灵活。因此有人倡议讲员根据人流量的变化沿街讲报,"坐在一个地方演讲,又不能人人去听,细想起来,仍然是个缺典","要变通办法,多讲几位热心人,在沿街各处,随时宣讲"①。且街头的言论监管更为宽松,讲报处、阅报社乃至茶馆,经常要经受官方的管制或者稽查。1906年2月工巡局为了防止各讲报处宗旨不正,经常以或明或暗的方式访查,北京众多讲报处和阅报社的社员虽然理解"出版言论集会,警察本应该干预,并不是工巡局无理取闹",但同时"很着急的了不得,想各报社创办都不容易,费尽一片苦心热血,才能办的这样。各报社的宗旨好坏,又没有细查过,万一有一处不慎重,招出麻烦来,必要连累全体,大家也得跟着吃□误。诸位同志,一年的热血,可就一日销灭了",因此在西城阅报社社员春治先的倡议下,预备借着新年团拜茶会的机会各社结成一个团体,以忠君爱国为宗旨,拟定一个章程共同遵守,并"呈递巡警部立案,请派员随时稽查"②。在应对官方的公共稽查外,为了规范讲员言行,1906年2月共19家北京阅报社和讲报处,根据讲员容易触犯的敏感问题,制定了十条禁令条款,"一不得说革命,二不得讥刺朝政,三不得排击宗教,四不得囿于迷信,五除去满汉界限,六不得语近谣惑,七不得谈论闲阎,八勿以言语骄人,九不得语言过激,十不得语近攻讦"③,对讲员从言语内容上加以规范。

街道是一种松弛自由的场所,而讲报社不仅要接受官方的稽查,还要遵守内部的章程和规约,因此很多具备讲报能力却又不愿意受到管制的热心人士,宁愿在街头对着来往行人讲报。王廷栋在《爱国讲报社问答》中记录了一段与一位临时性"讲员"的对话:"(问)你有长功夫讲报吗?(答)我在外边教书,那有长功夫讲报?我只要到家,必要把报演说一回,等待着放年学的时候,我要讲一正月。(问)你这报打算在那里讲呢?(答)热天就在大街上讲,冬天找处闲屋,随便就讲起来。"④对很多非职业"讲员"来说,想要在工作闲余做些开通社会风气的事,忙里偷闲上街讲报是最可行和便利的办法。而且,街头的"自由"是多重意义上的,不仅面对讲员,也面对听众。街道上的听众不一定全是文化程度低的文盲,还有那些头脑中存着"洋报"思想,根本不会走进阅

---

① 沿街讲报[N].京话日报,1905-12-13.
② 春治先.误解流言[N].京话日报,1906-02-04.
③ 北京阅报社规则[N].大公报,1906-02-10.
④ 王廷栋.爱国讲报社问答[N].京话日报,1906-06-14,1906-06-15.

报社和讲报处的顽夫和半残守旧的传统士人。讲报的声音可以无法阻挡地钻进街上过往行人的耳中,王廷栋在另一篇文章《想法子劝人看报》中提出,街头讲报可以破除一些人对报纸顽固的成见,"因此把报拿到街头,如此如彼演讲一番,人人听得入耳,连那不知时务的老先生、啬刻买卖人等,从先骂他洋报的,如今也知道真有益处,心想着看看报"①。化名"悔过齐"的读书人从所见所闻出发,也提出对高官显贵等不屑于看白话报的上层人士而言,只有"讲报"能够通过口耳相传的方式,让他们了解最新的时事,达到开化的效果,"凡是白话报,字眼儿深的老爷们,都不大喜欢看,总说是没有滋味。任你说破了嘴,莫指望上等人听得着。不如抱定了主意,还是跟下等人去说说罢。再往现在一想,自己给自己宽心丸吃,大人老爷们,看不见或才听得见"②。

"听得见"是街头讲报发挥出的最直接的社会功能。报纸来源于私信和交谈③,同时作为一种交往关系④,能够在沟通和共享中重塑交谈和观念。"破上一点功夫,把报上的要紧事,讲给妇女们听听。遇见亲友,谈谈更好。总别嫌麻烦,可也不必有枝添菜,从此一传十,十传百,百传千万,漫漫的风气大开,人心可就变好的"⑤,是北城日新阅报处的畅想,也是清末整体启蒙者的希望。当讲报声在街头巷尾传播时,不仅以"报议"替代"家长里短"改变了街谈巷议的内容,以"讲报""听报"和"谈报"等方式改变了街头的空间性质,同时又在口耳相传的二次传播中突破内城和外城的界限、阶级的区隔和文字的壁垒,用交谈的方式将整个城市连接为一个整体,并共享一种共识。据此管翼贤在《北京报纸小史》中评价道,"报纸虽少,而其精神则充溢于北京。……北京民智之开,政治日进于新,是时之报纸厥功甚伟"⑥。

三、街头唱报:曲调声里"醒世词"

街头在大部分时候都是喧嚣的。小商小贩的吆喝声是街道的背景音,每一种小买

---

① 王廷栋.想法子劝人看报[N].京话日报,1906-05-27.
② 悔过齐.总得开官智[N].京话日报,1905-05-25.
③ 塔尔德.传播与社会影响[M].何道宽,译.北京:中国人民大学出版社,2005:240.
④ 黄旦.报刊是一种交往关系:再谈报纸的"迷思"[J].安徽大学学报(哲学社会科学版),2012(6).
⑤ 北城日新阅报处开办演说[N].京话日报,1905-06-15.
⑥ 杨光辉.中国近代报刊发展概况[M].北京:新华出版社,1986:404.

卖都有其独特的叫卖方式。萧乾在《北京城杂忆》中回忆道,走街串巷的小贩在叫卖外,为招徕顾客会做出种种音响,如理发师手里发出金属声响的铁铉、布贩子摇晃的拨浪鼓、磨剪子师傅吹的长号,当它们发出声音时,居民们就能根据自己的经验,判断街上经过了什么商贩①。商贩们之所以和着简单的乐器,拉长调子吆喝,在于相比字正腔圆的说话,感性的"唱"更能吸引民众的兴趣。然而,市井间更具吸引力的"市声"是评书、大鼓书、莲花落、太平歌词、唱戏等街头说唱表演。《燕京岁时记》中详细记载了涌动在北京街头的丰富多样的说唱表演形态,"影戏借灯取影,哀怨异常,老妪听之多能下泪。八角鼓乃青衣数辈,或弄弦索,或歌唱打诨,最足解颐。什不闲有旦有丑而无生,所唱歌词别有腔调,低徊婉转,冶荡不堪,咸同以前颇重之,近亦如广陵散矣。子弟书音调沉穆,词亦高雅。杂耍把式即变戏法儿武技之类。像声即口技,能学百鸟音,并能作南腔北调,嬉笑怒骂,以一人而兼之,听之历历也"②。只要"咚咚咣咣"锣鼓声响起,民众就会自发从家里或者沿街的店铺中走出来,围聚在表演者旁叫好。

"夫声乐之入人也深,其化人也速"③。在言语活动中,"唱"比单纯的"说"更具感染力,"传唱"比"转述"更具普及性,报纸作为一种"感知型"知识④,更容易与感性的"唱"结合。知识分子为了进一步将白话报与普通民众的日常娱乐活动相结合,效仿街头说唱表演,雇用唱报人,依据报刊内容自编歌词,在街头唱报。虽然在说唱表演中,说书、弹词、戏曲等也具有教化作用,但结合街头的空间特性,"唱报"更为适宜。传统说唱活动的内容多取自志怪小说、民间爱情故事或以纲纪伦常等儒家思想为核心,"其曲词或从诸传奇拆出,或撰自名公巨卿,逮诸骚客,下至衢巷之语,市井之谣,靡不毕具,以征歌者,不尽文声"⑤。其中,北京评书的演出剧目多流传久远,情节重复,但听众百听不厌。叶圣陶从经典剧目出发评价其社会影响,"听书的人在书场里欣赏说书人的艺术,同时得到种种的人生经验:公子小姐的恋爱方式,吴用式的阴谋诡计,君师主义的社会观,因果报应的伦理观,江湖好汉的大块分金,大碗吃肉,超自然力的宰制

---

① 萧乾.北京城杂忆[M].北京:生活·读书·新知三联书店,2012:7-8.
② 富察敦崇.燕京岁时记[M].北京:北京古籍出版社,2001:94.
③ 荀子.荀子[M].北京:中华书局,2007:200.
④ 黄旦.报刊是一种交往关系:再谈报纸的"迷思"[J].安徽大学学报(哲学社会科学版),2012(6).
⑤ 颜自德,编.王廷绍,订.霓裳续谱[M].清乾隆六十年(1795)集贤堂刻本:序.

人间,无法抵抗"①。虽然其在一定程度上能够劝人从善、主持正义,但反复表演的陈腐内容,不具有开智的功效。

为此看重戏曲教化功能的知识分子对戏曲进行改良,《女子爱国》《惠兴女士传》等根据时事改编的剧目上演,引发了很好的社会反响。《大公报》总编英敛之在看到《惠兴女士传》引起兴女学的社会反响后,在《说北京新戏之速效》一文中感慨戏曲的感化作用,"凡人耳闻一事,虽然也能感悟,究竟不能时时挂在心上,还有疑惑传说不实的,皆因不曾目睹其形,身临其境。……等他登台演戏的时候,自然就把原来的喜怒悲欢形容出来。听戏的也就知道,爱国人的志向怎么苦,兴学的事情怎么难。……所以演戏,于风化的关系很大"②。戏曲虽然是启蒙的利器,却不及"唱报"便捷,新戏在上演前需要知识分子和曲艺界磨合新剧剧本、排演、宣传、租场地、搭台等一系列准备工作,表演时间、地点、场次固定。唱报人却可以在街头巷尾根据人流灵活地唱报,并根据报刊时事及时更新歌词内容。且唱报的节奏音律简单,并无固定的格律形式,传唱度更高。

北京街头最著名的唱报人是郭瑞,号云五。他本是一位教书先生,常在北京各街巷宣讲《圣谕广训》,因在庚子国难中家业被毁,成为贫民,每日穷困潦倒、怨愤难纾,就编了一些描述拳匪闯祸、社会不公和政府无能的歌谣,在街头卖唱。因他常借酒装疯、谩骂当局、歌哭于市,人送绰号"醉郭"。每次醉郭街头唱骂时,身边都会围满看热闹的民众。《京话日报》馆主彭翼仲从这种歌咏形式中受到启发,认为醉郭"所编的句子,合折压韵"③,将他聘为讲员,并请他把《京话日报》的内容编成通俗易懂的歌谣在街头说唱。自此醉郭"身着一领衣,前后各嵌圆形白布一块,前书'讲报人醉郭',后书'不是洋报,爱国保种'"④,在街头等人流密集处讲唱报纸。

"醉郭"在唱报的节奏韵律上效仿了"莲花落"。莲花落,俗称"乞儿歌",多由沿街行讨的乞丐即兴编唱,并用竹板等简单的乐器伴奏。演唱时把竹板夹在手上,运用手指和手腕的变化,发出轻重缓急不同的碰撞声以和歌词。《清稗类钞》记载,"乞丐截三

---

① 秦兆基.苏州文选[M].苏州:苏州大学出版社,1999:175.
② 英敛之.说北京新戏之效速[N].敝帚千金,1906-06-03.
③ 彭翼仲.山西白话演说报的祝词[N].京话日报,1905-07-24.
④ 醉郭讲报[N].大公报,1905-08-14(2).

寸竹为两,以绳贯其两端,指挼之作声,歌而和之,作乞怜及颂祷语,亦有演故事者,名之曰莲花落,亦曰莲花闹,然所陈率鄙诞俗媟不入耳之词也"①。莲花落虽然粗鄙,但在流传中日趋完善为太平歌词、数来宝等多种形式。唱报人借用了莲花落这种随口编唱、沿街表演的形式,并依据报纸时事对歌词进行编排。从醉郭编唱的《醒世词》的节选来看,"记得北京城流离之日,东三省蹂烂之时,六千多人沉黑龙江而同死。百万赤子,南北东西,妇女们受了无穷大辱,男子汉还道是天意无奇。现今时局危乎危,外则边疆未靖,内则国债支离。再不团合大体,我同胞振起无期。百折不回,一心要开通民智,尽心竭力,死而无欺"②。唱词的押韵尤为突出,两句一韵或四句一韵,多押句尾韵。里面的京调也影响着唱词的韵律美和顿挫美,体现出音乐节奏的多变性。原曲较长,整体叙事完整、情节紧张、跌宕起伏。可以想象醉郭打着竹板在街头唱报,会依据情节以不同的音调、语速吟唱,并灵活加入手势和表情,引得围观者常多达一两百人,出现"满市争听醉郭唱"③的盛状。

街道是一种情感释放的空间,会赋予"唱报"解放性的力量。同样以白话报作为文本的"唱报",与"讲报"最大的区别在于音乐的加入。当歌词融入音乐时,音乐就"吞没"了歌词,与其说听众是被歌词所吸引,不如说是被唱报人解读歌词后所想传达的情感所吸引。对着相同的歌词,不同唱报人会因情感差异带来不同的表演,听众也会在不同的触动中获得不同的感受,"唱曲之法,不但声之宜讲,而得曲之情尤为重。盖声者众曲之所尽同,而情绪一曲之所独异"④。正如醉郭在《醒世词》最开始兴起时,应是以冷静客观的语调在咏唱,"危难谁保国民险,火到眉尖尔不知。营巢垒穴,常为子孙计,病入膏肓犹胡思"。但到"东三省蹂烂之时,六千多人沉黑龙江而同死"时的音调会悲愤沉痛,结尾处的"百折不回,一心要开通民智,尽心竭力,死而无欺"又转为慷慨激昂的回旋和重复。

生活在街头的市井百姓多为不识字的文盲,处于沃尔特·翁所称的"原生口语表达"的世界,"听"是获取信息和理解信息的唯一方式。相比歌词,他们更关注音乐曲调

---

① 徐珂.清稗类钞:第十一册[M].北京:中华书局,2003:5494.
② 醉郭.醒世词[N].京话日报,1905-09-21.
③ 彭望苏.北京报界先声:20世纪之初的彭翼仲与《京话日报》[M].北京:商务印书馆,2013:133.
④ 徐大椿.乐府传声[M]//中国戏曲研究院.中国古典戏曲论著集成(七).北京:中国戏剧出版社,1980:173.

本身。因此对街头民众而言,"唱报"的情感表达,更具感化人心的功效。在 1905 年的抵制美货运动中,醉郭为集合民众力量支持运动,在街头传唱《吸烟》等抵制美货的歌谣,"孔雀牌,人顶球,车人丁字美孚油。林文烟,茂生皂,布纱色色多难料,多难料,且消停。待美废禁竟华工,华工百万死伤复生。故乡感动他乡情,感乡情,恩不了。华工共道华人好,黄金入手返中华,中华百姓多温饱"①。一个年仅 13 岁,名叫"大善"的小男孩,本来在街头以卖美国散烟为生,听了醉郭的唱报,"起誓不卖美国烟",甚至因此挨了父亲一顿打,街上的访员评议道,"办美国货的大商人,简直的不如小孩"②。

  唱报对不同身份背景的人而言,也有"乐音"和"噪音"的差别。"在家庭私领域之外的所有活动都有可能在街道上发生"③,街道不只是城市交谈的干线,也是政治游行、政治集会等公共事件经常爆发的场所。街头巡警和队兵对街头人群大范围集合常抱有警惕心理,他们将唱报视作街道拥堵的"罪魁祸首",并常会在唱报高潮时出现,打断醉郭兴致盎然的表演,二者对街道空间的争夺常在街头上演。1905 年 12 月 7 日,醉郭在西城区唱报,"又围了许多人听,队兵上前拦阻。他又不服,撒开了教训人,惹恼了队兵,把他送到协巡营。幸亏统领极明白,知道他的苦心,照前次一样,派人送回本馆"④。因醉郭已经多次和队兵发生冲突,报馆无奈和他约法四章,"不得酒后狂言、不得寻衅滋事、不得阻塞道路、不得言语激烈"。醉郭随即又把这件事编成歌谣《醉郭不醉》在街头表演,"现今变法自强,总要励精图治。你有你的责任,我有我的心志。你为防微杜渐,我为演说报纸。若说围绕多人,越多我越欢喜。京话报馆主人,再三谆谆诚谕。怕我酒后狂言,虑我寻外滋事。不许堵人门口,莫碍通衢要路。劝人总要平和,别任激烈性子。醉郭难然性直,也愿明人指示。喜人攻我之短,愿人言吾之非。若倚请报欺人,便是狗仗人势"⑤,收获了大量民众的支持和理解。

  在唱报以一种喜闻乐见的方式受到民众的喜爱和追捧的同时,大量白话报刊纷纷开设"歌谣"类栏目,如《杭州白话报》的"新歌谣"、《宁波白话报》的"歌谣"、《京话日报》

---

① 吸烟[N].京话日报,1905-08-19.
② 有志气的小孩[N].京话日报,1905-08-25.
③ 麦奎尔.地理媒介:网络化城市与公共空间的未来[M].潘霁,译.上海:复旦大学出版社,2019:28.
④ 协巡营保护醉郭[N].京话日报,1905-12-08.
⑤ 醉郭.醉郭不醉[N].京话日报,1905-12-12.

的"唱歌"、《吴郡白话报》的"歌谣"、《江苏白话报》的"唱歌"等。报纸上刊登的歌词能够为更多的唱报员提供歌词，使唱报不仅局限于醉郭一人、街头一地或北京一城。报纸的加入，使主要由街道构成的城市实体空间，变成实体空间和虚拟空间并存的状态。通过邮驿、电报等传播方式，报纸的精神又超出城市的地理界限，联动起各地读者，推动安德森说所的"想象的共同体"的形成。1906年起由《京话日报》首倡的"为国还债"的国民捐运动之所以能够调动社会各个阶层，成为晚清影响最大、参与人数最多的全民性捐款运动，就在于多种社会动员方式并用，大众媒介与城市网络结合，使读者（听众）通过认捐的方式在自我认同中成为"国民"。其中，"唱报"发挥了重要作用。"告我旗人，良心莫丧，结成团体，踊跃认捐。告我庶民，日用节俭，积□余资，替国认捐。告我绅士，竭力导劝，朝斯夕斯，不可惮烦。……告我外省，府县官员，仿照京师，□宜善劝"①等，以《国民乐捐歌》为代表的劝捐类歌谣，将旗人、庶民、士绅、富商、王公、高官以及外省百姓都容纳在内，无差别地视作捐款主体。据黑龙江省署木兰县知县辛天成致报馆的信可知，木兰县的百姓认捐很积极，州城里的学生还仿照报纸上的歌谣"做了许多的歌儿，唱儿白话儿，都是劝醒国民出钱还债的话，做得很不错"②。报馆收到来信后又将学生们新作的认捐歌发表在报纸上，成为构建"共同体"的一环。

四、与报纸的会遇："街头"新公共性的生成

　　街道是城市中最受瞩目和使用率最高的公共空间，是人与物、人与人多重网络的聚合之地。街道也不是互不关联的个体，而是在交叉汇聚中承担市民公共生活的连续体，共同参与组建了城市的连接之网、交往之网、意义之网和关系之网。如果说哈贝马斯的"公共领域"讨论的是一种社会和政治空间，本文基于"街头"考察的主要是城市中民众日常出行必然看见、途经和使用的实在的地理空间。研究普通民众如何在街头展开他们的公共交往，报纸进入街头后革新了哪些街道景观、促生了哪些城市新声、衍生了什么街头文化，这些又在潜移默化中对民众的日常生活产生了什么影响。

---

① 国民乐捐歌[N].京话日报，1905-09-21.
② 王辛.署巴彦州木兰县正堂王辛来函[N].京话日报，1906-05-25.

街道是普通民众的商业区和生活区,也是贩夫走卒的工作区,是出行的中介,也是闲谈娱乐的目的地。当街道作为公共空间和社会交往中心是相对平等的,同时也从躺在路边的乞丐、坐轿的士绅、巡逻的兵卒、游荡的小贩和闲聊的妇孺等街头群像中客观地展现着各阶级的差别。这些形形色色的行人,带着不同目的,以不同的方式、速度和观念"使用"着街道,并从陌生人中发展出一种公共交往的关系。西皮尔·克莱默尔认为,"一个'好的媒介'在使用时是隐匿不见的。……媒介通过自身的隐退,使某些事物得以呈现。唯有出现混乱和断裂时,使用者才会意识到媒介的物质性"[1]。当街道作为一种基础设施在发挥作用时,置身其中的行人很难察觉其本身的媒介特性。民众会习惯性地循着锣鼓声聚集在街头观看娱乐表演,左屋右舍的街邻以街道为纽带建立"邻里关系"并闲聊家常,货郎穿梭在街头巷尾吆喝叫卖着商品,小贩在街头空地上摆摊设点,行人在路上邂逅朋友或与陌生人自然而然地展开一段对话。这些公共交往的产生都是基于街道的媒介特性,却又不易被察觉。

白话报入驻街头,极大地增强了街道的"可见性"。报刊本身就是一种交往关系,但在进入具体时空前,主要作为"文本"依靠默读等抽象智力活动无差别地联结所有读者。但白话报进入街道后,结合街道"人流密集""言论自由"和"情感热烈"的特性,便衍生出"贴报""讲报"和"唱报"三种感官层次丰富的报纸形态,既调节了自身的形态,又改变了街头的空间面貌。街面上的景观可以影响行人的行进方式和速度,每日更新的贴报能够打破街边一成不变的静态景观,使墙壁成为一个展现新闻的动态窗口,吸引行人放慢脚步并且驻足观看。在步行人流中,一个人的驻足往往会相互吸引。行人可能先注意到的是扎堆儿看贴报的看客,然后才会注意到贴报。只有当行人因看报或看贴报的人而驻足时,围绕贴报展开的交谈才会由此展开。怀特在《城市:重新发现市中心》中发现,"停顿带来连续停顿。当一个人停下来看看他感兴趣的对象,那他更有可能对同一区域内的其他刺激做出反应"[2]。因此街边的商铺、茶馆等为招徕顾客,常常在店门口张贴报纸,或者欢迎热心人士在门口安放贴报牌,并义务保护贴报。当越来越多的贴报出现在街边,挤占并丰富了原本只由广告、幌子、招牌等装点的墙面和铺

---

[1] 克莱默尔.作为文化技术的媒介:从书写平面到数字接口[J].全球传媒学刊,2019(1).
[2] 怀特.城市:重新发现市中心[M].叶齐茂,倪晓晖,译.上海:上海译文出版社,2020:96.

面时,商业性的街道景观从只吸引目标顾客转向面向所有行人,变得更具共享性和公共性了。

街头巷尾的闲聊是不期而遇自然发生的,构成了民众日常生活的一部分。在讲员沿街讲报之前,街头是各种八卦谣言、奇闻逸事和家长里短汇聚和传播的源头。不同于西方陌生人聚集并交换信息的咖啡馆、酒馆,街头的交谈受限于普通民众的文化程度和活动范围,难辨真伪且偏于琐碎和日常。当这些街谈巷议又参与构筑民众的观念时,"民智"就难以开启。讲报入驻街头,是知识分子用民众耳目之外的"新知"革新"老生常谈"的有益尝试,并在国民捐等自发性群众运动中得到很好的校验和反馈。为了成为抽象的"国民",包括乞丐、妓女、车夫等在内的大量普通民众,自愿捐出血汗钱为国还债。

相比能够理性思考的私人空间,人来人往的街头往往是喧嚣的、感性的,说书、杂技、变戏法等视听型的街头娱乐活动更易吸引民众围观,小贩们为吸引买主也往往会配合铜锣、铃铛等工具,有节奏地进行叫卖。"门外忽来卖货郎,连铃鼓动响叮当"等竹枝词表明,在悠长的街巷中音调有时比语言更具传播力和辨识性。"唱报"是知识分子根据街头特点,模仿街头娱乐活动对报刊实践的进一步改良。旨在以饱含情感的音调激起听众的共鸣,通过共享一种情感引导民众理解他们耳目之外的"新闻",并在感同身受中转化为自身体会和日常认知,以"报议"替代"家常闲话"口口相传。在"开民智"的种种启蒙活动中,这种带有生活气息的报刊实践更具启发人心的效果,阅(听)报的感官体验能够衍生为感官经验,并改变民众固有的思维方式和行为方式,使其转变为"公众"。由此,在"贴报""讲报"和"唱报"对街头的再造中,一种新的"公共性"在街头生成。

重访张园：晚清上海公共生活的感官基础

○季凌霄

摘要：本文从感官的角度出发，重审近代上海张园的公共生活。张园采用西式公园的结构与空阔的尺度，配合这一时期引入的公园规划话语，解开了传统园林与游园者之间动态、触觉的身心关系，园林退居为"空"间，进而为展演各类新奇的人、事、物提供舞台。游园的异质性人群既作为观众，亦参与到此公共生活之中。这一过程倾向于强化视听感官，使之变得确切、直白与对象化。接着，本文将张园的感官状况置于更广泛的都市文化中来讨论。这一时期，马车、电影、报纸、照相等新兴媒介或娱乐方式塑造了一种"全景式"的感觉类型，以此为基础，经上述媒介中介与扩展的张园公共生活，亦呈现出不断流逝更新的变幻特质，以及一种不确定性。文章指出，园林空间、媒介之中介与表征方式、感官状况以及建立在此基础上的公共生活样态，呈现出相互联系的同构关系。而这些面向在晚清民初的张园中，是混杂与变动着的。在都市异质性人群中开展的张园公共生活之生动蓬勃与一闪而逝，也许均归因于此。

关键词：感官；公共生活；张园；"全景式"感觉；身体

一、引言

（一）晚清上海的城市园林与多重公共生活

沪上名园甚多，邑庙诸园之外，又有也是园，城外则如徐园，如张园，又有

---

* 本文为教育部人文社会科学重点研究基地重大项目"数字媒介视域下的晚清报纸与上海-江南现代城市共同体研究"（项目批准号：22JJD860001）的阶段性研究成果。

** 季凌霄，湖南大学新闻与传播学院副教授。

大花园、愚园。园地不同,园景亦异。①

本邑租界各花园,地址以张园为最大。该园在静安寺路,名味莼园,系锡山张叔和氏之别业。当光绪十年间,因张太夫人素性恬淡,最嗜花木,叔和氏为娱亲许,持筹银一万数千两,购买洋商地三十余亩,建老洋房于东北隅。后又辟民地二十余亩,遍栽花木,规模于是大启。园内有弹子房、点膳铺、抛球场、茶座、照相馆等。其最高大之洋房曰安垲地,中央平坦,四周有楼,上下可容千人,故凡开会演说,恒有赁此者。楼之东北隅,复架有望楼一,拾级而登,可纵览全沪风景。安垲地之西南,曰海天胜处,即现在之中国品物陈列所,幽雅宜人。东北隅有西式旅馆。南首有曲池一,板小桥三,池内荷花,红白掩映,池心有小屿,杂栽松竹。桥西垂杨,与四围杂树,摇曳生姿,颇饶画景。以是春秋佳日,士女如云,咸以此为游览地,盖沪上园林中巨擘也。②

自开埠至20世纪初,上海城市园林的地理景观发生了显著易变。沪城内,豫园、也是园尚存,露香园毁于兵燹。1868年,寓沪西人据外滩北端建成"公共花园"(外滩公园),是为西式公园引入上海之始。而在不断扩张的租界中,修筑了不少私人园墅,1880年代,包括张园、愚园、徐园(又一村)在内的华人私园纷纷对外开放,即所谓的"开放性私园"。与此同时,园林的内部景观和功能也越发多元。其中张园堪称特殊,它原是西商园地,经后来的园主张叔和扩建,呈现出"中西合璧"的风格。开放性私园除供人游赏,举行花会、灯会、戏曲演出、文人雅集等传统活动之外,还开始使用包括电灯在内的现代物质设施,并引入照相、电光影戏、烟火、魔术等新奇玩意。这一时期的开放性私园作为招徕游客的一种经营产业,是新兴的都市游乐场所。③

围绕多元异质的园林地景与游观活动而组织起来的城市公共生活亦呈现出多重样态。换言之,晚清时期上海诸园林凝聚了不同的公共意识与实践。首先,西人公园

---

① 高昌寒食生.心园小记[N].申报,1891-07-28.
② 上海之建筑(十):张园[M]//环球社编辑部.图画日报:第1册.上海:上海古籍出版社,1999:110.
③ 例如,熊月之称张园是"集花园、茶馆、饭店、书场、剧院、会堂、照相馆、展览馆、体育场、游乐场等多种功能于一体的公共场所"。参见:熊月之.张园:晚清上海一个公共空间研究[J].档案与史学,1996(6):31-42.引见35.

的设立,让沪人逐渐认识到"公园"这类场所在城市当中应扮演着某种重要角色,且其公共性在于向全体市民开放。西人公园一度限制华人进入的规定引发了激烈讨论,这无疑促进了对公园之公共性(开放性)的理解。① 有学者就认为,张园等私家园林"规模化地向公众开放",正是以西人公园为示范,并且受到限制华人入园这一禁令的刺激。② 而"公园"的新颖意涵,即关于公园功能的西方城市规划理念,亦逐渐被理解与接受。

事实上,私园开放并非近代才有的事。柯律格(Craig Clunas)在研究明代园林时发现,"那些有名的园林一般情况下是对外开放的……至少对那些给得起看门人小费的尊贵阶层是开放的。这种开放有着悠久的传统"③。晚清上海的情况,根据葛元煦的记载:邑庙区域有东西二园,东园"岁修为钱业承值,每届令节或兰花会方开园扉,任人游览";西园归邑庙,"园内竟设茗馆及各色店铺,竟成市集。凡山人墨客及江湖杂技,皆托足其中"。④ 实际上,东西二园所在的邑庙区域构成整个上海县城的公共生活中心,是进行节庆游观、迎神赛会、官方致祭、同业聚议等活动的场所。这里同样体现出一种"公共性",它指向社群的共同生活与情感依归。⑤

如前所述,开放性私园是上海重要的公共游乐场所。而其尤为研究者所瞩目,乃因这些园林还是近代历史上重要的言说空间。其中尤以张园为代表,在"以前的上海花园中则未之见"⑥。张园是清季上海举行集会演说、形成政治批判的场所,故而被认

---

① 例如,高昌寒食生(何桂笙)就对公家花园之"公"进行了质疑:"无论其为英为法为美为德,与夫一切泰西各国,兼及于东洋南洋诸国人,咸得以掉臂游行,亦不甚分其品类有所禁拒,洵不愧公家二字义。而独于华人则拒之,其意殆以地在中国,若听中国人入内,则来者必多,未免喧哗嘈杂,更恐蹂躏作践,故独示异于他国,而揆之公家之义究不免有所歉然?"见:高昌寒食生. 公家花园纳凉记[N]. 申报,1889-08-11.

② 叶中强. 游走于城市空间:晚清民初上海文人的公共交往[J]. 史林,2006(4):82-83.

③ 柯律格. 蕴秀之域:中国明代园林文化[M]. 孔涛,译. 郑州:河南大学出版社,2019:77.

④ 葛元煦. 沪游杂记[M]. 郑祖安,标点. 上海:上海古籍出版社,1989:4.

⑤ 有趣的是,这一"公共性"与近代上海西人公园作为社群纪念场所的"公共性"有遥相呼应之处。公园往往是寓沪西人寄托社群情感的场所,比如这些公园中常常举行西方音乐会。公园也用作集体记忆,例如法租界顾家宅公园(今复兴公园)竖立有环龙纪念碑,以纪念在上海做商业性飞行表演而坠机身亡的法国飞行家环龙(Rene Vallon,1880-1911)。参见:沈寂,史齐. 花园里的上海世界[M]. 上海:上海辞书出版社,2010.

⑥ 熊月之. 晚清上海私园开放与公共空间的拓展[J]. 学术月刊,1998(8):80.

为与哈贝马斯意义上的(Habermasian)"公共领域"(public sphere)范型若合符节。① 其兴起的缘由,很大程度上因它地处租界这一清政府力量控制薄弱的地带。② 然而, 晚清开放性私园作为"公共领域",其中亦存在着非理性、无秩序的一面,有效沟通常常 无法达成。梁启超在小说《新中国未来记》里,就描绘了喧闹无序的张园演说场景:

> 却是座中这些人……那坐得远一点儿的,却都是交头接耳,卿卿哝哝,把 那声浪搅得稀乱……他们那拍掌是很没有价值的,随便就拍起来。那坐得远 的人,只顾谈天,并没听讲。他听见前面的人拍掌,便都跟着拼命的乱拍,闹 到后来,差不多讲一句便拍一句,甚至一句还未讲完也拍起来,真个是虎啸龙 吟,山崩地裂。

对此,有论者分析,许多集议演说的听众亦是张园其他各类娱乐演出的参与者,"他们 很大程度上延续的是在传统的戏楼、茶园里听戏和听说书时的模式",而演说则属西方 传统,其中的听觉模式是舶来的③,即从听觉感官的角度出发,指出张园作为公共领域 同样蕴含着失败之处。

与这一看法不同,例如,熊月之认为"无意识、无目的来园自由走动、赏玩的游客" 恰恰是张园"公共空间形成的重要因素"。在成为言说的公共领域之前,张园首先是都

---

① 方平. 晚清上海的公共领域(1895—1911)[M]. 上海:上海人民出版社,2007. 其中(291 页)概括张园集议具有"公开性、开放性、高度的组织性、广泛的参与性以及鲜明的批判性"等特点。另外,孟悦注意到张园作为公共领域或批判性"边地"的兴起过程与西方的情况不同,前者反而伴随着中国"资产阶级"(bourgeoisie)的没落命运。见:MENG Y. Shanghai and the edges of empires[M]. Minneapolis: University of Minnesota Press, 2006.

② 前揭熊月之《晚清上海私园开放与公共空间的拓展》;《张园:晚清上海一个公共空间研究》,亦从占地面积、位置、中西风格、开放先后与费用等方面简单比较了张园与愚园、徐园等其他花园的不同之处;亦可见方平《晚清上海的公共领域(1895—1911)》。

③ 王今. 张园的演说:清末民初上海公共空间的听觉文化研究[J/OL]. 热风学术(网刊),2017(6):54. http://www.cul-studies.com/Uploads/image/20190319/20190319215215_29160.pdf. 前引《新中国未来记》中的内容亦引自王今此文,出自该小说第五回"奔丧阴船两观怪象,对病论药独契微言",载《新小说》1903 年 7 月 15 日第 7 期。

市异质性人群会聚与交往的场所,也是各种景观竞相陈列、不同人物展演自身的视觉空间。① 甚至张园演说亦有很大程度的表演性质。② 这里,张园又俨然是桑内特(Richard Sonnet)意义上的"公共领域"(public realm),即基于一种拟剧的视觉性,都市中不同背景的陌生人能够泰然相处,并开展积极的互动与交往③,不甚苛求彼此间语言的通达与共识的形成。概言之,对于张园到底是否称得上一成功的公共领域,以及它作为宽泛意义上的公共空间到底有何特质,存在着不同的阐释。分歧的关键在于:因具有重要政治功能而被标举的、围绕言说行动开展的公共生活,与其他向度的,特别是消闲的公共生活之间,是怎样的关系。从不同视角看来,后者一方面构成前者的基础,一方面又为之制造了障碍。

如何理解不同阐释之间的不一致之处?这里需指出的是,以带有规范意味的"公共领域"概念切近张园,已是一种后设的框架,它倾向于突出"严肃""进步"的言说,同时割裂并舍去了张园乃至彼时上海其他园林公共生活的其他(包括其他感官的)面向。前文已经展示了,围绕言说/听觉或视觉组织起来的公共生活并非各自为政,即使是同一种感官,亦蕴含着丰富的涉入环境的方式(例如有不同的听觉方式)。不同感官的特质与相互关系均影响着公共生活的质素。然而,哈贝马斯的"公共领域"概念本身是超越感官的,故此在理论上,公共领域才能依附于沙龙、报刊甚至互联网等具有不同感官偏向的媒介而存在。④ 若用这一概念衡量公共生活,则不免失之偏颇、有所遮蔽。

那么,如果不从(或不仅仅从)"公共领域"切入,又如何看待张园等近代上海园林的公共生活?如若尽量摒弃后设视角,将城市公共生活在本质上视为一个感官问题,即它是人们感知都市环境与他人,进而反应、采取行动或进行互动的方式,那么我们就可以提出以下问题:近代上海构造相异的园林各自以何种方式调配不同感官,进而组织了怎样的公共生活?变易中的园林地景与游观文化,体现出怎样的感觉方式与感官主体质素变化?可否由此(从感官的角度)来解释张园公共生活之活跃?它到底呈现

---

① 熊月之.张园:晚清上海一个公共空间研究[J].档案与史学,1996(6):31-42.
② 黄旦.报纸革命:1903年的《苏报》——媒介化政治的视角[J].新闻与传播研究,2016(6):22-45.
③ 桑内特.公共人的衰落[M].李继宏,译.上海:上海译文出版社,2008.
④ 例如,方平《晚清上海的公共领域(1895—1911)》对晚清上海公共领域的研究,涉及报刊、学会、社团、自律性交往场所(戏园、张园、私宅等)等不同形式。

出怎样的特点,在近代政治与文化变革背景中又意味着什么?其中,作为"感官延伸"[1]的各式新兴媒介扮演了什么角色?

(二)公共生活的感官基础

换言之,本文的重点并不是要检验某一场所是否能够称得上是(无论何种意义上的)"公共领域";而是要讨论晚清上海园林游观活动的身体与感官特质,以及在此基础上形成的、并为这一身体所体验着的公共生活是怎样的状况,进而说明这一时期公共生活及其感官基础处在何种变革之中。

这一思路,乃承益于桑内特对西方文明史上"肉体与石头"之关系以及其中扭结的感官权力的考察。城市空间形态凝聚了同一时期的话语与观念,在很大程度上限定了身体感觉的方式。而倚赖特定感官组织起来的公共生活,可能会具有某种内在困顿。[2] 反过来,罗德威(Paul Rodaway)从感官的角度出发,借用麦克卢汉(Marshall McLuhan)的术语,说明感官既是收集环境"信息"的媒介;同时,不同感官选择性地收集着环境信息,表达着对世界的独特看法,因此它们本身也是信息。[3] 感官以各自的方式给予着空间经验,使身体与城市相遇(encounter)。[4]

接下来,本文将按空间线索展开,重访晚清上海传统中式园林(包括文人雅园与大众游观的园林)、西式公园以及以张园为代表的开放性私园,考察其相异的造园理念、空间结构和游园习惯分别以何种方式调配不同的身体感官,并在此基础上组织起怎样的公共生活。我将说明,中国古典园林讲求身心与空间之间触觉的、动态的关系;而对于开放给大众的邑庙园林来说,触觉更是人们感知社群存在的直接方式。相形之下,晚清引入中国的西式公园及其理念却蕴含着拉开空间及触觉尺度的要求。[5] 中西园林在感官偏向上的差异实则指向不同的游观主体质素。以此为背景,文章将把讨论的

---

[1] 麦克卢汉.理解媒介[M].何道宽,译.南京:译林出版社,2011:33.
[2] 桑内特.肉体与石头:西方文明中的身体与城市[M].黄煜文,译.上海:上海译文出版社,2006.
[3] RODAWAY P. Sensuous geographies: body, sense, and place[M].Taylor & Francis e-Library, 2002:25-26.
[4] MONTSERRAT D M. Sensing cities: regenerating public life in barcelona and manchester[M]. Abingdon & New York: Routledge, 2008:41.
[5] 这里对中西园林之感官偏向进行概括,难以避免简单化的倾向(比如,未能将不同地域、不同历史时期、不同规模园林的差异考虑进来)。笔者意在以此为基础,呈现张园的感官实践相较两者有何沿承与变化。

重点放在张园上,其偏向西式的空间构造和高度奇观化的景观织造了独特的感官体验,这是公共交往在这里兴起的基础。最后,我将把张园的感官生活置于晚清上海各类新式媒介兴起的都市文化背景中来考察,对这一时期由媒介所改变的感官状况与所扩展的公共生活做出评价。

需做说明的是,这项工作依赖书写这些园林的文字材料,包括对园林景观与活动的记录、围绕园林功能展开的论说,以及基于园林景致的情思抒发。它们并非对现实的透明再现,而是蕴含着关于如何安置某种园林空间与身体的话语,或本身就是一种形诸文字的空间感官体验——完全还原身处某一园林之中的五感状况是不可能的,但时人留意并记录下某种感官感受,这本身就是感官体验与意识的双重结果。

二、"观"园:古典园林的空间与身心体验

晚明计成著《园冶》,被造园学家陈植称为就选园艺"从科学立论作出系统阐述"之"最著"①,不妨由此入手大略窥探中国古典园林的营造理念与空间特征。其《自序》提到作者为他人造园:

> 予曰:"此制不第宜掇石而高,且宜搜土而下,令乔木参差山腰,蟠根嵌石,宛若画意;依水而上,构亭台错落池面,篆壑飞廊,想出意外。"落成,公喜曰:"从进而出,计步仅四百,自得谓江南之胜,惟吾独收矣。"别有小筑,片山斗室,予胸中所蕴奇,亦觉发抒略尽,益复自喜。②

这里,作者剖析其造园手法,可呼应卷一《兴造论》中所概括的:"园林巧于'因'、'借'","'因'者:随基势之高下,体形之端正,碍木删桠,泉流石注,互相借资";"'借'者:园虽别内外,得景则无拘远近"③。作者讲求园林的深度与景致的错落,使之富于画意。这并非简单地将景物平铺置放于园林这一围合之中,而是使之仿佛"因地"生

---

① 计成.园冶[M].陈植,注释.杨伯超,校订.陈从周,校阅.北京:中国建筑工业出版社,1988:5.
② 计成.园冶[M].陈植,注释.杨伯超,校订.陈从周,校阅.北京:中国建筑工业出版社,1988:42.
③ 计成.园冶[M].陈植,注释.杨伯超,校订.陈从周,校阅.北京:中国建筑工业出版社,1988:47-48.

发,"虽由人作,宛自天开"①,且可借园外之景融入园中,这样做模糊与延展了园林的空间边界。园内外之空间与景物乃关联的、相互呼应的关系。正如郝大维(David L. Hall)与安乐哲(Roger T. Ames)从异文化视角所指出的:

> 中国园林中的空间……并非容器——物体在其中得到安排的围合物。它们也不是由物体的安排而构成的空间。物体——或确切说是"时间流"——比如园林中的石头,作为时空连续统一体中的要素,事实上使其周围的空间扩张,而给予园林世界其形状。②

关联、呼应、延展的空间特质,使得古典园林游观的感官体验富于动态与深度。陈从周在其"说园"系列文章中,用移动的电影镜头般的语言描绘了古典园林感官之"景":"小红桥外小红亭,小红亭畔,高柳万蝉声。""绿杨影里,海棠亭畔,红杏梢头。"这些词不但写出园景层次,有空间感和声感,同时高柳、杏梢又把人们的视线向外引去。

园外有景妙在"借",景外有景在于"时",花影、树影、云影、水影、风声、水声、鸟语、花香,无形之景,有形之景,交响成曲。所谓诗情画意盎然而生,与此有密切关系。③

这里,"景"并不仅指一种视觉的、如画般的存在,"景"同样有声感、触感,"声"又引导着"视"。也就是说,视景、声音、触景(在古典文学中,"触景"之"触"不仅是触摸,也涉及"看"等其他感官)融入园林景观的意趣,在于它们不断转换、同构、交融的关系,赋予园林以富于层次的"空间感"。听、视、触等各种感官在园林游赏中相互作用、无法分割,也即人是在动用全感官、全身心在"看"。在上述两段观园的描述中,即便是在"静观",身体未曾移动,身体仍然与园林相互交融,构成一种动态的空间关系,园景并非外在于人的。所看、所听、所触并非只是感官的物理对象,而是构成人寓居于园、人与园相遇的感官界面。

拿古典园林的声音景观与听觉活动来说(尽管它们并非可被从感官整体中单独分

---

① 计成.园冶[M].陈植,注释.杨伯超,校订.陈从周,校阅.北京:中国建筑工业出版社,1988:51.
② 郝大维,安乐哲.中国园林的宇宙论背景[M]//童明,董豫赣,葛明.园林与建筑.顾凯,译.北京:中国水利水电出版社,2009:166.
③ 陈从周.梓翁说园[M].北京:北京出版社,2003:3,6.

离出来的部分),陈从周特别谈到明清时,特别是明中叶以后,"昆曲盛行于江南,园与曲起了不可分割的关系……有时几乎曲境就是园境,而园境又同曲境"。他论及江南园林中的花厅与水阁,"都是兼作顾曲之所,如苏州怡园藕香榭,网师园濯缨水阁等,水殿风来,余音绕梁,隔院笙歌,侧耳倾听"[1]。《红楼梦》写贾母在缀锦阁宴请,命女伶在藕香榭演曲,"只听得箫管悠扬,笙笛并发。正值风清气爽之时,那乐声穿林度水而来,自然使人神怡心旷"[2]。乐声不讲求在眼前耳边直白地彰显,甚至亦不讲求清晰,而是经曲水的振动,又与拂风之触感交融,飘荡在园林之中。声音扩展了园林的空间层次。不是确切的音源发声,而是整座园林在发出声音,与听者互动。

  至于园林之动观,更强调人与园之间交互的身体关系。"江南园林的构造,核心在于视景的建构,它既类似于王齐翰的画屏山水,又不同于以平面状态对身体进行静态性的包裹。所谓的'侧看成峰,横看成岭,山回路转,竹径通幽,前后掩映,隐现无穷,借景对景,应接不暇……',就意味着观赏一片江南园林,需要在一种疏密有致、曲折尽致的动态过程中进行。"[3]这是一种人与园相互展开的关系性过程。它更接近触觉,是"渐进的双重过程"(twofold process),使"周围的环境变得有生命力,成为整体身体体验之有质感的部分"[4]。

  唯通过这种全身心的触感才能体验园林迂回错落的深度,故"片山斗室"可收"江南之胜"。这里,空间之"大""小"是辩证的。童寯引《浮生六记》说:"大中见小,小中见大;虚中有实,实中有虚;或藏或露,或浅或深,不仅在周迴曲折四字也。"[5]这种大小之辩还体现在,园林空间本身就蕴含着对自然及宇宙的模拟与想象。凿池为水,堆石为

---

[1] 陈从周.园林美与昆曲美[J].中文自修,2014(Z1):107.

[2] 曹雪芹,高鹗.红楼梦[M].北京:人民文学出版社,1982:565.见该书第四十一回"栊翠庵茶品梅花雪 怡红院劫遇母蝗虫"。

[3] 童明.文人营园的时空压缩:江南园林的范式与变型[M]//金野秋,王欣.乌有园(第三辑):观想与兴造.上海:同济大学出版社,2018:25.其中比较了五代画家黄筌和王齐翰的两幅《勘书图》,以及辋川别业之辋口庄与沧浪亭的图画遗存,指出了两种造园范式:一是"由自然山水所围合而成的一种乌托邦式的理想人境",二是"完全由人工构造的假想自然",后者以江南园林为代表。

[4] MONTSERRAT D M. Sensing cities: regenerating public life in barcelona and manchester[M]. Abingdon & New York: Routledge, 2008:42-43.

[5] 童寯.江南园林志[M].北京:中国工业出版社,1963:7.

山,是以巧妙的手法对空间进行压缩,是在模拟自然山水。① 即是说,园林空间常常超越实在具体,是延展抽象的。一个有趣的例子是,日本学者武田雅哉将"庭园学"与中国人对宇宙的构想联系起来,认为庭园中的"圆洞门",好比通往异质空间的通路,宇宙可被装在极"小"之所中,园林不啻另一个世界。②

园林也可以是存在于心间的理想寄托。晚清何桂笙将其"聊蔽风雨"的小筑命名为"心园",何氏写心园:

> 心园之胜,则惟已所独知。非量之隘而不容人窥,人实无由窥之。于其所独知之胜境而翛乎其间,而秘不告人,人有谓吾骄且吝者,请约略言之。心园,园地仅方寸,而园林诸景无一不具。其中有台,曰明镜台,与秦家照胆台相掩映。明镜本非台也,而人见以为台,则即就其意而谓之台,台之后有楼名曰岑楼,惟取材止于方寸之木而以七宝装成,可装可拆。或疑以拆下不成片段,不知各有所见,装之则成为一楼,拆之则又为无数之楼。大者见之谓之大,小者见之谓之小,盖即仁者见仁智者见智之意。楼之左为读书之斋,即以园名名之曰心斋。斋之前有亭翼然,亭左右并栽虚心之行,因名其亭曰虚亭。亭后有阁,四面轩敞,可以眺望。阁外植梅花数百本,以见天地之心,随以见心二字名其阁。坎地为池,曰天池。非徐青藤之天池也,青藤自号天池老人,昔年曾访其故居,见所谓天池者大不过三数尺,旁栽青藤,今天池涸矣,惟青藤独生意不绝。然彼之天池固有迹可寻也。心园中之天池则大之可以纳汪洋千顷之波,小之亦可以润砚田使无恶岁。池中种苦心之莲花,开时烂漫如锦,即至秋老花残,留得枯荷尚足以听雨声而添清兴。池内有舟,曰虚舟,终岁不系,任其漾乎中流,行乎自在焉。天池与明镜台适相对,中间止隔一菩提树,此树亦可大可小可屈可伸……③

---

① 童明.文人营园的时空压缩:江南园林的范式与变型[M]//金野秋,王欣.乌有园(第三辑):观想与兴造.上海:同济大学出版社,2018:20.
② 武田雅哉.构造另一个宇宙:中国人的时空思维[M].任钧华,译.北京:中华书局,2017.
③ 高昌寒食生.心园小记[N].申报,1891-07-28.

读毕,我们甚至疑惑,心园是否真正存在?抑或只是存在于"心"的一种假想?心园是一个极端的案例,但它提醒我们,对园林的空间体验还与园中人的心境有关。郝大维、安乐哲在谈到"中国园林的宇宙论背景"时特别提及,"中国人的'这一世界'是独特而无限的,而观者总是位于其中……主体总是自反地牵涉于他们组织世界的方式之中。说起这个世界,也就是说起他们自身"①。难怪计成反复提及"胸中蕴奇""胸有丘壑"②等语。

这意味着,古典园林的游观者是现象学意义上的主体。游园者的"观"园体验,既是身体与空间景观之间建立的动态关系,同时,其中亦包含着对于空间与自身的想象。园林游观是结合心灵与所有身体感官(特别经由触觉,或者说触觉与其他感官之间的转换)的实践。游观者身处园林之中,动用自身的文化积淀与心境体验,去观想随身体在园中穿巡而不断变动生成的景观。这里,借用倪梁康结合现象学与唯识学对"观"做出的阐释,"可以指对颜色、形状的观看,也可以指对声音、酸甜苦辣、香臭冷暖的观察",还是一种"意识的活动",是"精神意义上的看"。③

三、感受共在:邑庙东西园之游观

然而,这种"观"园方式到底属于文人雅趣,不尽然能为大众所共享。巫仁恕比较了明清时期苏州士大夫及文人与大众游观的不同趣味,前者青睐于"远离城市""一般人很难到达的"山水,且会"透过文字来塑造旅游景点"。④ 文人与大众游观之分殊可见一斑,两者所调用的感官方式亦有所不同。

晚清上海邑庙东西园作为大众游观场所,"竞设茗馆及各色店铺,竟成市集。凡山

---

① 郝大维,安乐哲.中国园林的宇宙论背景[M]//童明,董豫赣,葛明.园林与建筑.顾凯,译.北京:中国水利水电出版社,2009:166.
② 计成.园冶[M].陈植,注释.杨伯超,校订.陈从周,校阅.北京:中国建筑工业出版社,1988:42.
③ 倪梁康.观·物:唯识学与现象学的视角[M]//叶朗.观·物:哲学与艺术中的视觉问题.北京:北京大学出版社,2019:1.
④ 巫仁恕.从游观到旅游:16 至 20 世纪初苏州旅游活动与空间的变迁[M]//巫仁恕,康豹,林美莉.从城市看中国的现代性.台北:"中央研究院"近代史研究所,2010:130.

人墨客及江湖杂技,皆托足其中,迥非昔时布置,未免喧嗔嘈杂耳"①。每逢岁时节庆,游者更众。"城隍庙内园以及萃秀、点春诸胜处,每于朔望拔关纵人游览。正月初旬以来,重门洞启……上元之夕,罗绮成群,管弦如沸……远近亭台,灯火多于繁星。爆竹之声,累累如贯珠不绝,借以争奇角胜。"②前文已经提及,东西园作为上海县邑社群公共生活的中心,这种公共生活在感官上便体现为人与人之间直接"挨肩插足"的身体接触,以及共同制造与分享喧闹的声音景观(soundscape)与"人气蒸腾"的气味景观(smellscape)③,这种空间层面的感受,与共同的生活时间节奏相互交叠,又编织进同样的地方神祇信仰或传说,一并构成地方共同生活的感性方面。这种身体的接近、这种触觉甚至跨越了人鬼神的界域(或者说,三者均作为共同体的成员)。申茨(Alfred Schinz)指出:"城隍是整个地方单位的保护神……每当一位新任知县在一处新地方接管三年的任期,作为约定俗成,他必须在当地的城隍庙里度过第一个夜晚。在那里,他与城隍接触,以建立良好的合作。"④另一有趣的案例是,1874 年《申报》刊文倡议豫园添设栏杆,因"兵乱之后,相传有溺鬼,往往出迷行人"⑤。豫园中触觉的魅惑,甚至织造了共同的恐惧,需要将这种接触的引诱隔断。

需注意的是,无论通过触觉、嗅觉还是听觉感知共同体的存在,这种感觉是个体所无法抵御的:个体的声音无法盖过节庆的喧响,个体的声音、气味只能汇入共同体之中,更确切地说,通过拥挤、喧嚷等感官主动制造一种社群的共在感。⑥ 换言之,晚清上海邑庙园林空间及其感官难以支撑异质性人群的公共政治生活,无法使人们"既相

---

① 葛元煦. 沪游杂记[M]. 郑祖安,标点. 上海:上海古籍出版社,1989:4.
② 王韬. 瀛壖杂志[M]. 上海:上海古籍出版社,1989:12.
③ 徐园品兰记[N]. 申报,1887-04-04.
④ 申茨. 幻方:中国古代的城市[M]. 梅青,译. 吴志强,审. 何晓昕,干靓,校. 北京:中国建筑工业出版社,2008:430.
⑤ 劝添造豫园沿池栏杆事[N]. 申报,1874-07-31. 有趣的是,晚清在中国旅行的外国人亦记录了苏州有类似的关于"水鬼"的民间传说. 朗格,等. 上海故事[M]. 高俊,等译. 王敏,等校. 北京:生活·读书·新知三联书店,2017.
⑥ 季凌霄. 晚清上海的声音观念与声音景观:一种形成中的听觉感官文化[R]. 上海:复旦大学中国史博士后流动站,2018.

互联系又彼此分开"①；古典园林空间及其感官模式又缺失一种主体间性，即园林之"观"难以共享（例如，"心园之胜，则惟己所独知"），故无法作为公共生活的基础。作为新兴都市，晚清上海大规模异质性人群要在园林中开展公共生活，还需引入新的空间与感觉尺度。

四、拉开空间与触觉尺度：西人公园及其观念的引入

1868年，在公共租界工部局的主持下，外滩公园建成。这里栽植花木，施设座椅，装置煤气灯，并配有巡捕巡逻，此后还定期举办西式音乐会。公园成为西人社群在沪上的游憩之地。② 开埠50周年时，这里还是重要的庆典场所。

租界市政管理机构工部局在沪地一手推进的城市化进程（包括城市物质环境建设与城市管理措施的引入），在很大程度上乃仿照母国进行。③ 根据芒福德（Lewis Mumford）的城市史梳理，19世纪城市工业化造成的环境恶化反过来促进了对城市公共卫生的关切。这一时期，"让城市重新有新鲜的空气，清洁的水，绿色的开旷地和阳光，这已成了一个健全的规划的首要目标"，其中，公园扮演了"城市之肺"的角色。④ 桑内特亦指出，"在18世纪的巴黎与伦敦，计划者都把公园当成是都市之肺"⑤，其中蕴含着净化与流动的观念。他以19世纪建设的伦敦摄政公园为例，说明公园作为"完全净空的大型空间"，加上交通的隔离，将快速移动与"去稠密化"结合在一起。⑥ 在桑内特看来，这样的公园空间减少了停留、倾听与接触，拉开了人与人、人与空间之间的触觉尺度。此空间结构对应19世纪作为"个人主义的时代"：

---

① 这里借用了阿伦特（Hannah Arendt）的说法："作为共同世界的公共领域既把我们聚拢在一起，又防止我们倾倒在彼此身上。"阿伦特. 人的境况[M]. 王寅丽，译. 上海：上海人民出版社，2009：34.
② 罗苏文. 上海：一座近代都市的小传[M]. 上海：上海人民出版社，2009.
③ 张鹏. 都市形态的历史根基：上海公共租界市政发展与都市变迁研究[M]. 上海：同济大学出版社，2008.
④ 芒福德. 城市发展史：起源、演变和前景[M]. 宋俊岭，倪文彦，译. 北京：中国建筑工业出版社，2008：487-488.
⑤ 桑内特. 肉体与石头：西方文明中的身体与城市[M]. 黄煜文，译. 上海：上海译文出版社，2006：327.
⑥ 桑内特. 肉体与石头：西方文明中的身体与城市[M]. 黄煜文，译. 上海：上海译文出版社，2006：327-331.

19世纪城市规划的目标是创造一群能自由移动的个人,并且让那些有组织的团体在城市里移动时遭受挫折。个人的身体在都市空间移动时,逐渐与他所赖以移动的空间脱离,同时也与在同一空间的其他人群分离。①

有趣的是,19世纪晚期,张园"仿照西洋园林风格,以洋楼、草坪、鲜花、绿树、池水为筑园要素"。园主张叔和先在园内"建筑'海天胜处'等洋房,置亭台,设花圃,栽名树……浚通外水",1892年又建筑了"安垲第"大洋房,"楼分上下两层,开会可容千人"。② 有游者比较张园与同为海上名园的徐园,前者"以旷朗胜",后者则"以团簇胜"。③ 与张园这一西式园林空间在上海落成相配合,讨论它作为"城市之肺"的话语亦出现在当时的中文报纸中:

> 泰西繁盛之区地值极昂……故五都之市,列肆如云,其为楼也,必累叠至七八层,以占地狭故,不惮增高以为酌盈剂虚之计焉。拓地之不易也如此,而独治园则又务极其大。相传英都伦敦有所谓海泊者,即公家花园之称。其地面几及千亩,湘乡曾劼刚袭侯日记中谓其不惜地以筑园即指此也……且历所称为丽津泊者,虽曰少杀亦数百亩之广,可容千人万人,极之数万人,并无拥挤之患。然则泰西之园囿果若是其大乎?因考泰西治园之用意,乃为养生摄身起见,与中国游目骋怀之说似同而实不同。西人以为凡人居处一室之中,触目触鼻一切器物皆死气也,西人谓之炭气,无益有损,惟日日涉园,呼吸间领受生气,西人谓之养气,乃为养身之道。若山水若草木若花卉皆生气也,既领生气尤须开怀抱,夫大开怀抱,固非拓地极广极大不为功。中国人但以悦目为务,不察养身之理,往往计不及此。
>
> 惟此味莼一园,能深合乎西人治园之旨。园之东半隅本二十余亩,园之西半隅今又扩二十余亩,合之五十余亩。东西潴巨沼各一,东南有池,一小港则由西而南而东环绕四达,一筇可枕,临流赋诗,坐矶垂纶,无乎不可……故

---

① 桑内特.肉体与石头:西方文明中的身体与城市[M].黄煜文,译.上海:上海译文出版社,2006:325.
② 熊月之.张园:晚清上海一个公共空间研究[J].档案与史学,1996(6):32.
③ 西园游记[N].申报,1887-06-30.

出乎户外入乎室中莫不有蓬蓬勃勃之生气焉。生气即日触于耳目口鼻之中,遂流行于百骸之内,身体自然增健,病疾自然潜消。①

文中的"养气"即氧气,"炭气"即二氧化碳。作者袁祖志认为,园林不仅仅在于"悦目"而已,"园"之要旨应是"游豫养气",即让人能够呼吸到新鲜空气,能养生摄身。张园因其旷大而能够做到这一点。张园面积五十余亩,故有"蓬蓬勃勃之生气",它能纾解拥挤的触觉感受。袁氏此说实际大胆地指出了张园扩展的空间与人际尺度。这与中国传统园林之空间感极为不同。

20世纪初,"公园"作为"城市之肺"的话语进一步确立,"公园"成为文明国度所必需的一种设施:

今日之文明国其居处所在必莳种植物……以一方居住之人物吸养呼炭、而一方之植物常吸炭吐养,相抵换而足于用,则一方之空气常新鲜而不至有恶浊之患故。一望其国焉,葱葱郁郁然,若可称为世界之公园者,则必兴盛之国,而所谓文明之制度者,亦于此标其现象焉。②

作者认为,以此为标准,当时的中国远未达到"兴盛文明"的程度,其原因在于"我中国人者,生计之国民,非政治之国民,故以道路为无益于己事也者而不治焉,以树木为无益于己事也者而不植焉"③。言下之意,尚缺乏处理这类公共事务的机构或制度,仅靠私人力量则无以成事。公园作为"陶铸国民之性情风俗"的场所之一,应由政府来经营。④

而对于上海这样人口密集的都市来说,公园显得尤为重要:

公园吐陈腐,引新鲜,为一市之发育计也。人类栖息于空气之中,其所以

---

① 袁祖志. 味莼园续记[N]. 申报,1889-07-16.
② 观云. 中国兴亡一问题论[J]. 新民丛报,1902(30):23.
③ 观云. 中国兴亡一问题论[J]. 新民丛报,1902(30):23.
④ 日本育成会. 欧美公德美谈·公园及游贤场[J]. 新民丛报,1902(31):115-124.

奄奄一息者,赖有此耳。况人烟稠密,则空气为之搅乱;屋宇栉比,则空气为之障隔。故都市生活较之田园生活,尤不得不多设机关,以疏瀹而传导之。而公园之效用神矣。①

这篇论说同样指出,修建公园是现代市政改革事业的一部分。② 南市在地方自治过程中,屡次倡议修建公园。有益于民众身体健康的"公园",终于开始作为一种先进的现代事物呈现其面貌。这里,公园的"公共性",是针对同质的国民/市民而言的。公园在人口稠密的都市中,成为疏解着人与人之间距离的公共场所。

五、容纳与展演的混杂"空"间:张园公共生活的舞台

然而,张园却未能成为真正的"净空"空间。它在尺度与造景上效法西式园林,又有豫园市肆的热闹。孙宝瑄在日记中提到,安垲第建成之后,人"皆注意于安垲第,而旧园平芜千里处,往往阒寂无人。惟好足踏车者,辄游戏于平茵之上"③。表明张园既有大面积的净空空间,又有会聚人群与新奇景物的场所。这使得人们相遇,又不会"与在同一空间的其他人群分离"④,为公共生活的展开创造了条件。每当佳日,张园"士女如云"⑤,游者甚众。与豫园一样,其中景物亦让人"应接不暇"。以安垲第为中心,张园每日有戏曲、影戏、焰火等演出,亦有弹子房、抛球场、游艺车船等各种设施;还举办花会、赛珍会、博览会等各类展会活动。张园致力于罗致展示"奇观"(包括一系列现代化的事物),将其作为一种招徕游客的方式。张园较早就引入了电灯(1886)、照相机(1888),并设有"电气屋,陆续安装电灯、电灶、电扇、电铃等时髦的电器设施。最具魅力的是电叫子,一按即闻狮吼,声震屋宇,游人趋之若鹜"⑥。这些带来感官愉悦甚至

---

① 心禅.中国市政改革论[N].申报,1910-12-09.
② 心禅.中国市政改革论[N].申报,1910-12-09.
③ 孙宝瑄.忘山庐日记[M].上海:上海古籍出版社,1989:427.
④ 桑内特.肉体与石头:西方文明中的身体与城市[M].黄煜文,译.上海:上海译文出版社,2006:327.
⑤ 名园胜事[N].申报,1886-08-27.
⑥ 张伟.张园:清末民初上海的社会沙龙[M].上海:同济大学出版社,2013:38.

感官刺激的事物,实际上已经割断了与园林空间相互交融的关联,只是填充"园"这一围合"空"间的对象而已。①

换言之,张园采纳西式园林形制所带来的变化,在于切断了古典园林游观活动中人与空间的身体的动态关系,改变了人寓于园林之中的空间感。张园大尺度的结构将空间摊开、铺展,取消了疏密、隐现的空间层次,使得园林丧失了"移步换景"的动态趣味,切断了人与景的互动关系,园景退居到背景当中,空间更加成为一种客体化的物理"容器"或背景。园主又在其中展示一系列新奇的事物,它们并非"因借"而创成,而是与园林空间无密切关系的纯粹赏玩对象,并随时髦而更替,吸引着人们前来。

如果说高雅的、个体性的园林观想,其感受是难以分享的,这使得游园往往有自得之趣;而邑庙园林则通过不同感官塑造共在的、亲密的感觉,拉近社群距离。那么在张园中,景物与园林分离、人与园景之间密切的动态身心关系被割裂,人与景物之间是保持着距离的视听主体与对象的关系,这样的视听活动给予异质性人群的不同视角以一种公共性,即景物(下文会提到,这里的"景物"亦包括人与事件)作为共同的视听对象——正是由于园林拓展其尺度并后退为背景,张园才能够作为展演城市公共生活的舞台。②

晚清名妓是在张园等开放性私园展示自己的姿容、衣着服饰甚至情感关系的特殊公众人物,由此形成了一种以可见性(visibility)为核心的公共文化。③ 更重要的是,这种展示可能作为名妓解决问题的一种独特方式。时时关注名妓行止的《游戏报》所记:

> 今之妓女以斗狠为胜,以搏击为雄,以有口给为时髦,以善骂人为能事,

---

① 有趣的是,张园的多重功能有点类似 1880 年代日本兴建的各个新式公园。东京的上野公园是举办各种博览会的场所(分别见:东报汇录[N]. 申报,1882-10-08;东瀛揽胜[N]. 申报,1887-10-28),长崎公园则用于外交宴请,以及以祝祷日本天皇生日为名而举办击剑大会、烟火大会等(分别见:东瀛琐录[N]. 申报,1882-11-20;崎阳杂说[N]. 申报,1890-11-17.)。

② 值得注意的是,19、20 世纪之交,"舞台"本身也发生了变化。中国传统戏剧的舞台似乎与园林有类似之处,其以桌椅模拟更大的空间,舞台空间是抽象的,同样存在大小之辨。而到 19 世纪末特别是 20 世纪初,舞台向更宏大、更写实的方向发展,即强调让观众对戏剧情节发生的场景有更直观的感受。

③ 关于晚清以名妓为中心的公共文化,见:叶凯蒂. 上海·爱:名妓、知识分子和娱乐文化 1850—1910[M]. 杨可,译. 北京:生活·读书·新知三联书店,2014. 关于这一群体作为"公共人",及对其"可见性"的分析,见:季凌霄. 消闲公共性:从《游戏报》(1897—1901)到《大世界》(1917—1927)[D]. 上海:复旦大学,2016.

一言不合,攘臂相敂起,手帕深交,睚眦必报,非曰"俟某日借张园决一雌雄",即曰"某宵在愚园显一胜负"。期既定,分头□请所昵狎客及往来最昵之各姊妹,一若将临大敌预为戒备也者。而各客各妓之愿插身多事者,届期亦必连镳而往,凭轼而观,声势汹汹,一倡百和。①

又据孙玉声在《海上繁华梦》中的描绘,名妓在张园内打斗是一幕极具仪式性与表演性的场景:

只见许行云一部马车先到,与小大姐跳下车来,并不进内泡茶,在草地上兜了一个圈子。那些马夫见了,有几个吹唇为号,各自散伏开来。②

这场表演开始有明确的"提示"——在视觉上是"在草地上兜了一个圈子";在听觉方面,则是马夫"吹唇为号"。在斗狠过程中,两方相互辱骂,通过"倡和"而站队,是其重要的处理争端的方式——活跃的公共生活未必倚赖理性商谈。

在张园"上演"的公共生活还有集议与演说,它们同样极富表演性。比如1903年4月30日在安垲第的拒俄集议中,先是"蔡君民友登台演说开会大意,次马君君武演说,次诵《爱国歌》前二章。千人同声,音节甚壮。既而争先题名,中国万岁之声震屋壁"。后听闻东京学生集成义勇队,"遂偕来会诸君步出大草场,排成军队,向东一鞠躬,以表同情于留学生。操演既毕,列队而入,复入座"。③ 张园拒俄运动是近代史上具有重要意义的集会演说,这里我们可以看到,其仪式性比言论更加令人印象深刻,以至于当时的报纸详细描绘了这一场景,对演说内容则一笔带过。同时,以往融合于"意境"之中的园林声景与视景析出,分别成为吸引人们去听、去看,且要求人们听清、看清的外在对象。

---

① 论妓女夜游滋事当照流氓滋事同律惩办[N].游戏报,1899-08-17.
② 孙家振.海上繁华梦[M].南昌:江西人民出版社,1988:1074.另一则相关报道见:酷海余波[N].申报,1893-07-04.这起发生在张园的冲突有上百人参与,最后是由园主调停的。
③ 杨天石,王学庄.拒俄运动1901—1905[M].北京:中国社会科学出版社,1979:67.引文录自1903年5月1日之《苏报》。

难以想象这样的场景会发生在讲求"迂回曲折"的古典园林之中。张园正是作为尺度开阔的"空"间,才能够为上述一幕提供历史舞台。张园的西式布局将声音及视景从与人、与园缠扰不清的关系中解放出来,也就是说,声景、视景从作为融于园林景观之中的、对人与园林关系的感官构想,到与园林相分离(且听觉与视觉亦相互分离),成为直白地在园中铺陈、填充的东西。同时,张园又以种种"奇观"(公共人物与事件的展演本身亦作为"奇观")吸引人们观看甚至参与。如此,具有听与视等不同感官面向的政治集议才得以在其中上演并拥有其观众,晚清开放性私园才能够切入近代中国的政治、社会与文化变革进程。

六、"全景式"的感觉与消极的身体:媒介中介与扩展的公共生活

然而,作为张园公共生活基础的感官不能孤立地来看待,而应将其置于更广泛的都市文化中,它与晚清上海的新兴媒介(包括报纸、电影,以及上文提到的种种新奇事物)密切相系。这些新兴媒介共同形塑了这一时期的感官方式,进而在一定程度上决定了公共生活的状况。其中,印刷媒介还极大地扩展了张园的公共生活。

晚清时期,张园尚较僻远,"往来非车不可遂"[①],马车是到张园游玩的主要交通工具,更确切地说,张园是乘坐马车游览都市上海的一站[②]。"马车若专为游观而设",其中"大马路、四马路为最热闹之区,故马车尤为必经之地"。"坐马车者固不仅在马路绕圈也",亦可至愚园、张园玩乐,"日日无厌心"。[③] 马车驶至张园时,乘坐者可能已浏览过栽植行道树的宽阔马路,沿路的中西式建筑、海关钟楼、各式娱乐场所与报馆、来往的各色人群、煤气灯或电灯……新奇的城市街景随"马车飞驰"[④]而不断地后退与流逝,形成一种关于都市的视觉印象。"可视印象的增加,是现代进程特有的一个方面,这被齐美尔称为都市感知的发展。他将都市感知界定为一种'神经刺激的强化',这源

---

① 高昌寒食生. 荷丛留影小记[N]. 申报,1889-08-03.
② 叶凯蒂. 上海·爱:名妓、知识分子和娱乐文化 1850—1910[M]. 杨可,译. 北京:生活·读书·新知三联书店,2014.
③ 论示禁夜游事[N]. 申报,1896-07-16.
④ 谕禁夜游[N]. 申报,1898-06-20.

于快速而不断变化的外部和内部刺激'。"①这里借用了希弗尔布施(Wolfgang Schivelbusch)对铁道所带来的"全景式"感觉类型的分析。他还指出,百货公司同样"鼓励了"这种"全景式"的感觉方式:"一个物体吸引人的地方,不再包含其个体性(也就是其使用价值),而是源于所有商品聚集在这个门市部里所产生的整体性。大量异质性的商品,聚集在同一个屋顶下,按照一种概念排列,就产生了'对公众相当强烈的吸引力'。"②

这亦与零碎化、不断变化的电影③所带来的观看体验相似。《游戏报》记录了早期电影的观看经历:"座客既集,停灯开演",接着是不断映现的变幻的动态影像,"观者方目给不暇,一瞬而灭……几疑身入其中,无不眉为之飞、色为之舞。忽灯光一明,万象俱灭"④。有趣的是,彭丽君将早期电影的观看体验与园林游观、乘坐火车和购物的身体体验联系起来,认为它们都带来一种移动的视觉体验;不同之处在于,电影观看是一种"想象的运动"而非"身体运动"。⑤ 即是说,观看电影时,身体是静止的且与银幕保持距离,这是一种纯粹的视觉活动,与古典园林的游观体验还是不同,它解除了人与园景之间触觉的、观想的关系。在观看作为"奇观"的早期电影过程中,身体是凝滞不动的,视觉被深深吸引着。乘坐马车的身体亦属被动。张园发生过马车落入荷花池的事故,乘者只能等待他人援救,上岸后仍惊魂未定,以至"立足不牢","重复跌下"(见图1)。现代新奇事物在带来种种感官刺激的同时,亦使身体在震惊之余变得僵化。而消极的身体是无法主动靠近与接触他人的。

张园的公共生活(以及尤其为报纸所扩展的公共生活——或者更准确地说,张园的公共生活从一开始就是经报纸所中介与扩展的)亦呈现出不断变化与流逝的"全景式"特征。除了置入其中的时兴玩意儿不断更替,名妓们所展示的衣衫饰物以及集议所讨论的议题⑥亦快速变化。《新中国未来记》这样描绘张园的演说场景:"这边这三

---

① 希弗尔布施.铁道之旅:19世纪空间与时间的工业化[M].金毅,译.上海:上海人民出版社,2018:85.
② 希弗尔布施.铁道之旅:19世纪空间与时间的工业化[M].金毅,译.上海:上海人民出版社,2018:261-263.
③ MCQUIRE S. 媒介城市:媒介、建筑与都市空间[M].赵伟妏,译.台北:韦伯文化国际出版有限公司,2011:93.
④ 观美国影戏记[N].游戏报,1897-09-05.
⑤ 彭丽君.哈哈镜:中国视觉现代性[M].张春田,黄芷敏,译.上海:上海书店出版社,2013:199-202.
⑥ 熊月之.张园:晚清上海一个公共空间研究[J].档案与史学,1996(6):42.

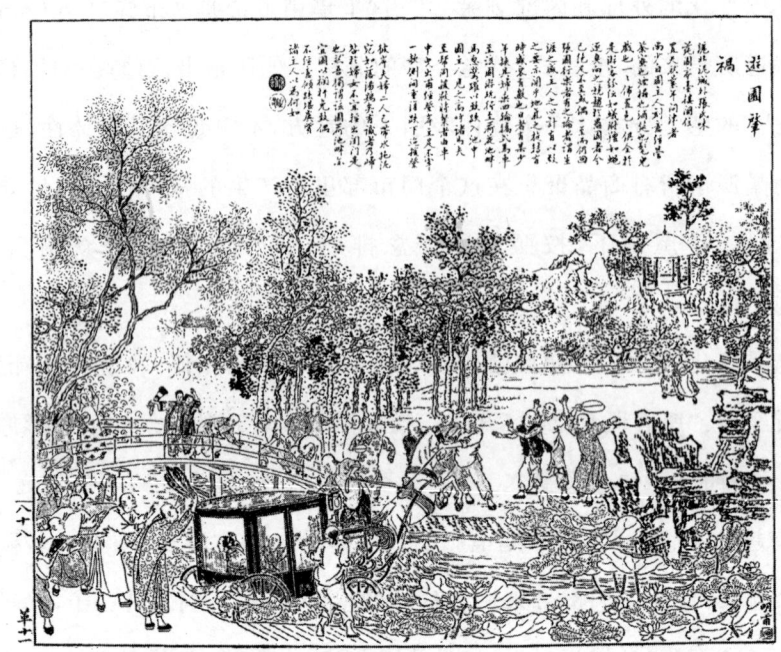

图 1 《游园肇祸》(《点石斋画报》,1893 年,革十一,八十八)

位一面讲,那边演坛上又已经换了两三个人了。通共计算演过的差不多有二十多位……看看已经五点多钟,那些人也渐渐地散去一大半,却是所议的事还没得一点子结果。"①演说者如走马灯一般上台演说,这可能致使集议难以聚焦。

关于张园的报纸书写亦呈现出"全景式"的特征。晚清《申报》报端存在着不同的关于张园的书写类型与意象。其中之一,是以诗文吟咏"味莼园"②,将之刻画为都市"桃源"③,"不问尘市,自有丘壑"④,是能够让人"洗涤俗尘"的所在⑤,也是雅客知己交游的乐

---

① 新中国未来记[J].新小说,1903(光绪二十九年)(7):45.
② 张园名"味莼园",典出《晋书·张翰传》,张翰"在仕途顺畅时,忽萌退意,一日托词见秋风起,思故乡菰菜、莼羹、鲈鱼脍,说是'人生贵得适志,何能羁官数千里以要名爵乎!'遂辞官归里。结果,恋于官位的同僚多在政争中丧生,他却因此而得以保全"。见:熊月之.张园:晚清上海一个公共空间研究[J].档案与史学,1996(6):32.《申报》刊登的不少诗文均点"味莼"二字,借这一典故来意指张园是一城市中的隐逸之所。
③ 见1885年7月16日《申报》所载诗作,署名为"七十二峰闲人品兰甫郑金"。
④ 味莼园记[N].申报,1885-11-07.
⑤ 见1885年8月20日《申报》所刊诗作,署名为"味馨室主人"。

园①,袁祖志甚至称味莼园让他想念起了小仓山②。这一意象符合文人对于古典园林的观想。然而,一旦这些诗文以报纸为媒介刊载出来,就已经意味着其所营造的那个理想的味莼园再也无法与外界的城市生活相分隔。跟吟咏味莼园的诗词并置报端的,是关于张园中发生的纠纷或犯罪行为的报道,以及各式演出或新奇玩意儿的广告。因此,报纸呈现出一幅张园的全景画,涵括了理想化的与城市世俗的、传统的与现代的、有序的与失序的、封闭的与开放的多种面向,折射出张园作为城市公共生活空间的混杂性。报纸在相似的位置,以相似的书写框架表现张园,在这种重复的基础上,具体内容又随时更新。关于张园的媒介全景是由快速更迭、不断变化着的碎裂片断拼缀而成的。

由报纸所中介扩展的政治生活同样呈现出瞬逝而不确定的特征。孙宝瑄在1901年二月五日(农历)的日记中详细记录了一次张园拒俄集议盛况,包括自己演说的内容,并写道:"以下所演,即会中同人所拟宗旨,已登报矣,不赘录也。"此事还有后续。"七日……仍至《中国报》馆,因报纸妄载前日味莼园集议事,以余为主席,余不敢当,因令报馆更正之。"二十七日,孙又记:"张园拒俄一事,余首登台演说。翼日,报纸腾布,谓是日余为主座。余乃急奔日报馆,令亟更正。"③集议事件之后孙的窘迫,也许在于实体空间中以随即消散的口语形式而表达的观点,无法被可靠地把捉。从中我们亦可看到,孙以一种确定性来要求报纸记录。其日记透露,孙对不务实而仅"立言"的革新派并无好感。但报纸给出的并不是牢固的,而是不断流变与更迭的碎片化知识。

报纸介入的公共生活依赖一种"无接触的视觉",无法亲临现场的读者通过阅读来了解发生的事件。但这并不意味着报纸报道仅是一种"事后"描绘,报纸快速、追逐新奇的生产方式亦可能改变园林公共生活的开展方式。让我们比较《点石斋画报》刊载的《徐园采菊图》(图2)与《神州女报》的愚园开会留影照片(图3)。

---

① 19世纪末,张叔和以园会友,围绕味莼园,聚集起不同的文人交往团体。园林既是交往的场所,也是他们相互酬唱吟咏的对象。仓山旧主(袁祖志)、高昌寒食生(何桂笙)、童鸥居士(李士棻)、南湖外史(杨伯润)、钱昕伯、蔡尔康等人常常在《申报》上刊登诗文往来。

② 仓山旧主.谷雨前一日同人饮于张氏味莼园芋老首倡二律依韵率和乞正并乞诸大吟坛同正[N].申报,1885-04-24.位于南京小仓山的随园,清康熙年间曾是江宁织造曹寅的家族园林,后成为袁枚的私人园林。

③ 孙宝瑄.忘山庐日记[M].上海:上海古籍出版社,1989:316-317.

图2　徐园采菊图(《点石斋画报》,1888年,辰三,十三)

图3　中美英睦谊会庆贺美国承认民国大会之摄影(在静安寺路愚园)(《神州女报》,1913年5月,第3期)

《徐园采菊图》是一幅"照相般的"石印图画。已有学者提请我们注意这一时期以

《点石斋画报》为首的石印绘画的"写实主义欲望"。① 《采菊图》的写实主义体现在以图画还原在徐园发生过的真实场景,并试图确认画中每一位在场者的身份:

> 十月十七日,徐园主人以持螯见招。酒阑,出采菊图,索题。图中席地坐者即园主人,余则未尽识,荆主人一一指示,归而忘其六人。其间修髯似雪作道士装倚杖而立者为日本诗人岸君吟香,其侧立于岸君后者为高昌寒食生,登晚宜亭凭阑闲眺者则徐郎介玉也。

值得注意的是,在这样一幅写实图像里,画面正中最前方有一棵高大的树将画中所有主要人物阻挡在中景之中,他们并排站在一起,却被崚嶒的竹石穿插、遮掩,且这些人物之间也有眼光的交互流转。画面后方的"晚宜亭"中,"徐郎介玉"遥遥支颐看着风景与这些人物,又或者正观想着这座园林。从而,《徐园采菊图》试图呈现具有不同空间层次的、以"团簇"著称的徐园,并以目光赋予整幅图画以一种动态感。②

相形之下,愚园在开会留影当中仅充当着背景、事件发生的场所而已。自1880年代末开始,照相技术被引入张、愚、徐等开放性私园中,作为一项新奇的娱悦游客的玩意儿在园中存在。《图画日报》有记:"青楼中人,喜至张园摄影,取其风景优胜,足以贻寄情人。"③愚园的摄影者向人介绍其拍摄的照片,"此某录事也,某都知也,某某色最佳,为后起之秀,某某年华老大,未厌风尘,尚能识认否?"④重在言其人而已,与愚园本身无甚关系。摄影将园景变作永恒的背景,其功能在于为人物"志一时鸿爪"⑤。这里,我们再次看到园林公共生活之感官基础的转变,如前一节所论述的,人与园之间的

---

① 彭丽君.哈哈镜:中国视觉现代性[M].张春田,黄芷敏,译.上海:上海书店出版社,2013:35.
② 最近的研究指出,《徐园采菊图》可能确由画师根据照片画成,由此便可解释,为何此图一反《点石斋画报》常例,取中景且注重对环境细节的再现。此研究同样指出:"在空间构图上,显然画师做了改变加工,亭上男子不太可能是照片上的真实位置……通过放大亭子和人物,使其获得了清晰的表现。"因此,这幅石印画报图像并不仅是对照片简单、忠实的临摹而已。见:唐宏峰.透明:中国视觉现代性(1872—1911)[M].北京:生活·读书·新知三联书店,2022:112-115.
③ 上海社会之现象:妓女在张园拍照之高兴[M].环球社编辑部.图画日报:第3册.上海:上海古籍出版社,1999:571.
④ 愚园照相记[N].申报,1890-08-15.
⑤ 愚园照相记[N].申报,1890-08-15.

身心、触觉关系被解开,园林退居为容纳式的背景,而这一过程亦与介入其间的媒介(这里是照相)有关。

值得玩味的是,石印画报可以被辑录成不具时效性的图书①,它的社会生命节奏远比报纸长久、缓慢。同时,画作由画家手绘,一定程度上亦体现出其作为主体对园林的观想,它的生产速度不及摄影。与此不同,照片作为一种瞬时成像的、"中立"的媒介技术,也许更适用于生产节奏更为快速、求新求异的时事报刊。在照片摄下的一刻,园林中公共生活的形态被定格下来——同质的全体参与者排列于园林背景中面向镜头,彼此靠近而无互动,身体处于消极的状态。从中我们看到,园林空间、媒介之中介与表征方式、感官状况以及建立在此基础上的公共生活样态,呈现出相互联系的同构关系。

七、结语

近代包括张园在内的开放性私园,在空间及介入其中的物质媒介、报刊表征与话语、感官与公共生活状况方面,均处于混杂与变动之中。张园构造采用中西融合的风格,园内既引入了各类新式器物玩意儿与娱乐方式,亦进行传统的戏曲演出。报纸一方面以诗词将张园构想为古典园林;另一方面又引入西方公园的话语来规定张园;还以报道、广告等文类,以石印图像、照片等新技术再现张园。张园的公共生活尤以视觉为中心——看时髦的人、新颖的物、仪式般的事件;亦倚赖声音与听觉——听演说,听戏曲。至于张园中围绕言说展开的政治生活以及报刊对它的描绘,其中亦存在不同视角、不同的身体感觉。例如,前述1903年4月30日安垲第的拒俄集议②中,既有涉入集议仪式的动情的、积极的身体,它被集体性的情绪、声音与氛围所裹挟;亦有记录这一场景的报纸视角,它代表着一种远观的、无接触的视觉。而《新中国未来记》所描绘的张园演说场景中,既有无序的,以言说、拍掌、笑闹等声音相互接近的异质性人群;也存在希冀听众"肃静无哗"、所议之事有所结果③的"理性"角度——它要求摒弃"噪声"

---

① 点石斋画报大全出书广告[N]. 申报,1910-12-27.
② 杨天石,王学庄. 拒俄运动1901—1905[M]. 北京:中国社会科学出版社,1979:67.引文录自1903年5月1日之《苏报》.
③ 新中国未来记[J]. 新小说,1903(光绪二十九年)(7):43,45.

("噪声"意味着一种有热度的涉入)、限定听者的身体。尽管张园引入了阔大尺度与净空空间,并有西式公园的话语作为其支撑,但游园者却远非西方公园中相互分离的主体,私以为更像是以一种积极的触觉(这与邑庙园林共同生活的感官基础有通融之处)去接近媒介化的都市环境与异质性人群。但无论如何,这一时期,与种种话语相联系的、由空间与媒介所塑造的不同身体感觉以及建立在此基础上的张园公共生活,均是在园林退居为舞台背景、解开园与人之身心的触觉关系后才能发生。不同感官愈益分离,一种"全景式"的、瞬逝而不断流变的感觉(尤其是视觉)印象正在形成。变革的一步已然迈出。

　　进入民国之后,张园等开放性私园逐渐开始衰落,它为1910年代后期兴起的游戏场以及1920—1930年代盛行的电影院所替代。[①] 相较张园,这些专门化的娱乐场所缩减了空间尺度或者说增加了娱乐对象的密度,以一种更为理性的方式吸引、占据与管理分离的感官(特别是视听感官)。而这一时期着手进行改良并切入政治的戏院,亦建立在此种感官方式的基础上。与此同时,开始制度化的政治生活则越来越强调理性的言说与听觉,以及读报这种无接触的视觉。公共生活的主体及其感官分化了,异质性人群的触觉欲望进一步被削弱,使其越来越成为相互分离的个体。上述感官特质其实在张园中已初露端倪。这样看来,张园的公共生活显得尤为独特:它是在都市异质性人群中开展的一种活跃的甚至带有狂欢意味的、随意甚至散漫的、组织较为松散的公共生活。其展开也许恰恰得益于上述混杂性。张园的公共生活在流变与过渡中一闪而逝,格外耀目。熊月之指出:"张园这样的公共空间的形成,并不是从中国社会中自然生发出来的,不是中国园林或戏院、茶馆之类活动场所自然发展的结果,也不是直接从西方照搬过来的。"张园调动了"传统文化与西方文化的有关资源"[②]。本文尝试从感官的角度对张园作为公共空间做出阐释。对照它,也许亦能为反思今日之公共生活如何开展提供一个参考点。

---

① 楼嘉军.上海城市娱乐研究 1930—1939[M].上海:文汇出版社,2008.
② 熊月之.张园:晚清上海一个公共空间研究[J].档案与史学,1996(6):41-42.

观众的诞生:早期上海电影"白话现代主义"中的全球都市性*

◎孙 藜**

摘要:"电影观众"在都市空间、观影实践以及公共话语中的诞生,是早期上海电影都市语境下的电影观看、集体感知和观众话语的典型体现,其构型演化的过程有着挥之不去的"全球都市"底色。具体来说,早期电影在上海的出现与演变,与电影技术、工业以及都市消费的全球扩散相因应。本文从视觉媒介"白话现代主义"的角度审视这一过程,一方面揭示围绕上海电影观众而生的都市空间重构、两种"文明"话语规训与社会行为训练,另一方面在本土情境下呈现"流动"与"混杂"兼具的全球都市性,如何借由"白话"影像成为都市人群日常观看进而作为视觉政治建构无法回避的感知环境。

关键词:上海早期电影;全球都市;白话现代主义;电影观众

一、全球"白话"与上海电影观众的诞生

在全球城市崛起、中国城市现代性的语境中,早期上海无声电影如何中介、形塑集体感知?在媒介研究、空间理论以及艺术文化史等领域的学术脉络中,这一问题呼应着后现代思潮兴起而激发的对现代性更为复杂的理解,特别贯穿了对由"理性"与"进

---

* 本文系教育部人文社会科学重点研究基地重大项目"数字媒介视域下的晚清报纸与上海-江南现代城市共同体研究"(项目编号:22JJD860001))的阶段性研究成果。

** 孙藜,上海大学新闻传播学院教授,复旦大学信息与传播研究中心研究员。

步"所保证的某种目的论历史书写方式的反思①。就当代电影研究而言,已有不少学者上接本雅明(Walter Benjamin)和克拉考尔(Siegfried Kracauer),对这一路径做出了新的探索。例如美国学者汤姆·冈宁(Tom Gunning)提出的"吸引力电影"(the cinema of attractions)概念,在某种意义上颠覆了以"叙事电影"为中心的电影史理解方式,催生了对早期电影的新挖掘②;米莲姆·汉森(Miriam Hansen)则提出了"白话现代主义"(vernacular modernism)的概念,并通过对上海无声电影的再阐释,使之成为重新想象中国电影文化和城市现代性关系的重要理论资源③。

本文接续这一路径,尝试考察全球都市性是如何嵌入上海电影的"白话"影像之中的。具体地说,认同将"现代性"理解为"打破了高等文化和低等文化、视觉和文字、艺术和政治之间的严格界限,彼此相互作用的白话体验(与白话文运动相关但不重合)组成的结构体"④,也同意米莲姆·汉森所主张的,"白话现代主义"可以遵循本雅明的启迪,将由艺术经院化和精英知识分子所框限的对现代主义及其美学的狭窄理解,"扩展到人类认知和感知的整个领域,属于感知史及不断变化的感知体制的一部分";作为其体现,无论是好莱坞还是上海无声电影,都为"大众观众提供了一个现代化及其现代性体验的感知反应场(sensory reflexive horizon)","个人体验得到表达,并在公共场所为他人,包括陌生人所认同",这个公共空间"牵涉到感官的即时性和情感的直接效应"⑤。

---

① 中国大陆的电影史研究,基本上共享一个支配性的线性进化视角,即鲜明地以"叙事电影"作为电影演进的成熟形式。一方面,从类型演变上看,"最初由戏曲片开其端,继之而起的是纪录片和故事短片,最后以一批长故事片完成为终点,构成了早期电影创作发展的整个过程",电影自身的历史演化,也就是"电影摆脱仅仅是一种新奇玩意儿的尴尬处境而成为一门现代艺术"的过程。另一方面,从叙事的成熟程度上看,首先是以《阎瑞生》《海誓》《红粉骷髅》三部长故事片为标志,中国电影结束了其"萌芽阶段",之后经由社会片、伦理片乃至古装武侠片的探索实践,最终在20世纪三四十年代达到了叙事上的娴熟以及"思想性与艺术性"更好的结合,这意味着中国电影走向了成熟。
② 冈宁.吸引力电影:早期电影及其观众与先锋派[J].范倍,译.电影艺术,2009(2):61-65.
③ 汉森.堕落女性,冉升明星,新的视野:试论作为白话现代主义的上海无声电影[J].包卫红,译.当代电影,2004(1):44-51.
④ 张真.《银幕艳史》:女明星作为中国早期电影文化的现代性体现[J].上海大学学报(社会科学版),2006(1):68.
⑤ 汉森.堕落女性,冉升明星,新的视野:试论作为白话现代主义的上海无声电影[J].包卫红,译.当代电影,2004(1):44.

正是此处牵涉的"大众观众""公共场所""感官的即时性和情感的直接效应",特别是"白话"(vernacular)这一概念本身所包含的"方言""地方""本国"意味,促使本文从空间与感知关系的角度提出如下问题:在全球城市兴起之际,如果说好莱坞或上海电影都以全球共通的"白话"影像中介着不同的地方感知,那么,这种流动着的"看电影"实践和"观影体验",还夹杂着怎样特定的"地方"经验,所谓"全球"与"本土"在城市集体经验的建构过程中展示出了何种交织?假若电影创造了第一个真正意义上的"大众受众"(mass audience)[①],作为"无结构群体",观众或潜在观众会"随着每次的观影体验不断地构成、被消解和被重构"[②],那么,首要的问题便是:上海电影观众是如何诞生的?这个所谓"大众受众"是如何在历史情境下自我想象或被命名的?在"构成""消解"及"重构"的过程中,观看的物理空间便是其着眼点。由此,从上海早期观影的茶园戏院到专门影院的兴起,物理结构相对固定的"场所"之变与"无结构"群体的流动观看体验之间,存在着何种相互嵌入的重构关系?这种关联又是如何在各种话语网络中得到定义的?

从上述问题出发,本文所使用的"观众的诞生"这一表述,具有双重意义——它既是在物理观影空间中的某种社会实体的出现,也在各种话语中得到命名。同时,因应影院和话语的变化,"诞生"也是一个持续重塑的过程。即使有某些基本形态的绵延,也只是基于理解意义上的电影特定感知方式与都市化生活方式。从现代社会感知与想象方式的角度,"观众的诞生"可以参照本尼迪克特·安德森(Benedict Anderson)"想象的共同体"这一概念。陈建华关于中国早期电影的研究就涉及这一关切,"'想象共同体'是否能和电影分开?"这关涉上海电影都市性的复杂语境:"在上海的半殖民地的特殊环境里,电影所引起的国族想象又怎样卷入五方杂处的复杂性?"他对米莲姆·汉森的研究呼应认为,"如果深入探究具体的'感知'方式,可发现这种'白话现代主义'常常是变形的,甚或是个幻象"[③]。我们在充分意识到电影"白话现代主义"所展示的"另类公共空间"意义的同时,不能全然漠视各种"国族想象"话语与其存在着的复杂关

---

① 麦奎尔.受众分析[M].刘燕南,李颖,杨振荣,译.北京:中国人民大学出版社,2006:6.
② 艾伦,戈梅里.电影史:理论与实践[M].李迅,译.北京:中国电影出版社,1997:205.
③ 陈建华.葛雷菲斯与中国早期电影[M]//孙绍谊,聂伟.历史光谱与文化地形:跨国语境中的好莱坞和华语电影.桂林:广西师范大学出版社,2012:98-100.

联。如果一种新媒介促生了"观众的诞生",那它同时也促生着对这一群体想象与实践的各式话语争夺。需要揭示的恰在于,这个新的"感知反应场"具有何种情境结构,并以此规限着竞争权力在复杂空间话语网络中的展开。

电影的"流动"构成了一个以影音中介和联结身体、感知空间的有形无形之网,所谓"打破了高等文化和低等文化、视觉和文字、艺术和政治之间的严格界限"的现代性理解,也可以视之为各种新旧力量在这个网络中以"彼此相互作用"的方式进行的关系重构,由此引发"观众(共同体)"的内外边界与等差序列在现实与想象中的不断调整和重新定位。在"全球城市"崛起的 20 世纪上半叶,如何建构一个统一完整的"民族国家",在中国社会政治风云变幻中,始终是或显或隐、困扰或左右着社会各阶层的一个主导命题。来自"高等文化"的知识人在面对白话影像冲击的同时,也必然不会放过对"观众"的话语塑造。以"文字""报章"为媒介,镶嵌在上海无声电影中对"无结构的""流动观众"进行的编织与再编织,正是电影技术(艺术)与政治相交织的历史进程的构成。对此的发掘和探究,不仅可打破某种对现代性的单一简化理解,亦可联通当代以混杂多元和流动不羁为特征的新媒介与"共同体"建构图景。

作为一个更具探索性的研究,本文主要围绕"电影在上海初兴"这个阶段,大体相当于一些电影史学者所谓的"早期中国电影"[①],即从 1890 年代末西方电影被引入上海到中国电影开始摄制长故事片的 1920 年代初。正是在这个西方电影展开其全球化布局、中国电影开始探索自身形态的"十字关头",上海各色都市空间与新旧媒介光怪陆离的组合,为"共同体想象"带来了令人目迷的流动景观。本文以专门影院出现为界描绘"观众的诞生"在前后不同时期的面目,同时将观影空间与媒介技术的互构置于话语网络中,审视流动的都市感知如何被政治、商业力量试图加以固着和再造,其间又如何呈现为全球都市性这一"底色"。

---

① "早期中国电影"或"早期电影"在电影史研究中有着特定的内涵。在西方研究语境下,"早期电影"主要用于指涉 1895 年至 1917 年的电影,也被称作"原始电影""好莱坞以前的电影";在中国语境下多用于笼统指涉 1949 年之前的电影。张真.《银幕艳史》:女明星作为中国早期电影文化的现代性体现[J].上海大学学报(社会科学版),2006(1):62-63.

二、混杂与区隔：在 1897 年的上海看电影

无论研究者将电影初入上海的时间考订为 1896 年还是 1897 年①，都不影响这样一个事实：迎接这个被报章广告称为"一百年来未有神奇之影戏"和"机器电光影戏"的，是上海在 19 世纪末正在发生着急剧重构的都市空间。这个始自五口通商、上海开埠、租界划定的"重构"进程，随着越来越多西方"声光化电"新媒介的涌入而不断加速。与此同时，一场由各色知识人所发动的"下层社会启蒙运动"②也在晚清城市与乡村间次第展开。电影以及它所中介的共同体想象，正是在这样的语境下，在街头、茶园、公园、戏园、舞台，在摄影、幻灯、戏曲、演说等新旧媒介间，也在各种商业政治话语的交锋中，寻找着自己的栖身之所。这些栖身之地，也就是"观众"诞生的处所。

"混杂"的观众：三类观影场所及其延伸

在进入上海的最初几年，受制于器材和人员，晚清电影的放映在不同场所间流动。这种流动，也将这些场所关联成一个网络，一同潜入观看者对电影的最初接受中，从而使得上海电影"观众"在其甫一出现之际，就因这一空间网络表现出了既混杂又区隔的特性。所谓"区隔"是指不同空间中的观影者有着种族、经济地位之差异，而不同地方观看的同一批影片，又将这些观者"混杂"为同一个"观众"身份。

从 1897 年演映电影的三类特定空间看，不难发现上述特征。是年 5、6 月间，美国放映商雍松将首演选在了礼查饭店，接着移步沪上的几家茶园与公园，如天华茶园、奇园、同庆茶园，以及著名的张园。礼查饭店是上海最早的一家西商旅馆，在那里看电影的以洋人为多。研究者通过对上海英文报纸《字林西报》《北华捷报》的查考，也证明了

---

① 一般电影史研究多采用程季华主编的《中国电影发展史》中的论断，认为是 1896 年 8 月 11 日在上海徐园"又一村"进行了中国第一次电影放映，21 世纪以来这一结论已多受质疑。最具代表性的是黄德泉在其研究中将其考订为幻灯放映，另将 1897 年视为电影第一次在中国放映的年份。黄德泉.电影初到上海考[J].电影艺术,2007(3):102-109.
② 李孝悌.清末的下层社会启蒙运动:1901—1911[M].石家庄:河北教育出版社,2001.

这一点①。但对上海人而言,这家饭店在19世纪后期已是"一个最早接受现代事物的场所"标志,例如最早使用煤气(1867年),安装了中国首批电灯(1882年),最早使用自来水(1883年)②。因而广告反复强调电光影戏"以前在礼查演做",显然是欲将"礼查"嵌入其中,刺激、吸引观者。

如果说"礼查饭店"是伴随上海开埠出现的典型的西化都市空间,那么另一个被广而告之的放映处所则是中西合璧的再造,这就是张园内的"安垲第大洋房"。这一其时上海最高的建筑,分上下两层,可容千人,据说登高东望,申城景色尽收眼底。1893年刚由园主聘请英国工程师设计建成,其名称取自英文 Arcadia Hall 谐音,意思是"世外桃源",与张园正式名称"味莼园"意思相通③。可以想见,能够在此中西合璧的时尚之所免去"越重洋数万里"而"一饱眼福"者,大抵是富有的绅商之流,这从"每位一元,童仆减半"④的告白中即可窥见。

不过,在同样"请看美国新到机器电光影戏"的几座茶园,价格就"从廉"了许多。也是强调"礼查酒店演过",但同庆茶园的票价由头等、二等的二元、一元变成了四角、二角;天华茶园甚至有更细的划分,最廉价的"四等座位"仅需一角。两处地方的广告中也多了些许吊人胃口的描绘,所谓"精致化出泰西各国故事,比真尤活,栩栩如生,灵妙无极"⑤。当然,即使一二角小洋的票价,其时也属昂贵,并非普通人所能消费得起⑥。

经历了短暂的不同地点间的流动,上海的电影放映场所逐步固定下来,形成了一个既包括租界跑马厅,又包括老城厢茶园在内的多样化的混杂的空间网络。显然,流动的放映地点与报刊广告一道,将电影在上海的出场定义为都市中一种时髦且价昂的"洋玩意儿"。因盈利可观,不仅有西方商人接续前来掘金,那些茶园、公园也随之开辟固定场所,以做放映生意招徕。如1903年西班牙商人雷玛斯(A. Ramos)在上海四马

---

① 杨击.电影初到上海再考[J].新闻大学,2014(4):90-97.
② 黄德泉.电影初到上海考[J].电影艺术,2007(3):106.
③ 熊月之.晚清上海私园开放与公共空间的拓展[J].学术月刊,1998(8):73-81.
④ 新闻报,1897-06-02.
⑤ 申报,1897-07-26.
⑥ 谷剑尘.中国电影发达史[M]//胡霁荣.中国早期电影史(1896—1937).上海:上海人民出版社,2010:14.

路青莲阁楼下设立了上海第一个固定放映点,继之后起而知名者,则是在跑马厅用芦席棚搭盖的"幻仙戏院"。其后,不仅租界,上海县城的大小园林、茶馆、酒楼或戏园等地,也纷纷购置设备,在自家楼院中选辟单独房间放映电影,售门票获利。

因而,"电影观众"这个群体在其面目初现之际,就比报纸读者或戏曲观众来得复杂。在专门影院兴起之前,电影这一"洋玩意儿"较为固定的栖身之所是上海各种新旧不一、中西兼有的游乐场所,即使在影院出现后的较长一段时间里,由那些非专门性场所构成的观影网络也一直存在,甚至还有新的类型加入。为电影提供了容身之所的游乐场,也在发生着新的转型,从传统的"茶园式剧场"到"舞台"进而再到"戏院"①;另外还有1910年代兴起的以"新世界""大世界"为代表的新型综合性大型游乐场②。"电影观众"面目之复杂,既体现在电影影音与这些变动中的场所之间的互构关系中,也将新的感知体验铭写进新"观众"的身体活动之中。

有研究者指出,这些最初电影放映空间的多元性自然地显示出,"并不存在中国人接受电影的一种固有方式",一方面,人们出入这些场所,在看电影之外,还进行着其他诸如观看烟火、杂技,听戏喝茶等娱乐和社会交往活动③。但另一方面,无论是否还从事其他活动,电影都以其特定的观看方式,让所有的观者同时处在一个新型空间,经历着一场独特的视听体验。即是说,发生在观影空间网络中的"混杂"与"区隔",同样也发生在每个特定的观影空间中。

作为半殖民地城市,"混杂"是近代上海城市空间影音重构中的一个典型特征。比如"安垲第"这个以"大洋房"为名的空间,本身就是深具浓厚传统审美的"味莼园"在新时代的重构。至于其间进行的种种娱乐活动,诸如摄影、幻灯之类新潮玩意儿自不必提,即使那些看起来非常传统的样式,也多染上了现代城市生活的风格。仍以张园为例,它本身就是1880年代上海兴起的私园开放潮流中的一个著名代表。私园成了"公共空间"④,原本是达官显贵私赏亭台楼榭、奇花异草和曲径通幽的领地,如今成了不

---

① 张路西,辛磊.上海近代观演建筑研究[J].建筑技艺,2012(4):34-37.
② 张真.《银幕艳史》:女明星作为中国早期电影文化的现代性体现[J].上海大学学报(社会科学版),2006(1):61-70.
③ 彭丽君.哈哈镜:中国视觉现代性[M].张春田,黄芷敏,译.上海:上海书店出版社,2013:194-195,211.
④ 熊月之.晚清上海私园开放与公共空间的拓展[J].学术月刊,1998(8):73-81.

相干之人免费或凭票进出、随性漫游的去处。从这个意义上说,上海电影"观众"从一开始便诞生在城市公共空间中,降临在旧有社会等级界限正在逐步消减的文化氛围中。

"观众"构型:都市"夜生活"里的新观看

此种正在展开的城市空间重构进程,也将"观众"卷入新的日常时间节律中。时间的全球性重组,成为城市人群"混杂"一处的重要调节方式。因此,即使全然不知"电光影戏"为何物,看电影却已然有规可循。检视最初的电影放映广告,一个有趣的共通之处是,大多有明确的放映时间钟点,诸如"每晚八点钟开演""十点钟后",有的还特别强调"八点钟准演""十点钟准放"。值得一提的是,与广告中拗口的"爱泥每太司谷浦""爱尾美大师谷浦"生硬音译一起出现的,还有"五月初五日""一礼拜""星期多暇"等中西混杂的计时方式①。

作为最先引入西方时制的城市,上海在19、20世纪之交已成为中国钟点时间使用最为广泛的地方,"城市同一空间内的即时交往不断减少",越来越"依赖统一时间来调节彼此的行动"②。与此同时,上海还成为江南地区最早使用标准时间来校对时钟的城市,分布全城各处的标准钟,与轮船、火车交通时刻表一起,构成了一个"公共时间"的社会网络。每当海关、教堂等地的大自鸣钟"报时报刻"之际,"行人要对襟头表"。对包括那些最早的电影观众在内的城市人群来说,恰如西美尔(Georg Simmel)所言,"如果不对一切活动和相互关系进行最为精准的整合,使之融入一个稳定的和非个人的时间进度表中,那么大都会生活技巧就无从谈起"③。此外,电影从一开始放映,就与因1865年"自来火"(煤气灯)出现而早已繁盛的城市"夜生活"天然地扭结在一起。

新的电影"观众"正是这样一群都市人,彼此不知对方身在何处、姓甚名谁,但都习

---

① 黄德泉指出,"爱尾美大师谷浦"似是 animation copy(动画拷贝)的音译。此处所引可分别参见:《新闻报》1897年5月30日、6月2日,《申报》1897年6月8日,1898年7月3日、9月20日等刊载的广告。
② 这种计时方式的采用自然离不开租界当局的推动。早在1872年上海工部局的规定中就有了明确的钟点说法,其后更是对发生在公共场所的行为诸如买菜、卖菜、探病、倒马桶、清扫地毯等都做出了钟点规定。商业往来、学校开课以及工厂做工更是如此。湛晓白.时间的社会文化史:近代中国时间制度与观念变迁研究[M].北京:社会科学文献出版社,2013:233.
③ 麦奎尔.媒体城市:媒体、建筑与都市空间[M].邵文实,译.南京:江苏教育出版社,2013:104.

惯了看着"稳定的和非个人的"钟点筹划出行,也都谙熟都市夜间娱乐生活的节奏,并且有余力满足自己追逐时髦的嗜好,或乘坐马车或相约信步,从城市各处聚集而来。他们购票走入放映场所之后,通过"银幕"以及在银幕上的活动影像,彼此结成了一种新型关系。

首先为"观众"这一新关系群体塑形的,是影音和它的载体("银幕")对观看空间的重构。除了像"安垲第"这样的地标性建筑,最初的放映场所绝大多数较为狭仄,容纳的人数也不过数十百人。即便属临时搭建而成,这些场所也因一块银幕——其时称为"布幔"或"布幕"之类,改造了既有的空间格局。《图画日报》曾刊有一幅《做影戏》的营业写真图①,从中可见观看电影的基本方式与今日并无不同,也是观者对着前方幕布并排而坐。此种"银幕"与观众形成的空间结构,有别于清代上海盛行的"茶园式剧场"以及更为古老的"酒馆式剧场"。在舞台或戏院出现之前,能够看戏的茶园多在房屋正中设一个有两根圆柱的方形台,观者在演台三面分桌而坐。一方面,不少人是侧对或背对舞台,通常是在最精彩时刻才转过头去看表演②;另一方面,数人围坐一桌,则将共同的观看区隔为一个个分散的谈话小群体。就看电影而言,这些均不复存在。来自银幕这一中心的扇形辐射,已将观者的目光吸定,并排而坐的身体,又使得彼此的观看反应声息可闻。最早在"安垲第"观影的一位士人曾记载,"座中男女无不伸颈侧目,微笑默叹而以为妙觉也"③。

除了布幔与身体的关系,电影还以其特定的"光""影"和"音"组合使观众的注意力能够在较长时间共同凝聚在一处。最早的观影文字,都不约而同地记载了这些新鲜感受④。例如,影片开映一刻,"自来火收缩如豆,非复平日之通明澈亮者","台前悬布幕一缕,上下灯火俱熄","客座既集停灯开演",如此种种。身体处于黑暗中,却因"电光直射布幔间"而"屏息正坐"。在这里,熄灯或灯光转暗既有让观者凝神的实用之功,又

---

① 胡霁荣.中国早期电影史(1896—1937)[M].上海:上海人民出版社,2010:15.
② 彭丽君.哈哈镜:中国视觉现代性[M].张春田,黄芷敏,译.上海:上海书店出版社,2013:158-159,174.
③ 味莼园观影戏记(上)[N].新闻报,1897-06-11.
④ 此处分析引文除特别注明外,主要出自现有文献可查的三篇早期重要的观影文章,有诸多论著都全文或部分收录。分别是《味莼园观影戏记》(上、下),连载于《新闻报》1897年6月11日、13日;《天华茶园观外洋洗发归述所见》,《游戏报》1897年8月16日;《观美国影戏记》,《游戏报》1897年9月5日。最后一篇在中国早期电影史研究中更是被频频提及和引用。

像是一种仪式信号,提醒观者即将从一个空间"跨越"到另一个空间。

在明暗之间,声音也构成了"观众"共同感知的中介。随着"电光启放"一时间"满堂寂然,无敢哗者",但同时又有"音声鸣鸣然",且除了"西乐竞鸣","并有华人从旁解说,俾观者一览便知"。在整个默片时代,声音一直是营建观影氛围、形塑观者感知的重要元素。西方电影史家曾如此描述,"大多数的无声电影都会以钢琴、风琴,甚至整个管弦乐团演奏的音乐伴随放映。声音的效果粗略地配合着银幕上的动作"①。就观看空间的建构而言,在黑暗凸显了银幕之后,配乐试图解决的,就是无声电影所必须面对的来自内外环境中的噪声对观者注意力的争夺或干扰。

随着光亮与黑暗之间的转换,配乐对内外噪声的屏蔽,即使是简陋又寻常的放映地点,也瞬间被激发出一种奇幻的魔力,观众便由此在"影像"与"现实"间穿梭往复。有位观者对此大做文章,生发了诸多感慨:"忽灯光一明,万象俱灭","因叹曰:天地之间,千变万化如蜃楼海市,与过影何以异?""人生真梦幻泡影耳,皆可作如是观"。② 此种由电影生发出的对人生带有虚无色彩的感悟未必是普遍感受,但对电影能够制造出一个虚幻的影像世界的震惊,在首次的观看体验中却是如出一辙③。

然而,有趣的是,早期电影观众在黑暗中进入的那个被视为"如蜃楼海市"般的空间,却是极为"真实"的现实世界。以较为详细的张园观影记录为例,约90分钟的时间分为上下两场,一共映演了20部纪录短片和情节短剧。与卢米埃尔兄弟(Lumiere brothers)最初放映的《工厂大门》《火车进站》《水浇园丁》属日常生活片段相类似,来自法、德、意等国早期电影的内容,也多是街头脚踏车相撞、火车进站乘客下车、校场演武、军队检阅以及诸如美女跳舞、海浪拍岸片段等。

如果说19世纪中后期以来创办的诸如《申报》《点石斋画报》这类新式报刊,已经极大地扩展了晚清人的眼界,甚至有"纵是花丛不识字,亦持一纸说新闻"④之谓,那么,19世纪末到来的电影则以活动影像的方式,将最多只能对图想象的遥远"异域",

---

① 汤普森,波德维尔.世界电影史[M].陈旭光,何一薇,译.北京:北京大学出版社,2004:158.
② 观美国影戏记[N].游戏报,1897-09-05.
③ 另一位观者在与朋友观影后有过相当长的讨论,作者在最后还总结道:"夫戏幻也,影亦幻也,影戏而能以幻为真技也,而进于道矣。"味莼园观影戏记(下)[N].新闻报,1897-06-13.
④ 陈平原,夏晓红.图像晚清[M].天津:百花文艺出版社,2001:29.

连同那里的寻常生活,真真切切地呈现在观众眼前。流动着的影像,以前所未有的密度,构成了一个变换呈现多个"全球都市"的万花筒,诸如"俄国皇帝游历法京巴里府(巴黎)""印度人执棍跳舞""罗马大道""马铎尼铎(马德里)名都街市""西方野番刑人"等等①,几乎是整个"世界"在短短一个多小时内纷至沓来,且"比真尤妙,栩栩生动如活"②,真可谓"数万里在咫尺,不必求缩地之方"③。

如此密集的影像,在狭窄闭塞的观影室内,在一个个观者的视觉感知中,编织起了一个世界各地在其间转接拼贴的流动网络。观者对影片的记载多用"忽而……忽而……""又一……又一……"的句法,感受上也是"观者方目给不暇,一瞬而灭"等等。那位观者"人生真梦幻泡影"的感叹,未必不是因在短时间内受到了"全球都市"的挤压式刺激而生④。这种电影感知,与其时上海人的都市生活体验同步。仅以娱乐为例,电影广告强调的那些"各国景象",诸如"赛会、操兵、跳舞、玩球、跑马、打拳、戏水、卖艺、火车、轮船、格斗、美女"种种⑤,绝大多数其时在上海也可寻见,一位电影观者还将"电光影戏"联系到了"如从前之车里尼马戏""近如奇园、张园之油画,圆明园路之西剧,威利臣之马戏",并说"皆新人耳目,足以极视听之娱"⑥。城市人的视听感官,正在花样迭出、流动新颖的"漫游"中经受着"目给不暇"的撞击。

从"虚拟"走向"现实":全球媒介的新联结

上海电影"观众"在崭新或半新不旧的场所中,遭遇到全新的"活的"全球都市影像。这一全新的视觉体验进一步强化了之前的摄影观看。在稍早的1880年代,原来多限于城市照相馆的摄影,开始经由石印术与画报联姻。如《点石斋画报》主事者所言,仿泰西之制,"取各馆新闻事迹之颖异者,或新出一器,乍见一物,皆为绘图缀说,以

---

① 程季华.中国电影发展史:第一卷[M].2版.北京:中国电影出版社,2012:8.
② "天华茶园"告白[N].新闻报,1897-08-02.
③ 观美国影戏记[N].游戏报,1897-09-05.
④ 目前被学者(也包括本文)广为引用的那几篇现存的观影评论文章,在多大程度上是观者"自然"观看时的感受,是一个值得注意的问题。基本能将20部左右的影片内容较为准确地记录下来,更像是有备而来。当然,这种猜度或许带着明显的"当代人"的偏见。
⑤ 徐园"电光影戏"告白[N].游戏报,1899-03-20.
⑥ 味莼园观影戏记(上)[N].新闻报,1897-06-11.

征阅者之信"①。其中亦有画师对着照片临摹,或直接将印片贴在报刊上,也有一些由照相馆制作的时事类照相簿出售。有人仿照称肖像照为"小照"之例,称初入的电影为"活小照"②,这既是主动看到了电影活动影像的特质,也在无意间以并置的方式抓住了与摄影、新式报刊相伴生的新时代的城市感知潮流:一种朝向快速变动的当下现实的"写实主义欲望"③。

与在茶园中看惯了的各类戏曲相比较,电影之"写实"可谓一目了然。尽管最初进入的影片以纪实性、"杂耍"类画面为主,而1920年代中国自制电影的兴盛很大程度上是借助于古装片、武侠片之类,但无论哪种类型,电影所呈现出来的画面,与戏曲舞台上的演出可谓天壤之别。以一个城市街头影像为例,观者看到了"马路"上"丛树夹道","车马骤驰其间","有一马二马三马并驾之车",且清楚地见到了"车顶并载行李箱笼重物"。④ 显然,这与传统戏曲"不追求生活细节",以高度类型化、程式化为特征的舞台景观截然区分⑤。现实场景取代了"一桌一椅"的布景,出场的人物也不再是脸谱化的"生旦净丑",以夸张的化装和身段为表现手段的人物活动,而是换作了自然的举止。电影告白中所谓的"比真尤妙,栩栩生动如活",实不为过。

电影如此种种的光影音特质为"观众"带来了新的联结方式。一方面,就个体而言,电影以"虚拟"的方式,"把外面的世界带到了电影银幕上,或者说,把戏院里的单个观众带到了外部世界中去"⑥。另一方面,关于"共同体",恰如本雅明所说,"电影将我

---

① 尊闻阁主人.点石斋画报缘启[N].点石斋画报,第1号.
② "活小照"告白[N].新闻报,1897-05-30.其时电影还有诸如"活动影戏""行动影戏"的称谓,亦是抓住了其"活动"的特质。
③ 彭丽君.哈哈镜:中国视觉现代性[M].张春田,黄芷敏,译.上海:上海书店出版社,2013:76.该著用此概念描述与19世纪的石版印刷、摄影术紧密相联的感知方式,如若将视界放开,也不难从新式报刊,特别是早期纪录性电影那里发现同样存在着的这一"时代精神"。例如,本雅明就写道:"全景画力图在表现大自然时制造出逼真的变化,因此它不仅为摄影而且为无声电影和有声电影开辟了道路。"本雅明.巴黎,19世纪的首都[M].刘北成,译.北京:商务印书馆,2013:8.而新式报刊也带来了时间感知的变化。黄旦."新报之事,今日之事":上海进入新媒体时间——初期《申报》与上海研究之一[M]//黄旦.城市传播:基于中国城市的历史与现实.上海:上海交通大学出版社,2015:223-236.
④ 味莼园观影戏记(上)[N].新闻报,1897-6-11.
⑤ 刘文峰.中国戏曲史[M].北京:生活·读书·新知三联书店,2013:414.
⑥ 李欧梵.上海摩登:一种新都市文化在中国(1930—1945)[M].毛尖,译.北京:北京大学出版社,2001:133.

们周遭的事物用特写放大,对准那些隐藏于熟悉事物中的细节,用神奇的镜头探索平凡的地方,如此电影一方面让我们更进一步了解支配我们生活的一切日常必需品,另一方面也开拓了我们意想不到的广大活动空间"①。即便初入上海的电影,还少有"特写"镜头之运用,其所呈现的"生活"也是中国人尚未熟悉的异域(从国名的翻译即可窥见),但是,影像中"栩栩生动"的日常生活却有一种天然的亲切感②,在最初的视觉震惊过后,看电影的亲切与愉悦,会"与相对应的生活经验""以直接而亲密的方式"建立起关联,而"这种关联具有社会性的重要意义"。③

此种"社会性的重要意义",就是与"观众的诞生"相伴随的"白话现代主义"——一种个体在影像的流动中、在身体的聚合中,对彼此共同在场经历以及同时生活在一座城市中的"共同体感知"。影像既幻且真,转瞬而逝的画面吸引着共同的注意力。遥远的全球都市被带到面对着银幕的匿名群体眼前,并排而坐的身体消解着围桌分坐的各种血缘地缘或功利实用之纽带。呈现"周遭事物"的影像一段接一段地"幻化而出",刺激、调动起原本在无意识中匆匆流走的现实生活。在整个观影过程中,个体的感受在彼此声息相闻间被他人捕捉,所谓"无不眉为之飞,色为之舞",忽而"拍掌狂笑",忽而"惊骇欲绝",又复"忍俊不禁";等"电光一灭""自来火齐放",他们又通过彼此的表情、言说反应,印证或联想着自己的感受,所谓"座中男女无不变色离席","口讲指画而以为妙绝也"。④

米莲姆·汉森看到了"上海电影必须允许观众在散场后能够想象他们自己的生存、表演和社会策略","从而使他们在极端不平等的时空和社会缝隙中的生活富有意义"。⑤ 这一结论自有洞见,但放在更长的历史进程中需要同时看到,电影所中介的那

---

① 本雅明.迎向灵光消逝的年代:本雅明论艺术[M].许绮玲,林志明,译.桂林:广西师范大学出版社,2004:87.
② 例如,在胡安导演的描述早期中国电影的影片《西洋镜》中,一位早期观众在看到电影中西方人的日常生活时就半是自言自语地感叹道,"原来他们和我们一样啊"。
③ 本雅明.迎向灵光消逝的年代:本雅明论艺术[M].许绮玲,林志明,译.桂林:广西师范大学出版社,2004:84.
④ 观美国影戏记[N].游戏报,1897-09-05;味莼园观影戏记(上、下)[N].新闻报,1897-06-11,1897-06-13.
⑤ 汉森.堕落女性,冉升明星,新的视野:试论作为白话现代主义的上海无声电影[J].包卫红,译.当代电影,2004(1):51.张英进对此批评认为,这一结论"同样可以用来描述孤岛时期、沦陷时期或者战后的上海电影,甚至可以描述当前在全球化语境中的中国电影",进而指出,"倘若如此,上海默片则难以成为白话现代主义的一个'独特'分支,而白话现代主义的理论又不仅仅适于早期电影"。张英进.阅读早期电影理论:集体感官机制与白话现代主义[J].当代电影,2005(1).

种使得观者自己的生存和生活"富有意义"的"共同体想象",本身就是对旧有的"极端不平等的时空"的重构,那个由此而建构起的空间和观影者网络,也是以"混杂"的方式对旧有"社会缝隙"区隔的一种填充。毕竟,一种"白话"影像将他们带到了共同的新景观之前。当然,"混杂"并不能全然消除旧有区隔,同时也会制造出新的"区隔"。比如茶园座位票价中的等级细分,这也延续到了后来的电影院之中。更鲜明的是声音。与"满堂寂然,无敢哗者"的"安垲第大洋房"中的"西乐"相比,西班牙人雷玛斯在青莲阁"雇了几个穿着五颜六色的吹鼓手在门口敲锣打鼓,以招徕行人"①,《图画日报》也呈现了"四马路影戏之喧哗",放映中"有雇佣洋鼓洋号筒者,间亦有用中国锣鼓者。喧哗之声不绝于耳"。②

所有这些"混杂"与"区隔",伴随着专门的观影空间——电影院的出现并成为上海都市生活中又一"摩登"消费娱乐空间,在悄然发生着新的重构。在这个过程中,不仅有了中国自己拍摄的电影,甚至可以说,"观众"也是又一次地诞生了。继而,越来越多的力量试图对"电影观众"这一新兴都市集体加以规训。流动的"共同体想象",与那些流动的身体一道,在有形无形的空间网络中面对着种种固着的压力。

三、两种"文明":影院与话语网络中的"观众"

导演费穆 1930 年代在一篇短论中曾说,"Moviegoers 一字从 Theatregoers 而来,中国电影和它的观众是从文明戏剧场而来","这与其说中国电影中了文明戏的毒,毋宁说是受了文明戏的培植"。为何是"中毒",又是怎样的"培植"?当电影院取代"文明戏剧场",电影观众有了怎样的变化,又何以会如此?费穆对此并无详论,他仅就"中国电影"本身简要指出:"如果十数年前没有文明戏,中国电影应该立刻向古装戏投降。中国电影之转向古装神怪一路,是在文明戏没落之后。"③

---

① 程季华.中国电影发展史:第一卷[M].2 版.北京:中国电影出版社,2012:10.
② 胡霁荣.中国早期电影史(1896—1937)[M].上海:上海人民出版社,2010:16.
③ 费穆.杂写[J].联华画报,1935,5(1)//罗艺军.20 世纪中国电影理论文选:上.北京:中国电影出版社,2003:206.后来的电影史家也多采用这一见解,例如程季华主编的《中国电影发展史》就将中国电影的开端之一,归为"脱胎于没落时期的若干短片"。程季华.中国电影发展史:第一卷[M].2 版.北京:中国电影出版社,2012:20-22.

费穆所论揭示了早期电影的"混杂"问题，他同时也将传统戏曲、新戏和中国电影类型的变化，以潜在的价值评判做了对照：对"没落"之前"文明戏"的基本肯定，相应于对转向"古装神怪"的中国电影的明显否定（大概即所谓"中毒"）。其缘由在于，"新兴"时期"幼稚形的白话文明新戏"，"比较能真实地反映着现实人生"。[①] 潜在之意是，在转向神怪之前，电影能够区别于"古装戏"，让观众从中领略"真实的现实人生"。费穆的感受，回应了前文所提及的晚清社会中兴起的那种"写实主义欲望"潮流。

显而易见的是，跻身于饭店、茶园、戏园、公园里，与各种杂耍娱乐混杂一处的那一批电影观众，并没有进入费穆的视野；同样没有纳入其思虑中的，还包括最早引入中国的西方"纪实"和"杂耍"类短片。对于一位电影艺术从业者来说，这样的忽视不难理解。费穆讨论"观众"所着眼的，是电影的社会制作。这也意味着，从"戏剧"这一文化样式生产方式演化的角度，"观众的诞生"可以有着不同的历史叙事。

从剧场到电影院："国家文明"话语笼罩下的"观众"

"文明戏"与早期中国电影及其观众，的确存在着紧密关联。伴随着专门性电影院在1910年代逐步建立，电影观众走出最初的震惊，看电影走入城市的日常生活，中国电影业也开始兴起。事实上，中国自制电影的兴起与文明戏的"新兴"是几近同步的过程（电影之进入甚至还稍早）。无论在制作、放映还是观众方面，二者基本上是一种共生关系[②]。特别是围绕"文明戏"所建立起的一个复杂网络，包括戏剧的制作与演出、观看空间以及种种报刊话语等，其与电影观众的关系，显然要比诸如茶园、戏园、公园等其他网络来得更为密切。此外，当专门性影院这一新的观看空间日渐占据主导地位，仅仅立足于"中国"电影，是难以准确勾画上海电影观众这一城市集体的全貌的。一个简单的事实是，直到1920年代初期，上海影院基本上由外国人垄断，放映的也几乎都是西方影片。1921年中国首批拍摄的三部长故事片，为能在夏令配克影戏院放

---

① 费穆.杂写[J].联华画报，1935，5(1)//罗艺军.20世纪中国电影理论文选：上.北京：中国电影出版社，2003：206.
② 其时还有商务印书馆成立活动影戏部拍摄影片，除了早期拍摄过若干风景、时事和教育片外，也多用文明戏演出和制作人员.程季华.中国电影发展史：第一卷[M].2版.北京：中国电影出版社，2012：31-36.

映不得不接受对方的苛刻条件,以至于票价奇高①。换言之,由电影院放映空间所构成的新网络,无论范围、规模还是影响力,已远非"文明戏"剧场所能比。可以说,全球都市,依然构成了这一叙事的基本语境。

当指出新的电影"观众"是"从文明戏剧场而来"的时候,论者已经赋予这一新的社会群体相对于旧有戏曲观众的某种"新生"意味。20 世纪初期兴起的"文明戏",借鉴外国戏剧形式对传统戏曲进行了"混杂式"改造。"文明(戏)"或"新戏"之名,清楚地标示了这一点,即所谓"设剧场,收廉值,以灌输文明思想"②。就表演形式而言,深受日本"新派剧"影响的"新戏"③,已略具日后"话剧"之雏形——以"说讲"的写实语言和动作为手段,不用锣鼓、脸谱和唱腔(偶尔依然会有)之类,夸张的戏装也被时装所取代。"文明戏"不仅如费穆所言,其演出剧目如《黑籍冤魂》等"比较能真实地反映着现实人生",甚至演化为对"现实人生"的一种革命化鼓吹。最典型的就是创造了诸如"言论正生(正旦、小生)"之类的角色,"说几句肤浅、时髦的名词与爱国话,包管得一个'满堂彩'",甚至"词句不通""前后矛盾"的演说者,只要"到最后提高了嗓门,鼓足了气大声一叫,也博得台下的彩声"④。

从更宽泛的角度看,"文明戏"的出现,是 19、20 世纪之交整个"想象的中国共同体"话语建构和实践网络的一个组成部分。与阅报社、讲报、演说一道,晚清新式知识人也着力倡导改良传统戏曲,推动"下层社会启蒙运动"。电影的进入,适逢这个网络借助各种媒介蔓延、铺展开来。恰是电光影戏在上海开演的 1897 年,后来与中国早期电影拍摄机构之一——商务印书馆发生过关联的夏曾佑,与严复一道,在《国闻报》上发表《国闻报附印说部缘起》。稍后,梁启超刊布了影响甚大的《论小说与群治之关系》,陈独秀则在比较了戏曲与小说、报馆的影响后直陈:"惟有戏曲改良,多唱些暗对时事、开通风气的新戏,无论高下三等人,看着都可以感动","便是聋子也看得见,瞎子

---

① 郦苏元,胡菊彬.中国无声电影史[M].北京:中国电影出版社,1996:103-104.
② 许敏.上海通史(第 10 卷):民国文化[M].上海:上海人民出版社,1999:91.
③ "新派剧"是日本戏剧人士在甲午战争时期将欧洲话剧与传统歌舞伎融合而成的剧种,文明戏在 20 世纪初的兴起,在很大程度上是由留日学生推动的,例如著名的新剧团体春柳社,在辛亥前后从日本移到中国。当然,其成员也多是京剧迷或票友。许敏.上海通史(第 10 卷):民国文化[M].上海:上海人民出版社,1999:89-94.
④ 陈大悲.戏剧指导社会与社会指导戏剧[M].欧阳予倩.谈文明戏[M]//许敏.上海通史(第 10 卷):民国文化.上海:上海人民出版社,1999:98.

也听得见,这不是开通风气的第一方便的法门吗?"①

不难理解,早期的电影观感,除了常见的震惊,自然也带有这个话语网络的某些共通色彩。其时泛见于报章的各种电影"评论"有一种持续的基调,就是将知识人想象中的电影及其观众置于古往今来、中西比较的时空坐标中,同时又为"驯服"这一新媒介或大发感慨或谋划前景。"白话"影像因此被置于一种更为宏阔的"中西"冲突,也是一种"新旧"更生的比较话语中。电影在这些话语中的面目,就像"言论正生"的高调嗓门般,基本断绝了与都市的活生生联系,与"国家""世界"层面的"文明"扭结一气,追求的是"暗对时事、开通风气"。

1903年,一位看了西方"活动影戏"的观者在感叹"一切皆各别绕生趣,其佳妙处,实难以言语形容"之余,转而联想到,"西人于游戏之事,皆能出奇入妙,想入非非,其他政治、工商大端,更不待言。我中国人能无愧色乎?"②有人则呼吁"看电影大有益处",出语也确着眼于"大处",称"中国一切的学术,久已失了古人的精意,至于游戏一门,多半是败坏道德,放荡志气的",不若西方国家不仅"在学术上十分的讲究","至于一切游玩的事,也都是与人心思身体有益的"。③有趣的是,还有人用"照妖镜"做比喻,不仅"照"出了相比自家的"那些固俗玩意儿",电影"实在是欧美各文明国学问美术进化的一种大表记",而且赞叹,"做电影的人""真是世界上无声的大教育家"④。称"做电影的人"为"大教育家",正呼应着陈独秀将演唱"新戏"者视为"世界上第一大教育家"的振聋发聩之声。

此种想象着眼于"大端",为电影"观众"赋予了一种"文明人"的身份与义务,它以欧美"文明国"为参照,以电影"载道"的方式,倡导观众凭借"大教育家"走向新生,而不能将之作为一种"败坏道德,放荡志气"的"游戏"。如果映照现实的话,此类"文明"话语,那批在戏园、茶园、公园中辗转流徙的最早的电影观众,基本不甚在意,倒是"文明戏"的观众,因处于辛亥时期的兴奋狂热中,时时成为话语鼓动的对象。不过,被视为

---

① 李孝悌.清末的下层社会启蒙运动:1901—1911[M].石家庄:河北教育出版社,2001:172.如作者指出,其时在知识人话语中的"说部"或"小说"含义甚广,很多中国戏曲故事源自小说,许多传奇、杂剧等也被归入说部。
② 本埠消息·再纪活动影戏[N].大公报,1903-07-02.
③ 看电影大有益处[N].大公报,1909-02-05.
④ 照妖镜[N].大公报,1909-08-02.

"第一大教育家"的"新戏",也在短时间内几经起落,从辛亥前后风潮一时,到辛亥后迅速被观众厌倦,再到1914年所谓的"甲寅中兴"①。演出者除了半是主动半是被迫地同样流动在戏园、茶园、公园中之外,没落时候甚至不得不要靠"转至外码头觅食"。为求生存,也不得不演出与那些"时髦的名词与爱国话"相去甚远的"小闹剧"。

初生的中国电影业,就在这些场所里与起落不定的"文明戏"发生着交叠,电影观众的感知也在戏里戏外、幕布与舞台的转换间流动。作为特定的城市集体的力量,"观众"在总体上还处在显隐之间,那些试图对之固着的话语,其所针对的与效果也往往漫漶不清。最早出现的一批自制中国电影,"大多是以喜剧内容夸张动作为特征的滑稽短片"②。一方面,这些短片很多正是"取材于文明戏班在正戏上演之前加演的小闹剧",内容不外"打诨逗笑",且是同一班文明戏演员白天拍电影、晚上演戏;另一方面,这些短片也没有机会出现在更多的观众面前,多是在每晚文明戏演出中插映一两部,有时作为余兴节目,最多也只能在"海蜃楼"一类的三流影院里偶尔放映。后来亚细亚影戏公司将之运到广东、香港、南洋等地,营业才稍有好转③。及至新式舞台出现④,有人甚至模仿日本"连环戏"创造出了"媒介融合"的新奇形式——将室外戏如高山、大川、铁路、轮船等事先摄成影片,并将银幕安置于舞台之上,交替演映,一个演员可同时在银幕和舞台上出现⑤。

专门性电影院的出现,在某种意义上是对旧有观影空间的"净化"。它既接续旧有空间,又对其中多种演出形式的"混杂"做了剥离。整个1910年代,上海已有了八九家

---

① 所谓文明戏的"甲寅中兴",是指郑正秋所开创的以家庭伦理故事取代时事言论从而为文明戏重新赢回观众的时期。费穆所谓的文明戏对电影的培植,所指应该是这一时期,而他所谓的文明戏"没落",可能并非指1911年之后的短暂低谷,而是在1920年代渐渐失势。

② 按照电影史的通用说法,中国电影的"萌芽期"也是艺术上的"幼稚期",一般是指1921年三部长故事片出现之前的短片创作时期。大体是1913年至1914年由亚细亚影戏公司开其端,1919年至1921年商务印书馆活动影戏部和中国影片制造公司继其后,一共拍摄了近30部短片。郦苏元,胡菊彬.中国无声电影史[M].北京:中国电影出版社,1996:50-51.

③ 程季华.中国电影发展史:第一卷[M].2版.北京:中国电影出版社,2012:21,23. 从空间网络的角度,早期电影与南洋侨民之间的关系,也是一个值得关注的重要问题。除了影片的发行,现存可见最早的影片《劳工之爱情》(又名《掷果缘》)说的就是一个南洋归来的木匠的爱情喜剧。但相关研究尚不多见。

④ 1908年,中国第一个现代西式剧院——"新舞台"在上海开业。"新舞台"采用"镜框式舞台",配备了奇异的布景和灯光。彭丽君.哈哈镜:中国视觉现代性[M].张春田,黄芷敏,译.上海:上海书店出版社,2013:174.

⑤ 许敏.上海通史(第10卷):民国文化[M].上海:上海人民出版社,1999:99.

较大规模的影院,如爱伦活动影戏院就是由西人收购了一家戏园改组而成①;后来中国人也如法炮制,例如明星影片公司购买上海申江亦舞台,更名为"中央大戏院",据说专映国产片②。及至1920年代,电影院更是迅猛扩张。1927年美国第一份中国电影市场的官方调查报告称,其时中国已有108家影院分布于18个大城市,其中上海占了26家③。

上海电影观众正是从这一空间网络中脱颖而出,成为流动在各种话语中的言说对象。"观众"已经跳脱出"士农工商"的社会差等序列,被赋予一种都市"平民"或"中产阶级"的新身份。这一身份本身蕴含着对技术"文明"进步的热切拥抱。电影院与电影机械复制的媒介特性相应,它使新"观众"以前所未有的规模聚集起来。由于"光浪的传达比声浪的传达快而远",影戏院的建筑可以"比寻常剧场造得大";技术还降低了传统戏剧观看的"门槛",影戏"只要在阴片上晒了三张阳片","从火车运去",则上海、苏州、南京可同时开演,"在中国出了二三个小银圆把在美国拿几万元包银一月的名角都看见了"。其经济生产模式在于,所谓"摄制的成本贵,添印的成本轻,添印愈多,取价愈廉"。有人以举例比较的方式证明"观众"被惠及、卷入一种民主的潮流,例如梅兰芳一到上海券价要卖到三元以上,"中产阶级都裹足不前,更不必说平民社会了",因而断定,"能够具民众化与普遍性者,莫过于影戏了"。④

一时间,此种所谓"平民社会""民众化"或"普遍性"之类的语汇,似乎接续上了"文明戏"最初所置身的那个戏曲改良、下层启蒙的话语网络。鸳鸯蝴蝶派主将周瘦鹃就说,"盖开通民智,不仅在小说,而影戏实为一主要之锁钥也"⑤。其中更兼有来自1910

---

① 郦苏元,胡菊彬.中国无声电影史[M].北京:中国电影出版社,1996:19.
② 汪朝光.早期上海电影业与上海的现代化进程[J].档案与史学,2003(3):28-35.
③ 李欧梵.上海摩登:一种新都市文化在中国(1930—1945)[M].毛尖,译.北京:北京大学出版社,2001:98.亦有研究者根据《中华影业年鉴》做了大致统计,1920年代中期全国有一百五六十家影戏院,其中绝大部分为外国人开设或控制。至1930年全国有250家影院,专映国产片的仅五六十家。郦苏元,胡菊彬.中国无声电影史[M].北京:中国电影出版社,1996:103,107,207.
④ 本段所引,分别可参见:周剑云,汪煦昌.影戏概论[M]//丁亚平.中国电影理论文选(1897—2001):上.北京:文化艺术出版社,2002:28;顾肯夫.《影戏杂志》发刊词[J].影戏杂志,1921,1(1);丁亚平.中国电影理论文选(1897—2001):上.北京:文化艺术出版社,2002:10-11.
⑤ 周瘦鹃.影戏话[N].申报,1919-06-20.

年代后期"文学革命"之冲击。郁达夫曾针对电影这一"大众的艺术品"与"最近的这个社会化的时期以前"的"很贵族的艺术"之间的关系说,要使"贵族的文艺,能适合乎平民的口味","非要经过一次电影媒介不可","但是文艺也能同时促进电影的趣味"①。换言之,在"民众化与普遍性"方面,"舞台剧实不如影戏",电影院中的电影观众已是各个阶层有规模地"混杂",最典型的便是大量女性电影观众的涌入。《申报》一首竹枝词就描绘了某种带有暧昧色彩的身体"混杂"而来的感官接触:"来到平安电影院,微闻香泽最销魂,此间男女无拘束,扑朔迷离笑语喧。"②可以说,电影院的场景是对原本就已松动的"高等文化和低等文化、视觉和文字、艺术和政治之间的严格界限"的进一步重塑,其时报章"文字"为"白话"影像赋予了"通俗教育""增广见闻""帮助演讲"等诸多"政治文明"色彩,显示出知识人在新的感知体制面前,试图以不同的"共同体想象"话语,将新媒介重新划入自身与观众的"启蒙"关系之中。

身体"文明":电影院中的"社会行为练习"

新式电影院对观众感知有着最直接的塑形,尽管与报章话语存在某些交叠,但亦呈现出根本性的区别。正如中国第一份专业电影刊物《影戏杂志》的主持者顾肯夫所言,"以一地方的影戏院,来做考察一地方的社会情形与民众智识的标准,的确是一个绝妙的方法","我国社会民众,近几年来进步得很快,可是与影戏院的增加,也成了个正比例"③。电影院映照出的民众之"智识""进步",不在于话语而在于身体。

与早期简陋的观影场所中那种"上搭芦席棚,下面是泥地皮,列着长凳为座"④的景象有着天壤之别的是,电影院是上海作为"全球城市"在建筑景观上的重要展示,它们与"银行和办公大楼、饭店、教堂、俱乐部、咖啡厅、餐馆、豪华公寓及跑马场"一道,

---

① 郁达夫.电影与文艺[M].银星,1927(12);罗艺军.20世纪中国电影理论文选:上[M].北京:中国电影出版社,2003:88.
② 作者因见天津平安电影院男女杂坐有感而发。游戏文章·都门竹枝词·莘田(却赠)[N].申报自由谈,1918-07-13.电影院男女混坐情形各地不一,上海租界多不在意,但在县城清政府当局多禁止。
③ 李道新.中国电影史研究专题[M].北京:北京大学出版社,2006:35.
④ 钱化佛口述,郑逸梅撰.三十年来之上海[J]//汪朝光.早期上海电影业与上海的现代化进程[J].档案与史学,2003(3):28-35.

"不仅在地理上是一种标记,而且也是西方物质文明的具体象征"[①]。从青莲阁起家的西班牙人雷玛斯首先在上海建成了一个影院联盟。钢筋水泥和混凝土框架结构代替了传统的"立贴式砖木结构",装饰"洋气"考究,在大获成功后引发了争相攀比的"雷玛斯影院模式"。有"皇宫"之誉的大光明电影院,"外观是大面积的玻璃窗,半透明玻璃灯塔高高耸起",售票处、观影厅、休息厅、咖啡馆、舞厅、弹子房一应俱全,门厅"嵌有铜条的彩色磨石子",三座喷泉"水花能幻五色,绮丽夺目",观众厅上下两层,近两千个"柔软舒适"的座位"以同心圆弧形排列"。不仅是建筑,据说其领座员多为打扮时髦的白俄女郎,其制服都是"不惜工本在沪上第一流时装店'绿屋夫人'定制的"[②]。

影院建筑作为"物质文明"的具体象征,对其内部的流动居者提出了身体文明的要求。不是所有的电影院都如"远东第一影院"般具有"欧洲皇宫"式的奢华,但几乎所有的电影院都对观众做了观影礼仪的规范,原本在"文明戏"中的"灌输文明思想"也由此落在了行为举止之上——一种来自新式空间对身体的"规训"。1921年《影戏杂志》甫一创刊,就以《影戏观众之十诫》为题,将那些无形规章总结成文,其中细到如何入座、如何擤鼻涕、"勿携有壳之食物"、不要吸烟、不能将脚踏入前座椅缝等;最重要的规范是要保持安静,比如不要与友朋频繁交谈、"勿高声扰乱他人"、不要跺脚表示快乐、遇放映故障"切勿狂叫"等[③]。"安静"还是影院对声音的一种刻意营造。几乎所有的影院都在广告中对来自西方乐师的配乐大肆宣扬,诸如"全班优美音乐师演奏妙曲""名乐师配奏特选音乐俾观众极视听之娱"云云[④]。

在塑造"静观"以"入戏"这一观看方式上,本雅明曾在西方语境下论及,看电影是一种新的"社会行为的练习",面对由机械复制聚集起来的大规模受众,电影"一度提供了个人独自观赏的情境","其感受度之强烈不亚于从前在神殿里独自静观圣像的修道士"[⑤]。在中国的情境下,"静观"则是对民众习以为常的"热闹"消遣娱乐习惯的改造。

---

① 李欧梵.上海摩登:一种新都市文化在中国 1930—1945[M].毛尖,译.北京:北京大学出版社,2001:6.
② 郭佳莹.20世纪初上海放映业殖民性研究:以大光明大戏院为例[D].上海:华东师范大学,2013:10,14-16.
③ 影戏观众之十诫[J].影戏杂志,1921,1(3);胡霁荣.中国早期电影史(1896—1937).上海:上海人民出版社,2010:22-23.
④ 申报,1929-02-22(增刊)(2);申报,1929-01-04(增刊)(5).
⑤ 本雅明.迎向灵光消逝的年代:本雅明论艺术[M].许绮玲,林志明,译.桂林:广西师范大学出版社,2004:91(见注释:27,28),111-112.

无论酒肆、茶馆中的分桌聚谈,还是戏园、公园里的听戏品评,"热闹"之处可谓"其人如蚁聚,其声如蜂屯","好听之声如万鸦竞噪"①。从"闹"到"静",连同进入影院的着装与举止,同样可视为晚清上海都市人一种新的"社会行为"的训练,"独自观赏"将观影者从各种现实中的网络关系中暂时解脱出来,投入虚拟的影像世界。

电影院里的新观众还有另一种"社会行为的练习",它更为直接地将"集体的眼睛"带入全球影像工业链条中进行打磨,这就是"一战"之后在上海银幕上占据着主导地位、由好莱坞电影组构而成的那个"梦幻世界"②。米高梅、派拉蒙等好莱坞八大制片公司先后在上海设立了办事处。1926 年郑正秋在为其影片撰写广告词时,就宣称:"中国之上海,犹如美国之好莱坞。影片公司,星罗棋布;电影明星,荟萃于此。"③如研究者所总结的,在被称为"经典好莱坞时期"的大制片厂时代,影片中"所有的电影元素都服务并从属于叙事","剪辑、场面调度、布光、摄影机运动和表演联合产生一种透明的风格,以使观众只留意于影片所讲述的故事而不去关心讲述的方式"④。事实上,这正是通过对流动影像的精心雕琢使观众"静观入戏"的一种固着化的策略。在"讲故事"方面,米莲姆·汉森认为,从 1907 年到 1917 年十年间,好莱坞电影通过诸如"越来越关注角色的动力、个人心理以及明星的个人魅力"这些"特殊的策略",对叙事方式进行推敲,从而"使得通过特殊的文本策略来预测观众成为可能,从而规范经验性的差异,甚而在某种程度上,规范无法预计的接受行为"⑤。

好莱坞的影像故事作为适合全球"经验各异"之观众的"新世界语",显然对远在东方的上海观众也颇为有效。上海早期放映的好莱坞电影以滑稽喜剧片、侦探片和爱情片居多。1919 年周瘦鹃曾略带夸饰地描述沪上市民观影盛况,"每值换片之期,人必蜂屯而至,在坑满坑,在谷满谷,鼓掌哗笑之声,几欲破影戏院四壁而出"⑥。对上海观

---

① 池志澂.沪游梦影[M]//陈平原,夏晓虹.图像晚清.天津:百花文艺出版社,2001:254;彭丽君.哈哈镜:中国视觉现代性[M].张春田,黄芷敏,译.上海:上海书店出版社,2013:159.
② 据不完全统计,1896 年至 1924 年在中国放映的外国影片,有将近 50% 为美国出品。
③ 李道新.中国的好莱坞梦想:中国早期电影接受史里的 Hollywood[M]//孙绍谊,聂伟.历史光谱与文化地形:跨国语境中的好莱坞和华语电影.桂林:广西师范大学出版社,2012:113-126(122).
④ 艾伦,戈梅里.电影史:理论与实践[M].李迅,译.北京:中国电影出版社,1997:115.
⑤ 李欧梵.上海摩登:一种新都市文化在中国 1930—1945[M].毛尖,译.北京:北京大学出版社,2001:114-115.
⑥ 周瘦鹃.影戏话(二)[N].申报·自由谈,1919-06-27.

众而言,银幕世界已是"破壁而出",融入他们的现实世界,典型如都市中兴起的"明星崇拜"①。最为观众熟悉的美国女星是侦探长片中常见的女主角"宝莲"(Pearl White,旧译"白珍珠"),"宝莲"甚至成为一个"普通名词","不识英文的人,看影戏看见了女明星,总叫她'宝莲'"。1920 年代初的上海,"宝莲装束"成为时髦女子争相追模的对象,也与西装、跳舞、游泳、听唱片、骑马、骑自行车和驾驶"亨美斯"汽车一道,成为摩登者竞欲仿效的城市生活方式②。

回到费穆提出的问题上来:经由从影院空间到观影方式,以及好莱坞式的"全球白话"影像的洗礼,电影观众与"文明戏剧场里的观众"有了怎样的不同? 很显然,电影观众规模更大,聚聚合合更富有日常节奏;他们也更个体,更能习惯于安静地入戏。最为重要的是,相比"文明戏"或者其他戏曲剧场里的观众,上海电影观众已是全球性影像工业链条的组成部分。在上海这个"东方巴黎""西边的纽约""世界的第六大都市",一如世界各地都市,看电影成为相似的时尚消费和摩登生活方式。而电影院网络从一开始,就将身处上海的观众带入全球都市的时空重组节奏之中。他们"同步"地观看着好莱坞的最新影片,也"同步"地消费着好莱坞影星从"怪脾气"到"爱犬"的私人生活,尽管他们的"同步观看"被商业资本精细地区分为"首轮""二轮"之类,对影星的"同步消费"也面临着身体"关山万里""远隔重洋"的重重屏障。

四、理解"观众":视觉政治中的都市漫游者

究竟该如何理解在世纪之交诞生的上海电影观众? 李欧梵把本雅明城市"漫游者"的概念应用到电影观众上,"现代的漫游者就是电影观众。最完美的漫游者就是最热情的电影观众"③。不妨说,上海电影观众也是新兴的"全球都市"中"最热情的漫游

---

① 有研究者指出,摄影术的出现使中国大城市中"明星崇拜"成为可能,这大体始于晚清搜集名妓照片的风潮。叶凯蒂.上海·爱:名妓、知识分子和娱乐文化 1850—1910[M].杨可,译.北京:生活·读书·新知三联书店,2012:88.
② 李道新.中国的好莱坞梦想:中国早期电影接受史里的 Hollywood[M]//孙绍谊,聂伟.历史光谱与文化地形:跨国语境中的好莱坞和华语电影.桂林:广西师范大学出版社,2012:117.
③ 李欧梵.上海摩登:一种新都市文化在中国 1930—1945[M].毛尖,译.北京:北京大学出版社,2001:131.引文稍有改动,"漫游者"在该书中被译为"游手好闲者"。

者"。不过,在做出这样的判断的同时,我们还是要回顾一下本雅明隐埋在"漫游者"之下的感伤与期待,以免陷入概念带来的表象迷失中。

本雅明的阐述,感伤与乐观并存——电影感知是一种"散心的感觉之道","真的,连续不断的影像阻碍了观众心灵的任何联想,其创伤性的影响力便是由此得来"。然而,电影在其眼中又具备"解决最艰难最重要的工作"("动员群众")的可能,所以他又将电影与建筑相关联。建筑自古以来"呈现的是一种以散心和集体方式来感知的艺术品模范感知",这种感知同时是触觉和视觉的,但依靠"习惯与适应"的触觉感受方式,又"在很大程度上决定了"依靠"专注"的视觉性感受。"在历史的重要转型期,人类感官必须面临的任务向来都不仅仅以视觉渠道为主","反而需要在触觉感受的引导下慢慢适应"①。

同样"在历史的重要转型期",上海电影观众对"漫游"中"散心的感觉之道"在"逐渐适应习惯",但提供身体触觉的"建筑"本身也同样处在变动之中,而这种"适应习惯"同时也是感知在各种流动的话语网络中经受着编织与再编织。一方面,上海观众在影院里对"安静"的要求的"适应习惯",某种意义上可以说实现了某种"转型","这个事实是现代文化深刻的主体转向的一部分,是内在性的一种新形式"②;但另一方面,本雅明的期待有些过于乐观。电影观众确乎是处于米莲姆·汉森所说的一种集体"感知反应场"之中,但作为漫游者的电影观众,同时是最早的全球都市中的居者和游牧者,他们从来不仅仅在影院里存在,因应这种复杂的都市网络牵连,"另类公共空间"事实上充满了混杂、流动和不确定性。在这个意义上,正像建筑空间从来具有最深厚的包容性,当最早的上海电影观众自茶园、戏园里诞生,他们的观看与感知,便注定同时嵌入了城市越来越复杂的异质性。

20世纪的第一个十年,沪宁、沪杭铁路相继建成开通。除了城市间的火车,同样

---

① 本雅明.迎向灵光消逝的年代:本雅明论艺术[M].许绮玲,林志明,译.桂林:广西师范大学出版社,2004:94,96-97.正如麦奎尔在其"媒体城市"研究中所注意到的,只有从此视角出发,本雅明眼中电影与感知之间的关系,尤其是"视觉无意识"这一概念的全部分量才可能得到真正理解。同样,麦奎尔通过引用弗里斯比的观点,对西美尔的"漠然态度"做了针锋相对的批评,只有"拥有相对安稳可靠的社会地位",才能承担得起那种漠然。麦奎尔.媒体城市:媒体、建筑与都市空间[M].邵文实,译.南京:江苏教育出版社,2013:99,92.
② 泰勒.承认的政治[M].董之林,陈燕谷,译//汪晖,陈燕谷.文化与公共性.2版.北京:生活·读书·新知三联书店,2005:294.

的刺激还来自城市中的公共汽车、有轨电车。移动的交通工具,加剧了视线在漫游中的流动。诸如"皇宫"般的电影院自不必说,与电影院同处街道闹市区的大游乐场、百货公司,也在极尽"声光化电"的"视听之娱",同时加入对电影观众的争夺之中。1917年,"大世界"游乐场建成开业,规模和设施都远超两年前的"新世界";同一年,中国人自建的第一座融合了购物与游乐的大型百货公司——先施公司在南京路开张,其建于楼顶的"先施乐园"引发了上海流行一时的"屋顶花园"模式。电影在这些地方上映,"最热情的电影观众"漫游在"大世界"的"乐园"之中,一如他们流连在令人眼花缭乱的购物橱窗之前①。而且,仿佛是一个象征,上海"大世界"在建成刚满十年之际即拆除重建,电影院也在其时纷纷加入翻新改造的热潮中。

比之都市建筑的景观翻新,影像虚拟世界中的"奇观"制造,可谓有过之而无不及。无论中西,早期电影很大程度上都以此为能事,所谓"机关精巧,层出不穷""出鬼入神,变幻莫测""机关幻术实无其匹"云云,甚至声音也被视为一种"奇观"。在上海第一部"雄鸡能啼,拍手会响"的有声片开映之际,影戏院门口大书"旷世奇观"四字②。不仅电影,同期的文明戏、戏曲也争相上演"大套戏法"③。中国自制的第一部侦探长故事片《阎瑞生》,更是将都市生活中的真实刺激做了最大限度的视觉渲染。这部影片取材于妓女被图财害命的一则轰动性社会新闻,其时早已在"文明戏"等舞台上引发观看风潮。电影不仅选择了与男女当事人相熟的朋友做主角,还将诸如妓院、跑马场、车站、检察厅、教堂等一律取实景,甚至当事人兜风的跑车也被用作道具,更以写实方式再现了下毒、勒杀、验尸等血淋淋的细节。有研究者认为,整个20世纪的中国电影史,"动作性、奇观性和互文本性被堂而皇之地应用在戏曲片、功夫/武侠片等各种形式中"④。

本雅明辩证地要从电影感知之道上为他的感伤寻找出路,但他的乐观还是受到了现实中"政治艺术化"的迎头痛击⑤。同样,一旦上海"观众"释放出他的力量,对他进

---

① 李欧梵.上海摩登:一种新都市文化在中国1930—1945[M].毛尖,译.北京:北京大学出版社,2001:131;彭丽君.哈哈镜:中国视觉现代性[M].张春田,黄芷敏,译.上海:上海书店出版社,2011:200-201.
② 平凡.夏令配克影院闭歇[J].电声电影周刊,1934,3(40).转引自:郦苏元,胡菊彬.中国无声电影史[M].北京:中国电影出版社,1996:276.
③ 许敏.上海通史(第10卷):民国文化[M].上海:上海人民出版社,1999:99.
④ 法克哈,裴开瑞.影戏:一门新的中国电影的考古学[J].刘宇清,沈大春,译.电影艺术,2009(1):66-67.
⑤ 麦奎尔.媒体城市:媒体、建筑与都市空间[M].邵文实,译.南京:江苏教育出版社,2013:117-118.

行驯服者就会接踵而至、如影随行。然而,在现代都市的语境下,这种对"观众"的争夺也表现出少有的话语多样性。例如,面对西方电影,有人看到了"影片的输入给当时文化程度较低的中国民众带来一种进步的世界性的观感"[①],也有人将"好莱坞"批得体无完肤,"美国电影在上海猖狂了几十年,它的唯一的影响就是把上海变成了一个十足好莱坞化的罪恶的都市"[②]。而面对中国电影,既有"一班中国的智识阶级"抱有"出乎意想之外"的"悲观绝望"[③],也有人试图为被舆论大加贬伐的"古装片"正名:"真正能代表平民说话,能呐喊出平民心底里的血与泪来的,惟一只有这些生长在民间流传在民间的通俗故事"[④]。

上海观众在光影中流动的"即时性"感观和"直接的情感体验",就此被涂抹上一层又一层驳杂的政治色彩,它们会沉入到集体潜意识中,为某种"动员"做好准备。这正显示出,电影观众所置身的"另类公共空间",表征着"白话现代主义"中"高等文化和低等文化、视觉和文字、艺术和政治之间"更为复杂的"相互作用"。正如研究者所指出的:"如果说五四新文化运动的影响,在二十年代的电影创作中表现得不是很突出,那么,在二十年代的电影评论中却表现得很明显。"[⑤]在影像、报章的共同塑造之下,上海这座"世界上最五方杂处的都市",它的形象在19世纪二三十年代一直"在本雅明意义上的大众暴动之城(城市大众集体反抗的可能地点)和极端享乐的世俗迷醉(刘呐鸥语)之城之间来回摇摆"[⑥]。

从茶园、文明戏剧场到电影院,构成"观众"诞生的底色,是一种新兴的全球都市文明。作家郑振铎在电影院里敏锐地捕捉到了这种"都市文明"。他注意到,影戏院中"规则与秩序是维持得很好","清洁与安逸也能充分地注意",由此"颇可使上海居民受

[①] 郑君里.现代中国电影史略[J].电影创作,1989(2).
[②] 史卫斯.清除美国电影的毒素[J].青春电影,1949(19).
[③] 郁达夫.电影与文艺[M].银星.1927(12);罗艺军.20世纪中国电影理论文选:上.北京:中国电影出版社,2003:89.
[④] 天一公司十年经历史[M]//中国教育电影协会.中国电影年鉴1934(影印本).北京:中国广播电视出版社,2008;丁亚平.中国电影理论文选(1897—2001):上.北京:文化艺术出版社,2002:173.
[⑤] 孙师毅.往下层的影剧[M]//罗艺军.20世纪中国电影理论文选:上.北京:中国电影出版社,2003:76.
[⑥] 史书美.现代的诱惑:书写半殖民地中国的现代主义(1917—1937)[M].何恬,译.南京:江苏人民出版社,2007:277.

到了向来所不曾习惯的团体生活与娱乐的规则"①。值得注意的是,郑振铎对观众"不文明"的举止的抱怨,联系着对中国电影前途的感慨,并特别引申出一些五味杂陈的都市感伤②:

> 这并不是我们生来多伤感,乃是这个大都市的上海可伤感的事实在太多了。这种伤感,也并不是那一班浅薄无聊的都市咒骂者的"都市是万恶之源"一类的伤感,我们是赞颂都市的,我们对于都市毫无恶感,我们认为都市乃是近代文化的中心,我们并不敢追逐于自命清高者之后以咒骂都市。我们之伤感,乃是半由民族的感情而生,半由察觉了那两种绝异的东西文明之不同而生。

在这里,作家眼中观众举止的不文明,与都市有关,但显然更联系着宏大的"民族感情"乃至"绝异"的"东西文明"。不过,无论作者自己是否已"察觉",这种"伤感"之可能,本身就是都市的产物,而且它已参与到"那两种绝异的东西文明"交通与融合之中了。而"观众"作为一种特定类型的共同体,在这种交通与融合之网中的漫游,也注定要面对波德莱尔(Charles Baudelaire)眼中现代性那种种矛盾的激荡,以及由此而生的宿命般的不确定性。上海电影后来的历史经验也充分证明了,重塑"观众/共同体"与改造城市,二者是同一个过程。

---

① 郑振铎.影戏院与"舞台"[M]//余之,程新国.旧上海风景录:下.上海:文汇出版社,1998:17.
② 郑振铎.影戏院与"舞台"[M]//余之,程新国.旧上海风景录:下.上海:文汇出版社,1998:17.

"移动"的居家:抗战前上海都市生活的新形态

◎黄 华[*]

摘要:本文从"新移动范式"出发,探讨近代以来交通发展促成人员的空间移动,对传统的"家"产生的某种无意图、"破坏性"的影响,并形成一种都市生活的新形态。作为接受欧风美雨的最外层地带,上海居家的现代性变革相对于其他区域来说具有"超前性",以作为一般小市民的家——石库门的居家空间的历史变迁为例,借之窥探"家庭革命"之另一重脉络,呈现交通、移动、居家这三者间关系的某一面向。本文主要选择包天笑、郁达夫的移动经历展开论述,在不断"加速"的移动之下,他们的移动范围和频率早已超越了父辈的想象,苏州和上海的双城生活也成为可能。上海石库门的居家早已失去传统的"灵韵",配合都市的生长和"移动"主体的不同需求。因而,当地方从固定走向流动,我们有必要破解其中资本、政治权力的运作和诡计,而非沉溺于对无地方感的哀叹。当然,移动仍然是有限制的移动,有一部分人被排斥在移动之外,比如棚户区的贫民和工人,他们处于城市的边缘地带,被禁锢于一个狭小的空间之内。

关键词:移动;石库门;居家空间;地方

四十多年前,我从上海回到家乡去,先父好几回对我说:"你们听到了吗?地盘动了!"我说我没听到过,我并没听懂他所说的地盘动了是什么一回事。……"地盘"这一名词,在我们乡间,有着"风水"的意味。用我的说法,则是自然环境和人文环境的交织意味。先父所以把这件事看作是神秘而严重,

---

[*] 黄华,福建师范大学传播学院教授。

盖有着天下大变的预感……到了后来,我才知道他所听得的,乃是小火轮的声音……船行之日,接近我们家乡那一段(相距二十五华里),就可以听得一阵潮来似的声音,先父以为地盘动了,也就是这一种声音。

……

不过,"地盘动了"这一预感,我所感受的,倒比先父还深切得多。先父去世后不久,杭江铁路便动工了……和浙赣线相辅而行的杭徽公路、杭衢公路都已完成……后来浦江——兰溪之间也筑成了公路。朝发杭州,暮归蒋畈,我们把雪糕在上海装进暖水壶,第二天下午到了家乡,跟亲友们吃个时新,真的开洋荤了。我的前半生,都在航船与小轮船中过旅行生活,杭衢之间至少得化五天工夫,这一来都缩在一天之中。而今,的确地盘动了,生活方式也变了,只是先父不及见了。①

上面两段摘自曹聚仁的回忆文章《地盘动了》。"地盘动了"在这里不只是人的一种感受——小火轮航行时在周边区域引发的震颤感,也预示了当铁路、公路进一步延伸,火车、轮船等新式交通工具投入使用之后,速度的提升让小村落和外部世界的联系日趋紧密和广阔,撼动了传统村落既定的生活秩序和节奏。"我的前半生,都在航船与小轮船中过旅行生活",这在从未出过浙东小村落的庄稼人,抑或一生只到过杭州两次的曹聚仁先父那里,完全是不可想象的,甚至很可能被视为"颠沛流离"。这除了交通不便将人们困守于一隅之外,在传统社会中,人们往往因战乱、灾难、贫穷而选择背井离乡,再加上"父母在,不远游"的古训,因而离家、外出往往是不得已而为之的举动。近代以来,外出求学、谋生渐成"潮流",成为大多数青年人的一种自主选择。

1900年代,包天笑面临着困守家乡还是去上海发展的选择。同样,在1901年,浙江的周作人主要通过水路前往南京读书。这当然不能不考虑到科举制度废除前后,像周作人、包天笑这样"衰落了的读书人家子弟",既不甘于旧式出路,又怀有抱负,就只能远离故土,寻找新的机会。在清末教育制度改革之后,教育资源逐渐往大城市聚集,这也促成了青年人的空间位移。但如若交通未曾发展,出行如上蜀道,估计流动很难

---

① 曹聚仁.地盘动了[M]//我与我的世界:上.太原:北岳文艺出版社,2001:38-39.

发生,继而青年的生命轨迹就被定格在乡间,重蹈长辈们的命运。1920年代以后,青年人纷纷离开乡关,去往北京、上海。1927年,当上海取代北京成为新的文化中心,各地青年更是将上海视为"应许之地"。无论人们对上海怀有怎样的期许,抑或是在上海做短暂停留,又或者是打算拖家带口安定下来,都需要解决居家的问题。那上海的"家"和故乡的"家"存在何种差异?

在近代中国不少读书人的心目中,传统家庭失去了对个体的护佑功能,反而成为对个体的囚禁力量,家庭形象的负面化是近代对中国传统认知负面化的一个部分。再者,在"为国破家"的话语中,"家庭"成为国民认同的障碍,沦为革命的对象。① 但大家庭的负面化这一刻板印象有多少是通过《家》这样的小说建构出来的,读者由之而来的自我投射所形成的负面的家庭形象原在虚实之间。原本正常的家庭被视为负面的,而原本反常的家庭革命反倒变得合乎逻辑。② 因而,这种"一边倒"的观念本身就显得很可疑。正如罗志田所言:民初的生活方式已开始转变,至少城市中的年轻人,似乎不能不走出被视为封闭的家门而进入开放的社会。尽管家庭革命更多是一个充满想象的城市论述,不少乡村以及小镇的年轻人也有着类似的向往。③ 这里可以将生活方式之变理解为"地盘动了",而个体的向外流动导致旧式控制的鞭长莫及,家长制的权威渐趋没落。

近代以来,上海是流动人口的聚集地,从19世纪后半叶开始因战乱等原因被动流入到20世纪前后的主动流入,上海如何应对人口大量流入而导致的住居紧张?新的居家模式的建立对传统家庭秩序产生何种冲击?作为接受欧风美雨的最外层地带,上海居家的现代性变革相对于其他区域来说具有"超前性",也就可以借之窥探"家庭革命"之另一重脉络。就居家而论,上海的住屋既有装修华丽的花园洋房、钢窗蜡地、煤卫齐全的新式里弄,也有位于沪西、闸北的棚户区,还有上海小市民居住的石库门。卢汉超就说:里弄,或者称作弄堂房子,虽然遍布全上海,却又往往容易被人们忽视……对本地居民来说,里弄就是一般市民的家,别无他义。④ 因而,石库门的居家模式是上

---

① 赵妍杰.为国破家:近代中国家庭革命论反思[J].近代史研究,2018(3):74-86.
② 罗志田.重访家庭革命:流通中的虚构与破坏中的建设[J].社会科学战线,2020(1):79-88.
③ 罗志田.重访家庭革命:流通中的虚构与破坏中的建设[J].社会科学战线,2020(1):79-83.
④ 卢汉超.霓虹灯外[M].段炼,吴敏,子羽,译.上海:上海古籍出版社,2004:131.

海普通家庭、个体的日常,具有一定的代表性。本文主要围绕晚清、民国时期上海石库门的居家展开,揭开传统的居家和石库门里的居家空间意义的变化,呈现交通、移动、居家这三者间关系的某一面向。

一、从"新移动范式"出发

按照约翰·厄里(John Urry)对"移动"(mobility)进行的五个层次的概括,第一层次就是人们因工作、休闲、家庭生活、娱乐、迁徙和逃离等原因进行的肉身旅行。① 本文对"移动"的界定就是在"肉身旅行"这一层面上展开。对"移动"最简单的理解就是从 A 处到 B 处的运动(movement),在蒂姆·克雷斯维尔(Tim Cresswell)看来,移动比通常所说的运动具有更多的内涵。移动是有意义的运动。他不满于地理学家和社会学家对移动的忽视,认为移动与空间、社会等主题同样重要。② 大卫·哈维(David Harvey)、詹姆逊(Fredric Jameson)、吉登斯(Anthony Giddens)和鲍曼(Zygmunt Bauman)等理论家都强调了日益加快的速度和移动性对社会文化的影响,以及时空压缩技术在破坏、颠覆和脱离既有社会结构中的作用。③

存在两种围绕着对移动、空间秩序和地点的理解而展开的视角:栖居主义的形而上学(sedentarist metaphysics)和游牧主义的形而上学(nomadic metaphysics)。④ 在前者看来,移动性同"污染、破坏、灾难、危险、不稳定"联系在一起,被视为病理性的(pathological)存在。回溯"移动性"(mobility)一词,直到 17 世纪,mobility 才进入英语世界,当时被应用于解释个体、身体、四肢和器官的运动。它涉及的是一种运动的能

---

① URRY J. Does mobility have a future? [C]//Mobilities: new perspectives on transport and society. Ashgate Publishing Company, 2011:4-5. 另外四种包括:物品的实际流动,如食物和水在生产商、消费者、零售商之间的流动,礼物和纪念品的收发;通过各种印刷和视觉媒体呈现的地方和人的图像中产生的想象性的旅行;超越地理和社会距离的、在实时时间(real time)中的虚拟旅行;通过信息、明信片、文本、信件、电报、电话、传真和手机展开的人与人的信息交流,谓之社交(communicative)旅行。这五个层次是相互依赖(interdependent)的关系。

② 阿迪. 移动性[M]. 戴特奇,译. 北京:北京师范大学出版社,2020:36-37.

③ MORLEY J. Communications and mobility: the migrant, the mobile phone, and the container box[M]. Wiley Blackwell, 2017:62.

④ Tim Cresswell. On the move: mobility in the modern western world[M]. Routledge, 2006:26.

力,同自然科学中的运动(movement)可互换使用。除了具身的以及自然科学意义上的运用之外,移动性也被用于社会意义的层面。到了18世纪,可运动的、易激动的群众被视为"移动性"(与贵族相对),后来被简称为暴民(mob)。① 由此见之,移动在西方社会曾经也遭遇过否定和贬抑。

谈及移动,不可避免地就会提及交通和信息传递媒介,借助这些传播工具,人员、思想、信息和物体的流动才能成为可能。在厄里看来,社会并非一套静态的关系、结构和制度,而是在移动之中组织和生成的。但大部分社会科学研究仍然停留于"非移动"的立场,如厄里所言:城市社会学的许多研究都是静态的,很少关注进入和穿越城市的任何形式的移动。比如,对汽车的理解,社会学通常将之视为中性的技术,忽略了汽车的关键意义,它如何重塑了公民社会,汽车化的时空又如何引起居住、旅行和社交活动的变化。② 厄里等人提出的"新移动范式"(the new mobilities paradigm)旨在校正"非移动"的研究倾向,试图"超越交通研究和社会学研究的二分法,将社会关系纳入旅行之中,并将不同形式的交通与由远距离通信产生的复杂的社会经验模式联系起来"③。戴维·莫利(David Morley)重新定义传播议程,一个关键的问题就是引入"流动性"这一研究范式,流动性作为一个范畴,涉及联系(各种关系的缔结)、距离(空间和位置)以及运动(流动过程中的伴随性),流动性成为传播学与交通地理学共同关注的对象。④ 由此,既可以让传播的"交通"意涵重新回归到传播研究的视野之中,也能够探讨由"移动"引发的人和城市、人和地方、人和人的关系的影响。⑤

厄里承认移动不是一个新的现象,但是他认为当代移动的规模、多样性和日益增长的相互联系(沿着虚拟和物质的维度)是他所说的我们这个时代的"流动综合体"的特征。⑥ 当然,本文所聚焦的时间段大体在1900年代至抗战爆发前,区域间的铁路、

---

① Tim Cresswell. On the move: mobility in the modern western world[M]. Routledge, 2006:20.
② URRY J. Sociology beyond societies: mobilities for the twenty-first century[M]. 1st Edition. Routledge, 2000:58-59.
③ SHELLER M, URRY J. The new mobilities paradigm [J]. Environment and planning A, 2006(38):208.
④ 王鑫.物质性与流动性:对戴维·莫利传播研究议程扩展与范式转换的考察[J].国际新闻界,2020(9):159-176.
⑤ 卞冬磊.遗忘与重建:作为"传播"的"交通"[J].新闻大学,2021(1):36-47.
⑥ MORLEY D. Communications and mobility: the migrant, the mobile phone, and the container box[M]. Wiley Blackwell, 2017:60.

航运和城市内的公共交通的发展促成了个体比在以往任何时间都更大规模的"加速"移动。这种跨越物理空间的实实在在的移动逐渐将人们拉出原来的生活世界,扩展了移动空间,拓宽了交往圈层。如果说近代以来书与报打开了偏安一隅的读书人有关世界、国家、地方的空间想象,那么交通方式的革新不仅让个体在行旅中感受空间的流转,也让沉寂的地方运动起来,实实在在地经历可见和不可见的变化。所以,在聚焦于维利里奥的"速度学"的同时,我们有必要回看历史,找寻机械化的速度突然冲击传统运转的惯性时,由之所引起的从观念到行动变化的多重光谱。

无论是在西方还是在中国,"家"都具有丰富的意涵。人文主义的地方研究取向以家为核心,多半要归功于海德格尔把"寓居"(dwelling)当成真实存在(authentic existence)的理想类型,以及另一位欧陆现象学哲学家巴舍拉的著述,后者认为家屋/家是享有特权的地方,塑造了人们继续思索更宽广宇宙的方式。[①] 在传统中国,"家"既是权威的象征,也是道德的空间。前文述及的"地盘动了",是生活秩序、社会关系发生变动的预警。当青年人沿着延伸的铁路、航道向外移动时,原本整齐、有序的大家庭也因家庭成员的流散而行将瓦解,"家"开始摆脱传统的重负而奔向了现代性之路。本文尝试从"新移动范式"出发,探讨在近代上海,当移动渐成日常,"家"发生了何种变革,具体落在居家空间、在都市移动中"家"的位置这两个层面上。本文主要选择包天笑和郁达夫的移动经历,原因在于:其一,像交通、住家这类"日用而不知之物"在很多回忆录、日记中所涉不多,包天笑的移动记录相对比较详细和完整。自1926年底郁达夫来上海之后,其在1927年的日记中大量记载了日常行程和生活中的琐碎细节。两人的移动经历可互为补充。其二,两人都和上海时空产生或深或浅的关联。包天笑在上海居住了40年,郁达夫的上海岁月在其漂泊的一生中相对较为安稳。

二、习以为常的双城移动:以包天笑为个案

明清时期,长三角地区人口流动的主要交通工具是舟船,即所谓"南船北马"。在各类舟船中,轮船的速度远快于航船,它将沪杭间的行程由五六天缩短至24小时。火

---

① CRESSWELL T. 地方:记忆、想象与认同[M]. 王志弘,徐苔玲,译. 台北:群学出版有限公司,2006:43.

车则大大缩短了旅行时间,加速了人口流动。① 1905年,沪宁铁路动工兴筑,1908年4月竣工。全线自上海起经苏州、无锡、常州、镇江至南京江边,干线全长311公里,另有淞沪支线16.1公里。② 与此同时,连接上海与杭州、宁波的沪杭甬铁路也开始筹划建设,1909年9月沪杭段建成通车,此后在不同时间点进行其他路段的建设。1912年,津浦铁路全线通车,在沪宁杭地区和华北地区之间建立起更方便的联系。1914年,津浦铁路与沪宁、沪杭甬、京奉、京汉等铁路联运,打通了沪宁杭地区和华北、东北的货物流通的陆路渠道。1930年代浙赣线通车,成为沪宁杭地区通往腹地的主要陆路通道。③ 1916年12月,沪杭甬铁路与沪宁铁路接轨之后,沪宁铁路在1920年客运人数增至488.2万人次,沪杭铁路的客运量也稳步上升至357.1万人次。④ 铁路提升了不同城市、区域间的联动速度,巩固了上海在交通网络中的中介中心的位置。

包天笑于1897年供职于东来书庄之后,常常往返于苏沪两地,到日本书店选书、购书,也去出版、发行的地方商谈代理业务。据他回忆:那时苏州与上海,火车还未通,但小轮已经有了。小轮船苏沪往来,也不过十五六个小时,每天下午三四点钟开船,到明天早晨七八点钟,便可到了。比从前苏沪往来,坐船要三天两夜那就便利得多。⑤ 到上海之后,包天笑就住在普通的客栈、旅馆里,待到事项办妥,就回到苏州。1901年之后,包天笑考虑到南京就在江苏,距离不算远,就决定去南京蒯礼卿家担任教读先生。那时沪宁铁路尚未开通,从苏州到南京,要先到了上海,然后乘长江轮船到南京。包天笑从未到过南京,便由一位几次去过南京的老佣人陪同。⑥ 在南京待到年底,包天笑就回家度岁,新年一过,又回到蒯家。后来,包天笑又去了上海,先后在金粟斋、启秀编译局、广智书局的编译所、珠树园译书处工作。每个月总要回去一次,留在家里两三天,或是三四天。"那个时候苏沪火车未通,小轮船也甚为便利。"⑦ 从上海译书处倦

---

① 岳钦韬.近代长江三角洲地区的交通发展与人口流动:以铁路运输为中心(1905—1936)[J].中国经济史研究,2014(4):160.
② 龚云.铁路史话[M].北京:社会科学文献出版社,2011:42.
③ 徐占春,代祥.1898—1936:沪宁杭铁路与其经济带的建立[J].兰台世界,2007(12)(上):62-63.
④ 戴鞍钢.清末民初上海与杭州的交通联系[C]//上海档案史料研究:第9辑.上海:上海三联书店,2010:61.
⑤ 包天笑.钏影楼回忆录[M].北京:中国大百科全书出版社,2009:176.
⑥ 包天笑.钏影楼回忆录[M].北京:中国大百科全书出版社,2009:205.
⑦ 包天笑.钏影楼回忆录[M].北京:中国大百科全书出版社,2009:232.

游归来,包天笑处于失业状态,不过他不再想处馆教书,但若另谋生计,在苏州则无其他出路。1902年之后,母亲、祖母相继去世之后,家中少了牵挂,包天笑想出外做事,上海仍是首选,且苏沪往来方便,一夜可达,也可照顾家眷,双城生活亦无不可。

经人介绍,1904年左右,包天笑去了山东青州府中学堂任监督。1906年,他辞了青州府的差事,来到上海。他的打算是自己在上海就事,家眷在苏州。那时,苏沪铁路正式运营后,从上海到苏州,只需两个半钟点。① 友人建议让家眷也留在上海,"从前你有祖老太太在堂,不能离开苏州,现在仅有夫妇两人和一个女孩子,只是一个小家庭,你既在上海就事,便没有回苏州的必要"②。就此,包天笑偕妻女在上海长住下来。此后,包天笑虽也常常往返于苏沪两地,不过一两天就回到上海,在苏州的老房子住得越来越少了,那些家具旧物倒成了累赘。

1900年代,类似包天笑这样家道中落、有一定新思想的青年人都开始了"移动"。包天笑在励学会的朋友,大半离开了苏州,有的去了日本留学,有的在上海谋职,一般留守苏州的人是绅士、富家子弟、旧式文人和教读先生这四类人。从旧时民船,需费三天工夫才能从苏州抵达沪上,到小轮船所费不过十五六个小时,再到铁路将通行时间缩短至两小时左右,不同方式的移动,都在塑造新的移动经验和时空感受。交通的便捷带动个体移动的"加速"和频次的增加,增强苏沪两地的空间关联,使得双城生活成为可能。与1900年代前后包天笑离开苏州时的"犹疑"和牵挂不同,个体跨区域的移动成为"想走就走"的行旅。1927年在上海的郁达夫曾做过一件疯狂的事,在得知王映霞某天要离开上海回到杭州后,他于1月23日一大早就上北火车站,欲和她碰面。他在火车站等了两个多小时,车开了,却不见王映霞的踪影,辗转至龙华站也未果,遂决定补票到松江等候去杭州的第二班车次,下午五点多钟到了杭州。寻人未果。第二天他坐夜车,午前一点钟回到上海的居所。③ 那时从上海北站开往杭州,坐特别快车也不过四五个小时,坐快车也不过五个多小时。最后一班夜快车于下午六点十分在杭州站发车,晚上十点四十五分就到了上海北站。④ 沪杭车通行之后,包天笑有一年到

---

① 包天笑.衣食住行的百年变迁[M].苏州:苏州市政协文史编辑室,1974:134.
② 包天笑.钏影楼回忆录[M].北京:中国大百科全书出版社,2009:313.
③ 郁达夫.郁达夫日记[M].太原:山西教育出版社,1997:44-46.
④ 沪杭甬铁路沪杭段行车时刻表[N].时报,1927-01-24.

杭州的次数达七次之多。一方面,铁路打开了新的空间;另一方面,铁路摧毁了传统的旅行空间,只在乎出发地和目的地,而旅客就像被派送的包裹一样。① 同时,标准化的列车时刻表将不同地方的生活节奏和步调统一起来,参与建构了统一化的国家/城市的时间规律,改变了人们的时空感知和生活方式。原本相对慢速的传统日常也被各类交通裹挟着慢慢发生"质变"。

清末以来,外地人只身到上海谋事,一般住在客栈、旅馆里。最初,包天笑来上海为东来书庄购书、接洽业务,经常光顾宝善街(即五马路)一家叫作鼎陞栈的客栈里,还有苏州人常去的雅仙居。雅仙居其实就是弄堂房子,三楼三底的石库门,将房子隔成不少间,做成一家小客寓,供往来苏沪的客人短期安居。② 上海的弄堂房子还作为译书处、报馆、商店等,也有为数不少的妓馆。只身一人在上海做事的包天笑,其工作、居住基本不脱离里弄空间。因报人、小说家等多重身份,包天笑往来其他城市的机会较多,因此,旅馆就成了包天笑的流动的"家"。他曾经在南京的西成旅馆住了差不多两年,每月常有一次回上海。他的某位朋友在北京前门外的东方旅店常年包月住居,人不在,房间便空关下来,照常付值。③ 移动的空间距离和频率是那些从未走出家乡一步的老辈人所难想象的,传统认知中的"居无定所"在某些社会阶层中被视为正常的存在。那么,同传统居家相比,上海的居家又发生哪些变化呢?

三、移动的居家:灵韵的消散

海德格尔(Martin Heidegger)说:并非所有的建筑物都是居所。桥梁和候机室,体育场和发电厂,是建筑物,但并不是居所;火车站和高速公路,水坝和商场,是建筑物,但并不是居所。④ 栖居并非一种占用、单纯的居住,栖居是终有一死的人在"物"那里的逗留,是人的存在方式。在海德格尔这里,"聚集被叫做物,是对天、地、神、人的聚集","物为人的逗留提供住所,这种物乃是住所","这种物的生产就是筑造","筑造的

---

① 希弗尔布施.铁道之旅:十九世纪空间与时间的工业化[M].金毅,译.上海:上海人民出版社,2018:62-63.
② 包天笑.钏影楼回忆录[M].北京:中国大百科全书出版社,2009:178-179.
③ 包天笑.衣食住行的百年变迁[M].苏州:苏州市政协文史编辑室,1974:104-105.
④ 海德格尔.演讲与论文集[M].北京:生活·读书·新知三联书店,2005:152.

本质在于,它应合于这种物的特性","筑造建立位置,位置为四重整体设置一个场地"。① 海德格尔揭示出人、物、世界的存在性关联,并强调栖居和筑造并非目的和手段的关系,二者不可分离,"筑造本身就已经是一种栖居"②。他诗意地描述了一座农家院落:

> 在那里,使天、地、神、人纯一地进入物中的迫切能力把这座房屋安置起来了。它把院落安排在朝南避风的山坡上,在牧场之间靠近泉水的地方。它给院落一个宽阔地伸展的木板屋顶,这个屋顶以适当的倾斜度足以承荷冬日积雪的重压,并且深深地下伸,保护着房屋使之免受漫漫冬夜的狂风的损害。它没有忘记公用桌子后面的圣坛,它在房屋里为摇篮和棺材——在那里被叫做死亡之树——设置了神圣的场地,并且因此为同一屋顶下的老老少少预先勾勒了他们的时代进程的特征。③

读此,联想到中国传统的家居建筑,白馥兰(Francesca Bray)就将三个"意想的建筑学"叠加在房屋的物质性外壳上,体现居住者、宇宙和社会之间在整体上的关系:礼教的空间,是正统理学价值的体现;风水的空间,展示宇宙观和风水活力;文化空间,是中国人对家宅和空间的理解。④ 就礼教的空间来说,中国家居的整体结构是以供奉祖先牌位的家内祠堂为中心,即便是贫寒之家,也在前堂的"厅事之东亦可"。⑤ 以上海的传统民居"绞圈房子"为例,第一进的墙门间是通往宅内的正道,一般不放家居用品,供日常进出,特别是碰到婚丧大事,都由此进出。除了供日常进出之外,墙门间上方还设有家堂,里面供奉着本家族列祖列宗的神主牌。如是二进式的绞圈房子,从墙门间入内,穿过庭心,就到达客堂。客堂是家族内重大事件的开展场所,平时一般都空着,

---

① 海德格尔.演讲与论文集[M].北京:生活·读书·新知三联书店,2005:161,167.
② 海德格尔.演讲与论文集[M].北京:生活·读书·新知三联书店,2005:153.
③ 海德格尔.演讲与论文集[M].北京:生活·读书·新知三联书店,2005:169.
④ 白馥兰.技术、性别、历史:重新审视帝制中国的大转型[M].吴秀杰,白岚玲,译.南京:江苏人民出版社,2017:54.
⑤ 白馥兰.技术、性别、历史:重新审视帝制中国的大转型[M].吴秀杰,白岚玲,译.南京:江苏人民出版社,2017:57-58.

居住人家遇婚丧喜事时可通用。① 旧式石库门房子的客堂,其功能亦是以祭礼为主。以建造于1922年的景安里18号的石库门房子为例。入内,是一个大客堂,过去有四张八仙桌,六把太师椅。有大供桌,上面还有匾。每年到新年的时候,这里是做祭祀用的。② 所以,石库门一楼客堂间往往是举行祭祖仪式的地方。

  能在石库门房子里做祭祖的仪式活动,一般是一户家境殷实的人家"顶"下整幢房子才有可能。③ 随着上海地价飞涨和人口压力激增,与早期石库门的三开间、五开间相比,后期石库门单体设计以单开间居多,用地面积、房屋面积仅为早期石库门的四分之一。④ 租金越来越贵,居住也越来越逼仄。1887年出版的《沪游杂记》所记"房价":上海租屋获利最厚,租界内洋商出赁者十有六七。楼屋上下各一间,俗名"一幢",后以披屋设灶。市面租价每月五、六、七两银数不等。僻巷中极廉每间亦需洋银三饼。昔人言"长安居,大不易",今则上海居尤不易焉。⑤ 在住房吃紧的1930年代,其情形有过之而无不及。"单幢石库门房子的租价每月非二三十元不可;闹市之中,更贵不可言,至少在百元以外。再要外加巡捕捐扫街看门(即看衖堂门者)等费用。即使在冷落些的地段,非每月预备六七十元开销,很难享独租一幢房子的幸福。"⑥ 有的石库门房子内部用挡板隔开,提供更多人租住,租金自然较廉。当时"普通一上一下的三层楼,能容居十多家以上。自住客堂以外,把客堂背后,灶披间,二层搁,二层前楼后楼,亭子间,三层搁,三层前楼后楼,亭子间,晒台房间,分租给十一户人家,不是生财有道;坐赚房租吗? 所以上海的住,简直似鸽类的栖息笼中罢了!"⑦ 也正如茅盾在《上海》一文中所记述的:"上海人口据说有三百万啦,除了极少数人住高大洋房,那是真正有余屋,而

---

① 褚半农.绞圈房子:极具特色的上海传统民居[C]//上海研究论丛:21.上海:上海书店出版社,2012:147-159;朱亚夫.绞圈房子中的特色构件[J].档案春秋,2019(8):62-64.
② 马学强.上海石库门珍贵文献选辑[C].北京:商务印书馆,2018:414.
③ 上海的里弄住宅大多由房地产公司或银行的房产部投资兴建,并以租赁的方式出租给住户,住户须一次性按合同的要求支付现金,称为"顶",以后定期向房产公司交付房租和管理费。薛理勇.上海闲话[M].上海:上海社会科学院出版社,2000:9.
④ 罗苏文.石库门:寻常人家[M].上海:上海人民出版社,1991:20-21;丁日初.上海近代经济史:1895—1927:第2卷[M].上海:上海人民出版社,1997:432.
⑤ 葛元熙.沪游杂记[M].上海:上海古籍出版社,1989:14.
⑥ 徐国桢.上海生活[M].上海:世界书局,1933:50.
⑦ 王定九,丁燮生.上海顾问[M].上海:中央书店,1934:269.

且余得太多,可是决不分租,其余百分之九十的上海人还不是这样装沙丁鱼似的装起来么?"①

除了令人窒息的居家空间外,这种和陌生人混住的形式已经打破了一户一姓的传统模式。过去血缘关系的聚居让位于以职业、经济收入等作为空间聚集与分区的标准。丰子恺初到上海,曾在上海的西门的某里租住一间楼底,"楼面与楼底分住两份人家……在我们的故乡,楼上总是卧房,楼下总是供家堂六神的厅,决没有楼上楼下分住两份人家的习惯。"②1920 年代以后,在都市中为生计奔忙的人们仅仅为了找到一个容身之所,安置吃、睡等日常最基本之需要。比如,"不满方丈的灶间里至少摆着五副煤球炉"是一幅惯常的场景。③ 在这种拥挤的居所空间中,根本无法为传统仪式腾出一处位置。如果把此前传统民宅的居住理解为一种诗意的"栖居","把'人类'与自然及其自身的本质关系、人类与'存在'及其自身存在的关系置于栖居之中"④,那么石库门的住居就已经将"栖居"简化成了"定居"。"定居"作为一种简化的功能,把"人类"局限于少数的基本活动上:吃、睡和再生产。这些基本的功能性活动甚至不能说是动物性的。就其自发性而论,动物性要更为复杂。⑤

"家居空间的规则化是社会实践行为和价值标准化的一个核心因素"⑥。在帝制时代的中国,"由子孝、妇从、父慈伦理观念所建立的家庭关系,正是民顺、臣忠、君仁的国家社会关系的一个缩影",宗法的家族、家庭是国家的一个同构体,彼此结合起来,相互依存,形成一体化结构。⑦ 在这个意义上说,这种注重伦常的居家空间实践事实上也是家国同构的一种表征,它将家庭融进复杂的亲属社会关系网络、政体规范之中,是帝制时代的中国传布正统观念、建构统一的道德秩序的重要渠道。换而言之,居家的

---

① 茅盾.上海[C]//茅盾散文全集.成都:四川文艺出版社,1995:98.
② 丰子恺.楼板[C]//丰子恺文集 5.杭州:浙江文艺出版社,1992:130.
③ 茅盾.上海[C]//茅盾散文全集.成都:四川文艺出版社,1995:98.
④ 列斐伏尔.都市革命[M].刘怀玉,张笑夷,郑劲超,译.北京:首都师范大学出版社,2018:92.
⑤ 列斐伏尔.都市革命[M].刘怀玉,张笑夷,郑劲超,译.北京:首都师范大学出版社,2018:91.
⑥ 白馥兰.技术、性别、历史:重新审视帝制中国的大转型[M].吴秀杰,白岚玲,译.南京:江苏人民出版社,2017:53,54.
⑦ 金观涛,刘青峰.兴盛与危机:论中国社会超稳定结构[M].香港:香港中文大学出版社,1992:46.

日常和空间实践是"通过强化社会关系而保证了政治秩序。"① 宋代以来，上至士绅家庭，下至农夫家庭基本上都采用类似的居家空间安排，这种礼仪上的共有、统一的空间实践有效巩固了大一统的国家秩序。就家庭和个体而论，房屋作为一个规范化的空间，引入了特定的社会秩序和礼仪形式。个体在家居空间中被安置进与辈分、性别相符的活动范围，此一空间秩序融入日常的教化和训育之中，时时提醒个体在大家庭中所履行的职责和义务。传统仪式需要家庭核心成员的共同参与，在体现家庭凝聚力的同时，也将家庭内部的等级、社会关系的亲疏和里外一并呈现出来。

在传统的大家庭中，宅院"兴"则家庭"兴"。"在人的一生中，家宅总是排除偶然性，增加连续性。没有家宅，人就成了流离失所的存在。"②宅院可随人口增加来充扩面积，但如若被售卖或分割，意味着家庭即将分崩离析。巴金在《爱尔克的灯光》一文中提到曾经居住的公馆早已物是人非，见证了一个大家庭的盛衰，回忆祖父"到临死还周到地为儿孙安排了舒适的生活。他叮嘱后人保留着他修建的房屋和他辛苦地搜集起来的书画。但是儿孙们回答他的还是同样的字：分和卖"③。这在巴金的小说《秋》的结尾中也有现实的映射：卖掉居所的宅院是对高家的致命一击——老太爷希望家庭和睦昌盛的美梦破灭了。他的孙子觉民并不为此哀叹，因为他早已不相信这个美梦了。而高觉新，可能更能代表读者的感受，他为失去了儿童时代的居所和高家本身的四分五裂而长吁短叹。④石库门房子早已卸掉了家族"重负"，传统民宅中所蕴含的对礼仪、道德、政治维度的意涵的考虑早已让位于经济利益的考量。

在上海的居家是流动而非固定的，包天笑在上海的居所就换了三处。郁达夫同王映霞组建家庭，在赫德路（今常德路）的嘉禾里安家之前，郁达夫时常处于游荡的状态，或住在艺术学校宿舍、创造社出版部，或住在友人家，亦是旅馆的常客。为了配合个人或小家庭居家的流动和暂时性，上海出现了一种专门出租家具的商铺。《上海春秋》中的王庭桂就开了一家嫁妆店，出租各种器具，每月收租费。器具也分等级：上等的是铜

---

① 白馥兰.技术、性别、历史：重新审视帝制中国的大转型[M].吴秀杰，白岚玲，译.南京：江苏人民出版社，2017：56.
② 巴什拉.空间的诗学[M].张逸婧，译.上海：上海译文出版社，2009：5.
③ 巴金.爱尔克的灯光[C]//巴金散文.北京：人民文学出版社，2007：21.
④ 司昆仑.巴金《家》中的历史：1920年代的成都社会[M].何芳，译.成都：四川文艺出版社，2019：56-57.

床、镜屏,乔丽辉煌;次等的也是红木、柚木等等。自己一时买不起可以向店家租赁,所以上海地方要组织临时家庭非常便利,咄嗟之间可以立办。① 郁达夫和王映霞婚后在上海的居所,室内家具非常简单,也是向木器店租来的,每月租金十二元。② 至于吃饭问题,可以按照经济能力选择不同价位的饭馆。草明、欧阳山初到上海,租了一间亭子间住下,吃五元钱一个月的包饭,还送到家里来。③ 上海的各项配套设施适合不同阶层的流动人口在这里勉强安居。

石库门的居家生成了一种新型邻里关系。"大城市中人口之相当大一部分,包括那些在公寓楼房或住宅中安了家的人,都好像进入了一个大旅店,彼此相见不相识。这实际上就是以偶然的、临时的接触关系,代替了小型社区中较亲密、稳定的人际联系。"④虽然几户人家同住一幢房子,房东对租客以及租客之间并无过多的了解。在1930年代,二房东为了避免不必要的麻烦,只能立下规矩,"轻易不肯把房屋租给单身汉,在召租条子上不时有'非眷莫问'或'无眷不租'等等字条",以此过滤招惹麻烦的租客。⑤ 即便租客之间只用一块挡板隔开,但彼此互不沟通。丰子恺就感叹:"隔重楼板隔重山",上海的空间的经济,住家的拥挤,隔一重板,简直可有交通断绝而气候不同的两个世界,"板"的力竟比山还大。⑥ 在《甲子絮谈》中,绑匪轻而易举地就抱走了杨士远的儿子。托绑匪之口,小说里提到1920年代的邻里关系:现在上海的人家,左右邻居都不大往来。况且他们是新搬来的,一家都不问一家的事。⑦ 在这样的住家格局之下,邻居消失了。

如果把此前传统民宅的居住理解为一种诗意的"栖居",按列斐伏尔的解释,"把'人类'与自然及其自身的本质关系、人类与'存在'及其自身存在的关系置于栖居之中"⑧,石库门的住居就已经将"栖居"简化成了"定居"。"定居"作为一种简化的功能,

---

① 包天笑.上海春秋[M].上海:上海古籍出版社,1991:160.
② 王映霞.郁达夫的住所[C]//海上春秋.上海:上海书店出版社,1992:48.
③ 草明.世纪风云中跋涉[M].北京:人民文学出版社,1997:34.
④ 帕克.城市社会学[M].宋俊岭,吴建华,王登斌,译.北京:华夏出版社,2012:41.
⑤ 沐庚恂.两重压迫下的"三房客"[J].生活(上海),1930(42).
⑥ 丰子恺.楼板[C]//丰子恺文集 5.杭州:浙江文艺出版社,1992:130.
⑦ 包天笑.甲子絮谈[C]//包天笑代表作.北京:华夏出版社,1998:390-391.
⑧ 列斐伏尔.都市革命[M].刘怀玉,张笑夷,郑劲超,译.北京:首都师范大学出版社,2018:92.

把"人类"局限于少数的基本活动上:吃、睡和再生产。这些基本的功能性活动甚至不能说是动物性的。就其自发性而论,动物性要更为复杂。① 回到海德格尔的那段对农舍的诗意描绘,如 Tim Cresswell 所解释的:注意海德格尔如何挑选森林里的农舍当作例子。将这种地方描绘成犹如在泥土里扎了根,确实很直截了当。真正的存在乃是扎根地方的存在。② 而在人文主义地理学家那里,"创造地方的行为,被当成是创造了某种居家感受(homeliness)"③。传统居所是对道德和本真性的生活方式的留存,移动"败坏"了传统居所的空间规范,使之成为一个地点(location),而非"地方"(place)。当"安适其位"(in place)逐渐让位于"不得其所"(out of place)时,所谓的"地方之爱"就发生转化,并被其他内涵置换掉了。

四、都市中的移动:"家"成为一个"停靠点"

1908 年,有轨电车在上海租界正式运营,就出现各种电车触电的谣言,英人为解除市民疑虑,便采取一系列办法,如雇用一批失业游民变身为"专业坐车者",向乘客派发花露水、牙粉等物。④ 不过很快,"电车一物,在当日固绝不其需要",逐渐成为人们日常出行的不可或缺之物。电车被人们所接受,传递出以下讯息:速度开始主导城市交通生活;机械化的交通能够进行远距离运行,在"耐力"上远胜于人力。再者,随着城市功能区的渐趋分化,比如住宅区、商业区、工业区的分化,近代上海人口在各功能区之间从事日常社会经济活动的空间移动规律逐渐出现,呈现出一种钟摆式的区位移动趋势,这样才能聚集起定时出行的、稳定的乘客群。⑤ 如麦克卢汉(Marshall Mcluhan)所言:城市的建立是靠分割游牧方式的生活而实现的。轮子和道路通过辐射模式即中央—边缘模式来表现和推动这一爆炸过程。⑥

---

① 列斐伏尔.都市革命[M].刘怀玉,张笑夷,郑劲超,译.北京:首都师范大学出版社,2018:91.
② CRESSWELL T.地方:记忆、想象与认同[M].王志弘,徐苔玲,译.台北:群学出版有限公司,2006:38.
③ CRESSWELL T.地方:记忆、想象与认同[M].王志弘,徐苔玲,译.台北:群学出版有限公司,2006:42.
④ 周源和.上海交通话当年[M].上海:华东师范大学出版社,1992:57.
⑤ 陈文彬.近代化进程中的上海城市公共交通研究[M]上海:学林出版社,2008:13.
⑥ 麦克卢汉.理解媒介:论人的延伸[M].何道宽,译.北京:商务印书馆,2000:234.

《海关十年报告(1912—1921)》称:上海已发展成为世界上真正的大城市之一,随之而发生的结果是市区的扩大,城市居民在一般生活费用支出之外,又增加一笔不小的车费负担。① 从英商电车公司每月乘客人次统计来看,1914—1923 年,乘客数量基本保持一个稳中有升的趋势,1914 年在 4300000～5060000 之间,到了 1923 年在 8152000～10425105 之间,增幅较大。② 1924 年以后,公共租界始有 18 辆公共汽车在公共租界的马路上行驶③,此后法界、华界陆续启用公共汽车,缓解了电车客运的压力。1930 年代公共汽车为何后来居上,其缘由之一:上海人口在 1910 年是 128 万,1927 年是 264 万,1935 年是 370 万。汽车相对灵活的线路和简便的管理使之很容易挤入原来的交通市场。④ 同样,汽车在上海出现之后,美商环球供应公司百货商场于 1908 年开设了汽车出租部,此后出租汽车行业逐渐繁荣,到 1930 年代末,公共租界有中外车行 66 家,比 1928 年联合会成立时增加 20 家,车辆数增加到 541 辆。⑤ 相较电车和公共汽车,小汽车是一种私人化的"定制",出行时间可由个人灵活掌握,当然费用也相对较高。总而言之,在上海都市中,移动日益成为一种常态。

　　且看包天笑偕家眷在上海初步安居下来之后,他一天的行程安排:非周末要到小说林编译所看稿、改稿,下午要去时报馆,每星期还要抽两三天给女子蚕业学校、城东女学校上课,空闲时写小说。那时他住在公共租界里的爱文义路,女子蚕业学校在西门外过去的高昌庙,城东女学在南市的竹行弄,可谓东西奔波。且高昌庙与竹行弄,都在华界,须更换人力车。在其朋友之中,有几位一天要上好几个学堂的课,都是按着钟点,方始赶到,故自嘲"下车上课,下课上车"。⑥ 包天笑在回忆录中基本没有谈及坐电车的经历,想来,行程如此繁忙之人在路边等电车似乎很不现实。不过,他有时也要"被迫"卷入机动的运输速度之中,比如坐小汽车。他说:"有一个时期,我住在上海法租界爱麦虞限路(今为绍兴路),却常常要坐沪宁火车到南京去,这不能不坐出差汽车

---

① 徐雪筠.上海近代社会经济发展概况(1882—1931)[C].上海:上海社会科学院出版社,1985:230.
② 陈文彬.近代化进程中的上海城市公共交通研究[M]上海:学林出版社,2008:14-15.
③ 徐雪筠.上海近代社会经济发展概况(1882—1931)[C].上海:上海社会科学院出版社,1985:282.
④ 周源和.上海交通话当年[M].上海:华东师范大学出版社,1992:81.
⑤ 上海市政协文史资料委员会.上海文史资料存稿汇编(市政交通)[C].上海:上海古籍出版社,2001:336-342.
⑥ 包天笑.钏影楼回忆录[M].北京:中国大百科全书出版社,2009:335,337.

(即的士——引者注)的。"①

1926年底,郁达夫接受创造社同人意见赴上海主持出版部工作。到达上海之后,他暂时住在江湾路虹口公园(今鲁迅公园)后边的艺术大学宿舍,住了将近一个月后,迁回创造社出版部的二楼亭子间。创造社出版部在上海宝山路三德里A11号(今为宝山路220号至300号位置),后在1928年1月时迁址至北四川路麦拿里41号(今为四川北路1811弄41号)。拿郁达夫1927年1月19日的日记来看:当天上午十时左右,跑到方光焘处,后来又坐汽车到创造社出版部。午饭之后,蒋光赤来出版部,谈了二个小时,午后五点多钟和蒋去看电影。晚饭后又去王映霞处,请她们坐了汽车,往北京大戏院看电影。十一点前后看完电影,在一家小酒馆里大家一起喝酒。等郁达夫到家,就已经是午前一点多钟了。② 那时郁达夫还住在艺术大学宿舍,在江湾路虹口公园的后面,创造社出版部在宝山路,王映霞住在白来尼蒙马浪路(今名马当路)的尚贤坊40号内,北京大戏院在北京路(今北京东路)贵州路口。这几个地点之间的距离不算太远,但如果在一天之内跑下来,其路程还是相当可观的。相较1850年代王韬的生活圈乃以墨海书馆为中心不超过半径两千米的范围③,正是有了机械速度的动力加持,个体在城市中的空间活动半径大大拓展,在工作、购物、休闲等不同场所中的转换,生成一种碎片化的、拼贴式的体验组合。这意味着"家"也逐渐"沦为"个体行动轨迹中的一个地点。

在郁达夫的日记中亦可看到上海都市生活之丰富,或观影,或去大世界、新世界等娱乐场所听戏等等,经常要到半夜才回到居所。虽然郁达夫在日记中常透露出疲惫之意,但过后仍乐此不疲。在1927年1月20日的日记中,郁达夫就记道:从尚贤坊出来,已经是十一点钟,又到大世界去听戏,到家已经凌晨两点了。④ 交通的便利性"诱使"人们"放肆"地享受"夜生活",而不担忧回家的路程。那时,诸如影院、游戏场、百货公司等知名场所常常都是电车、公共汽车经过的站点。公共交通工具将人们"逼"出住家附近的生活圈子,享受消费主义带来的目眩以及休闲的惬意。正如连玲玲指出的:

---

① 包天笑.衣食住行的百年变迁[M].苏州:苏州市政协文史编辑室,1974:132.
② 郁达夫.郁达夫日记[M].太原:山西教育出版社,1997:40-41.
③ 连玲玲.打造消费天堂:百货公司与近代上海城市文化[M].北京:社会科学文献出版社,2018:57.
④ 郁达夫.郁达夫日记[M].太原:山西教育出版社,1997:42.

上海百货公司的定位是"都会型商店"而非"社区型商店",像先施、永安公司等大型百货公司都设在电车行经的线路上,甚至在公司门口就设有站牌,交通与商业的互利共生可见一斑。①

近代公共交通的发展生成新的移动空间,并联合资本的力量重构都市内部的空间结构,转而对个体观念、行动形成引导和规约。1908 年有轨电车出现之后,地价和公共交通的关联度愈来愈高。《上海地产大全》谈及地产买卖抵押如何估价的问题:"环境"一节则须考虑该地"四面出路如何,距离公路远近若何,该路上有否公共汽车及有轨无轨电车等通行或尚未通行,而当局是否在规划中"。再有"地址"一节提到"凡沿靠公路之土地较距离公路(即马路)之土地,其价值为高。尤其在转角者更昂,此乃不易之理"。② 包天笑一家在上海定居下来之后,最先是在爱文义路的一个弄堂里租下一间厢房,后来搬到爱尔近路,再后来住在爱麦虞限路。③ 为何选定爱文义路(今北京西路),除却包天笑有好多友人和同乡住在附近,对那一带比较熟悉之外,爱文义路离包天笑所供职的时报馆也不算远,以及曾朴的《小说林》编辑部设在派克路(今为黄河路)。上海第一条有轨电车的路线从静安寺起,至外滩上海总会,就经过爱文义路。他后来选择的爱尔近路(今安庆路)离上海北火车站非常近:"当北京和上海直通火车以后,我从家里出来,穿过界路,就是火车站,坐上火车,可以从我家里一直到北京前门外东车站然后下车,这是何等称心省力事呀。"④"在城市生活中,交通、居住和工作,是捆绑在一起的三个层面,人们必须依赖交通,才能有效地在工作和家庭之间切换。"⑤因而,上海的"家"成为资本的竞技场,并因应个体的能力和需求而随时变换,传统的、厚重的"家"的概念在这里早已消失殆尽。

在人文主义地理学者段义孚(Tuan Yi-Fu)看来,现代人"永远在移动中",以至于他永远无法扎根,对地方(place)的经验是肤浅的。⑥ 与之类似,瑞尔夫(Relph)曾提及

---

① 连玲玲.打造消费天堂:百货公司与近代上海城市文化[M].北京:社会科学文献出版社,2018:57-58.
② 陈炎林.上海地产大全[C].上海:华丰铸字印刷所,1933:193-194.
③ 包天笑.衣食住行的百年变迁[M].苏州:苏州市政协文史编辑室,1974:133.
④ 包天笑.衣食住行的百年变迁[M].苏州:苏州市政协文史编辑室,1974:133.
⑤ 卞冬磊.路上无风景[J].传播与社会学刊,2019(47):37.
⑥ CRESSWELL T. On the move: mobility in the modern western world[M]. Routledge, 2006:31.

美国房主的移动性(每三年换一个住所)降低了家的重要性,加剧了美国现代社会中无地方性的增长。① 这里,上海的"家"和传统的"家"早已是两种面目,与其说二者是无地方性(placelessness)和地方的二元对立,不如说二者之间已然是一种"断裂"。无论是居家观念、友邻关系,还是居于此中的主体都已截然不同。如果说传统的"家"同"不动"的、背负礼仪和家族负担的"沉重"的主体相联,那么上海的"家"则和新型的、具有自觉意识的"移动"主体②相联,由此所带来的新感知和可能的行为方式突破了传统的"家"的稳固边界。在上海都市之中,"家"是可以变换的,只是移动的主体的一个暂时的停靠点。

五、结语:再思"移动"和"地方"

我们在讨论"移动"的同时,也需考虑谁拥有移动的权力。像包天笑,迁居上海之后,来自《时报》和《小说林》两家的固定收入就有120元,还不包括稿费和课酬,应付日常开销绰绰有余。在1920—1930年代,鲁迅的稿费也相当优厚,完全可以担负观影和坐小汽车的不小开支。如许广平就说:如果作为挥霍或浪费的话,鲁迅先生一生最奢华的生活怕是坐汽车,看电影。③ 即便是郁达夫在日记中经常"哭穷"、为钱发愁,但卖文的钱足以应付开销,还有留余。王映霞就回忆:不过多多少少,每月一二百元钱是可以催到手的。其余的开销,则全赖各报刊零星的稿费了。④然而,上海市政府社会局在1929年4月—1930年3月对305个工人家庭进行记账调查得出:记账家庭每家全年的交通费用为5.37元,其中因往返乡里而用去的旅费,平均每家2.80元,其他如乘电车人力车渡船及寄信等费用共计2.57元,换而言之,居处与工作处所的往返,大率是步行的。⑤ 他们平时也极少乘坐公共交通出行。多琳·马西(Doreen Massey)就认

---

① CRESSWELL T. Place: a short introduction[M]. Blackwell Publishing Ltd., 2004:44-45.
② MORLEY D. Communications and mobility: the migrant, the mobile phone, and the container box[M]. Wiley Blackwell, 2017:67.
③ 许广平.鲁迅的写作和生活:许广平忆鲁迅精编[M].上海:上海文化出版社,2006:170.
④ 王映霞.王映霞自传[M].南京:江苏文艺出版社,1996:96.
⑤ 上海市政府社会局.上海市工人生活程度[C].上海:中华书局,1934:74-75.

为:不同的社会群体和个人以不一样的方式被置放于这些流动和联结的关系之中。这一点不仅涉及谁移动或不移动的议题,尽管这是一个重要的部分;它还涉及同流动和运动相关联的权力。不同的社会群体与这种分化的移动存在不同的关系:有的群体能够比其他群体更能掌控移动;有的群体发起了流动和移动,其他群体则没有此种能力;一些群体比其他群体位于更近的接收端,而其他群体则被移动牢牢禁锢住。①

"空间关系的重塑和空间规模的转变,就都市进程来说是主动而非被动的时刻。通过运输和通讯对空间进行真正的组织,是所有历史和地理分析必须捕捉的首要的物质事实。"②甚至可以说,交通系统的革新是社会世界总体性改造的重要构成部分和推进力量。就"家"论之,交通扩展和加速人的移动,推动了传统居家的现代性转型。近代以来交通方式的进步扩大了个体移动的半径,使之逐渐脱离传统家庭的"管控",在不期然间促成了"毁家"这一无意图的后果。相较西方居家空间的现代性所表现出的对效率和便捷的渴望、保持洁净、形成和外部世界分隔的空间即私域性的生成、居家空间的独立性和共享性的平衡③,上海石库门的居家是在卸掉传统重负之后的另一重现代性面目,它配合都市的生长和"移动"主体的不同需求。

在人文主义地理学者看来,移动是对本真性的地方的破坏,所以他们对促成个体移动的交通方式和基础设施充满敌意。"公路、铁路、机场,跨越或强加于地景(landscape)之上,而非与地景协同发展。它们本身就具有无地方性的特征,而且通过将人们的大规模移动成为时尚和惯习,在形成直接影响之外又鼓励了无地方性的扩散。"④哈维就批评人文地理学者一直所称颂的具有依附感和根植感的地方,他指出,"无论如何伪装,地方与空间和时间一样,都是一种社会建构"⑤。地方并非因为个体的"不动"而稳固下来,它也是充溢着各种利益争夺的黑箱。拿里弄的命名来说。租界曾经是被"废弃"的荒地。王韬在《瀛壖杂志》中写道:"上海城北,连甍接栋。昔日桑田,今为廛

---

① MASSEY D. Power-geometry and a progressive sense of place[C]//Mapping the futures:local cultures, global change. Routledge,1993:62.
② 哈维.巴黎城记:现代性之都的诞生[M].黄煜文,译.桂林:广西师范大学出版社,2010:126.
③ 白馥兰.技术、性别、历史:重新审视帝制中国的大转型[M].吴秀杰,白岚玲,译.南京:江苏人民出版社,2017:179.
④ RELPH E. Place and placelessness[M]. London:Routledge Kegan&Paul,1976:90.
⑤ 陈浩然.地方[J].外国文学,2017(9):104.

市,皆从乱后所成者。"孙次公《洋泾杂事诗》云:"地下不知谁氏冢,忍将白骨换黄金。"① 为了让华人忘却租界的不祥气息而乐于居住,命名抹除了对这一地点的"前世"记忆。在上海众多的里弄名称中,可以看到以"福""宝""富""贵""庆""荣""安""昌""吉""善""德""和""康""兴""祥"等字组成名称的里弄比比皆是,许多里弄还以"永""恒"牵头,希望那种境地永恒不衰。② 像沙逊家族建造的石库门,多以"慈"命名,如慈裕里、慈庆里、慈顺里、慈昌里、慈丰里、慈永里等等。③ 这类命名的寓意极为明显,符合中国人对安居、富贵的生活期许,为住地多了一份美好想象的"加持"。然而此种方式的命名只是对传统意义的附会,其早已抽离出礼教、人伦之类的蕴含,成为纯粹的能指。与命名相仿,里弄空间、石库门住宅的格局虽在某种程度上复刻了传统家庭的礼制空间,但是其宗旨意在将住宅视为商品,以此提升和用户的适配度,为游离于乡土之外的寓居者组装出对传统居家的一种怀旧。由此,当地方从固定走向流动,我们有必要破解其中资本、政治权力的运作和诡计,而非沉溺于对无地方感的哀叹。

---

① 王韬.瀛壖杂志[M].上海:上海古籍出版社,1989:3.
② 郑祖安.上海地名小志[M].上海:上海社会科学院出版社,1988:73.
③ 马学强.上海石库门珍贵文献选辑[C].北京:商务印书馆,2018:311.

一种城市空间治理装置的兴起*
——1950年代的上海黑板报

◎詹佳如**

摘要:本文将黑板报视为一种技术装置,它可以将思想与空间、宣传动员与空间生产、组织等种种异质性因素聚集起来,并以特定的方式安置它们。本文认为,这一技术装置在1950年代上海城市空间中的分布以及运作方式,就使得新城市治理以特定的方式展开:一方面,黑板报嵌入城市空间,是助力自上推行的单元化空间实践的重要力量,它维系如单位这种区隔空间的边界,参与生产和界定着不同单位以及单位不同空间的功能,它制造出人群的聚集和交往,将政治议题散入人们日常的社会交往空间。另一方面,黑板报也生产出组织力量的某种空间形态,黑板报由各级组织主办,基层组织对城市空间各自承担着职责,基层组织又服从于自上而下的行政领导,党组织以及不同组织之间的关系不断被生产和再生产出来。这样,围绕着黑板报的实践就体现为组织力量在城市扎根的一种特定构型,是城市文化变迁的重要一环。

关键词:城市空间;上海;黑板报;装置;空间控制

1951年初,上海市委执行中央"在全党建立对人民群众宣传网的决定",号召该年6月之前在全市基本建立党的宣传网。直接的结果之一就是,在1951年上半年,黑板报在上海街头、单位、里弄间如雨后春笋般涌出。[①]

将木板或者墙面刷黑,用粉笔在上面书写、绘画,树之于公共场所,以传递信息,就

---

* 本文关于黑板报的一些想法,如其组织控制的空间形态,其作为时间偏向性的媒介具有控制空间的能力,等等,来自黄旦教授的启发,特此致谢。

** 詹佳如,华东政法大学传播学院副教授,复旦大学信息与传播研究中心研究员。

① 中共上海市委会执行中央"在全党建立对人民群众宣传网的决定"的计划[G].中共上海市委九个月来建立宣传网的情况[G].中共上海市委宣传部关于加强和整顿党的宣传网工作的指示[G].中共上海市委党史研究室.上海文化建设文献选编(1949—1966):下册[M].上海:上海书店出版社.2014:46-50,54-58,62-64.

是黑板报。那么,上海的黑板报,作为党的宣传网的一部分,产生过何种影响?更关键的问题是,其效应究竟如何产生?黑板报的研究,目前主要聚焦于解放区,也就是主要在农村,且关注点主要是其作为"群众路线"的宣传工具,这种宣传工具的效果主要来源于其所登载的内容。[①] 这样的思路可能具有一定的局限性:第一,将黑板报仅仅视为文本的载体,忽视了黑板报本身亦是一个实体建筑,而这样的一个建筑体本身会产生某种效果。比如它本身就标识着政治力量,并在城市里随处可见,黑板报的分布地址又是受到管理和布置的(这里值得进一步探究的问题是,分布有怎样的规则,基于怎样的逻辑),黑板报书写又往往带着展演和仪式的意味,等等。如果研究仅仅将其看作宣传工具,也就是作用于人们的思想层面,那么,黑板这一物质载体所产生的影响就未予以充分揭示。第二个问题又与第一个问题相关,目前对黑板报的研究主要侧重于乡村,也就是解放区。这种偏重本身就值得深思,为什么黑板报在城市的展开相对于在农村的展开不构成一个崭新的问题?如果考虑到黑板报是一种在空间中显眼的建筑,那么广泛设立的黑板报就会改变城市空间和城市面貌,具有引发城市变化的巨大潜能,在农村所引发的空间变动就不是一回事,所引发的效应也是有差异的。值得注意的是,黑板报在城市的兴起是 1950 年代一个崭新的现象,遗憾的是,这一新现象对城市究竟产生了何种影响,仍然未受到充分关注。

黑板报是"党的宣传网"的有机组成部分,其内容是作为大众媒体的报纸的延伸和补充,但是采用了与报纸截然不同的载体形式。如何从整体上把握黑板报这种介质的特殊性?既考虑文本的影响,又兼顾黑板报这一特定物质载体的效应,能够总体考虑这些混杂特性所造就的黑板报这一媒介性质的特殊性。本文将黑板报看作一种德勒兹(Gilles Deleuze)和加塔利(Félix Guattari)意义上的"装置","一个装置就是把诸要素聚集在一起的某种生成","是安排、组织、装配在一起的过程(process)"。这些要素包括物、特性及其关系,也包括语言、词语和意义等异质的要素。装置就是从环境中选择要素,并以特定的方式将其聚合、组织和安排的过程。[②] 简言之,装置是一个构型的过程。从这样的视角出发,黑板报不仅能够介入思想,而且有形成新的空间关系、政治

[①] 田中初.黑板报:"全党办报、群众办报"的一种实现方式——以中国革命根据地实践为视界[J].新闻与传播研究,2008(4):38-44.

[②] 德勒兹:关键概念[M].田延,译.重庆:重庆大学出版社,2018:133.参见"装置"条目.

组织关系的潜能,黑板报能够将这些不同的社会层面、要素予以聚集并各安其位,从而生成着一种特定的权力得以展开的机制。那么,1950年代,黑板报究竟是按照怎样的原则在城市中分布开来,又以怎样的方式使得上述诸要素、关系得以连接、聚合和重组,形成了怎样的治理机制?总而言之,对1950年代上海这样一座城市的变迁来说,黑板报的实践究竟贡献了些什么?

一、作为文本展示的装置

黑板报对1950年代的上海很可能完全是一个新事物,但中国共产党对它的使用已是很有经验,可追溯至延安。最早的形式可能是由穆青所倡导建立的"木牌报"。[①] 当时人称这是办在木板上的报纸,是对更早的"墙报"的变异和改造。延安杨家岭一开始采用的是壁报(也就是墙报)的形式,"在一块五尺长的大布上,贴着十几篇文章,内容偏于纺纱生产,每篇文章从四五百到千多字,像一大群蚂蚁爬在纸上"。这种形式被人称为"壁报八股",人们表示看了要发"神经病"。[②] 为改变此种状况,杨家岭采用了一种"新型壁报",即"木牌报",试图来纠正长文章的倾向。这种新型壁报,由木框和木板组成,木架宽六尺高四尺,中间有个横档,四周挖有槽,可容木板随意装入抽出。木板一块长一尺八寸,宽一尺二寸,上下各五块。要抄文章时拿出木板,抄好文章后,再将木板装入木架。这些木板被漆成黑色和白色,黑板上用白粉、黄土、红土写,白板上则用黑土、红土、黄土写。粉和土均就地取材,不用花钱另购。杨家岭算了一笔账,用油光纸出壁报,需要不断投入纸张费用,而这种新型壁报只需一次性投入制作木板的钱,仅一年就可以节省一半花费。[③] 经济因素或许是黑板报逐渐代替墙报的原因之一。于是,一种可以移动的、经过油漆的木板报逐渐兴起。到1945年,党号召在市镇、人口集中和识字者较多的村庄大量兴办黑板报,其与读报组一起,成为对群众进行宣

---

① 穆青.三言两语:建立农村中的木牌报[N].解放日报,1944-05-04(2).
② 杨家岭机关壁报编委会.杨家岭新型壁报:黑板报[N].解放日报,1944-11-26(4);张铭.我们的黑板报是怎样办好的?[J].学习杂志,1950(1):3.
③ 杨家岭机关壁报编委会.杨家岭新型壁报:黑板报[N].解放日报,1944-11-26(4);张铭.我们的黑板报是怎样办好的?[J].学习杂志,1950(1):32-33.

传教育的基本媒介。①

如果是为了自上而下地宣传,延安杨家岭为什么要使用更加厚重的书写载体呢?伊尼斯(Harold Innis)的理论我们耳熟能详,当媒介笨重而耐久的时候,会适合信息和知识在时间上的纵向传播;而当媒介轻巧而便于运输的时候,才会适合信息和知识在空间上的传播。②写在纸上的信息比写在木板上的信息,更有利于来自中心信息的撒播。尽管黑板可擦拭,其内容经常更新,以保证内容与自上而下的宣传要求相符,但是即便是同一文本,"手稿文化的书写材料变动不羁,既不平衡,形态又多",而印刷材料整齐划一,长久来看,在空间控制的效能上,手抄的木报应是远不如印刷文本。③那么,文本展示载体的厚重化,究竟是出于何种目的呢?

这可能与军队流动作战的客观情况有关,早期宣传文本的公开展示,很长一段时间里确实适合纸这一轻型载体。④不过,一旦战争结束,流动性减弱,情况就会变化。在条件艰苦的井冈山革命根据地,毛泽东提倡办的《时事简报》就是一种纸张式墙报。毛泽东回忆墙报的创办情形:"贴在一座大木桥的亭子上,引起成群的人川流不息地去看。好些人眼睛望着报,口里照着念,一座桥上充满了欢跃的空气。"一种集体观看的氛围,对文本有特殊要求:"一定是要大张纸、大个字写的,油印的要不得。……凡属印刷成功的小字出品,不论它的用意是怎样安顿给群众看、给士兵看的,实际都是只有干事才能看得懂。……《时事简报》是极大黑墨字,稀松七八条,看上去明明朗朗,看完了爽爽快快,是真正群众的读物。"⑤所以,《时事简报》虽然是写在纸上的,但是它规定是要手写的,明确说"油印的要不得",字写得大而少,要适合聚众而观;"稀稀松松"是为了给交谈留出空间,为了让《时事简报》成为交谈的纽带。

这样说来,毛泽东办《时事简报》在于创造群众聚集的机会,在这个场合里以简洁明快的语言向文盲、半文盲的群众做宣传。贴在墙上、木板上的纸张看似也能够实现

---

① 关于群众读报办报与通讯工作的决议[J].群众,1945(3/4):123-124.
② 伊尼斯.传播的偏向[M].何道宽,译.北京:中国人民大学出版社,2003.
③ 爱森斯坦.作为变革动因的印刷机[M].何道宽,译.北京:北京大学出版社,2010:7.
④ 史轮.谈谈我们的街头壁报[C]//西北战地服务团.西线生活.北京:生活·读书·新知三联书店,2014:78-81.
⑤ 毛泽东.普遍地举办《时事简报》[G].中共中央宣传部办公厅,中央档案馆编研部.中国共产党宣传工作文献选编(1915—1937).北京:学习出版社,1996:986-991.

这样的目的,但实际上,纸张和木板会在书写者之间造就完全不同的思维和表达方式,一些宣传干部在纸上就是写不出那种"看上去明明朗朗,看完了爽爽快快"的文字。一个青年学生在1950年回忆说,部队流动作战之时办的都是壁报,文章写在纸上贴在墙上。流动的部队逐渐驻扎下来后,黑板报开始大行其道。但在他的心中"报"还是得与"纸"相联系,不能接受在门板上办报:"那算什么呢?要是门板上写几个字,也称得起'报',那'报'可多了。"黑板上办报令他感到"生疏""奇怪""蹩扭",他甚至愿意自掏腰包购买纸张办壁报。① 轻而易于书写的纸张,让思考、书写更加流畅,而黑板这一载体,则强迫宣传干部创造出对群众宣传的书写语言。在延安杨家岭从壁报变为黑板报后,文章篇幅自然而然地大幅度缩小,每篇文章只有40个字,最多不超过200个字,变得"短小精悍"。也就是说,纸向木板的载体转变,另一个重要的原因,是为了创造出更适合向群众宣传的表达方式。

宣传文本不止于分发、流通,而是要在公开的场合展示出来,展示的媒介趋向于厚重化,这一目的体现在《时事简报》的创办中。墙报的张贴"引起成群的人川流不息地去看",也就是为了制造人的聚集,生产出宣传的空间,这一空间就以展示媒体所能辐射的空间(也就是所能被观看到的空间)为边界。早至1920年代的上海,中国共产党要在一些已有组织基础的学校、工厂等机构中发展党团员,扩大组织,想到的就是墙报的形式。他们建立墙报社,下设总务、编辑和填写等部,又拟定投稿章程,公开征稿。这些墙报有明确的针对性,读者对象瞄准着的是学校、工厂内部人员,内容也以这些基层工作单位的内部事务为主,墙报"应向所住环境之反动思想进攻"。② 墙报以及后来的黑板报既设置在特定的空间中,同时又不断界定着空间的范围,夯实"所住环境"之边界,制造出"外面"。

"外面"与"所住环境"的关系,则通过内容而进行安排。《时事简报》的内容要求遵循由近及远的原则,从本乡的、本区的,一直到外国的。县级政府的文化部先把当期的稿子编好,包括国外的、国内的、省级的和县级的时事,再给每个区下发一张,区级文化

---

① 张铭.我们的黑板报是怎样办好的?[J]学习杂志,1950(1):32-33;我怎样指导儿童出黑板报[N].文汇报,1950-06-05(5).
② 上海区委宣传部关于墙报问题的通告[G].中央档案馆,上海市档案馆.上海革命历史文件汇集(甲3).1986:81-83.

部门收到后加入本区的新闻,再往乡级传递,乡级文化部门加上本乡的新闻后,再往村级传递,村级政府再加上本村的内容。毛泽东说,区级的新闻"占着第一等重要地位",是办《时事简报》的意义所在;而乡、村的新闻也是重要的,但其作用此时只被定位为"引动看报的兴趣"。① 这样,不管人们是否接受具体的内容,《时事新报》都创造出了一系列空间:本村、乡、区、国家、世界。它既制造出空间的界限,又制造出空间之间的关联和秩序,村是乡之村,也是区之村,是国家之村,也是世界之村。麦克卢汉说新媒介"能提供转换事物的新视野和新知觉"。②《时事新报》就通过"关联空间"③,创造出一种新的空间体验,一方面是透过村来看到区,透过区来看到国家,另一方面是以全新的体验——区中的村、国家中的村——来重新打量自己所处的空间。如果说报纸的组织宣传功能是自上而下来实现的,那么《时事新报》的路径则是反其道而行,这与黑板报一脉相承。

文本展示之所以越来越倾向于采取黑板报的形式,或许还有一个原因:相对于墙报、纸质材质,黑板报更能在形态上实现对"党报"的展示、模拟。图1是一些经典的黑板报排版范例。④ 这些版式在整体上模拟报纸,其最为重要的编排术语就是"栏",这亦是报纸编排的重要术语。所以,黑板报又

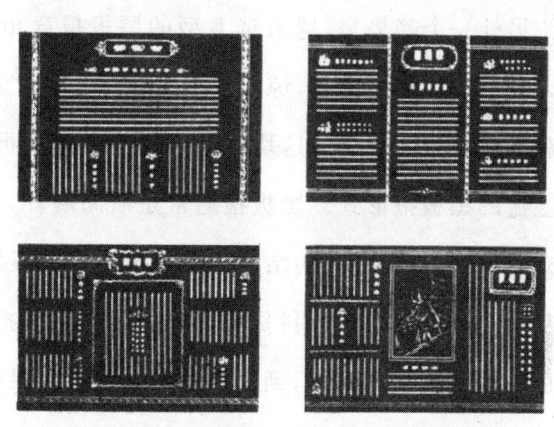

图1　黑板报编写教材《怎样美化黑板报》所提供的部分排版范例

是可以作为报纸的图像而公开展示的,党报乃党和国家的喉舌,是组织力量的象征,于

---

① 毛泽东.普遍地举办《时事简报》[G]//中共中央宣传部办公厅,中央档案馆编研部.中国共产党宣传工作文献选编(1915—1937).北京:学习出版社,1996:986-991.

② 麦克卢汉.理解媒介:论人的延伸[M].何道宽,译.南京:译林出版社,2011:80.

③ 斯科特·麦奎尔的术语,参见:媒体城市:媒体、建筑于都市空间[M].邵文实,译.南京:江苏教育出版社,2013.

④ 心音.怎样美化黑板报[M].上海:四联出版社,1954:91.

是黑板报这一媒介形式,相比墙报,无论其内容为何,都更能表征为政治力量,是空间中的政治标识。

那么,作为大规模兴起的文本展示的物质装置、一种标识着党组织力量的建筑物,黑板报在城市空间中被如何安置,对城市空间的影响又如何呢?

二、嵌入、分割城市空间

据《新民晚报》报道,于上海刚兴起的黑板报在形式上大体有三种:第一种是用木架撑在地上放置黑板;第二种是墙上的黑板报,分为挂在上面和装牢的两种;第三种则是第二种的变异,是直接在平坦的墙上刷上黑漆,这在农村比较多见。据观察,由于不用朝搬夜收,墙上的黑板报,至少在里弄中,不久就成为普遍采用的形式。①

另外一个趋势是,越来越大型的黑板报竞相出现。《新民晚报》表彰过一块黑板报,高二丈余,阔一丈余,惊叹其为"本市最大","市内确属鲜见"。② 黑板报之建筑,本身就具有观赏性。不过这块"本市最大"的黑板报大则大矣,但其竖条形的形式,并不是主流的黑板报形式。黑板报通常是横向展开,比起竖条形的木板,既利于人群的聚集观看,也具有更稳固的结构。后来出现的黑板报只会让那个"本市最大"的黑板报相形见绌。上海交通运输科货车修理厂内的黑板报,一开始是由 1.6 公尺③长、1.2 公尺宽的 2 块黑板拼接而成,到后来发展为由 9 块黑板拼成的长 15 公尺、宽 1.2 公尺的横条形黑板报。④ 上海吴泾砖瓦厂 1978 年设计过一个黑板报廊。黑板报廊由 11 块黑板组成,其中 10 块黑板大小一样,长 1.52 米,宽 1.22 米,另外一块则是边长 1.22 米的正方形公告栏。这样,这个黑板报廊总长将达到 18.78 米。这个报廊既有遮檐,还有独立的架子将这些黑板报悬挂。⑤ 虽然因为经费问题没有兴建,但可以想象这个黑板报廊是极其显眼的,有很大潜力成为空间当中的标志性建筑。

---

① 写黑板报须知[N].新民晚报,1951-09-03(2);墙上黑板报[N].新民晚报,1951-10-05(2).
② 高逾二丈之黑板报[N].新民晚报,1951-08-29(4).
③ 1公尺=1米。
④ 七年多来没有中断过的黑板报[A]//上档 C41-1-390-13,1960-4-23.
⑤ 上海吴泾砖瓦厂设计的黑板报廊建筑详图[A].1978-8-22.上档 b84-2-807-116.

一方面是黑板报越来越大型,另一方面是黑板报越来越追求美观。1950年代出有相当多的黑板报教材。值得注意的是,考虑到大量的黑板报短时间兴建起来,黑板报教科书有利于黑板报在各地以相当标准化的方式予以设立、编写和美化。① 看看这些教科书,就知道标准化体现哪些方面:形式编排技巧、黑板报编写人员的组织方式以及黑板报内容的编写技巧(比如如何包括更大空间的宣传材料,如何与本空间的内部事务结合)等等。如此,这种黑板报设置中的标准化所引发的后果,就值得注意,这一点将在下一部分中展开。这些教材中还有一些专门讲美化黑板报的书籍,涵盖从报头、头花、花边、美术字,到编排技巧、报架设计等等一整套从简单到复杂的形式美化技术。② 有一种黑板报美化技术教科书,在1950年代至少由三个出版社先后出版,在外观上,在城市中涌现的黑板报可能比想象的要多一些相似性。③

形式和色彩对黑板报来说至关重要。宣传者知道,将黑板报办成仅有文字的"蜘蛛布图阵",效果是很糟糕的。④ 要黑板报在空间中可见、抓人眼球,色彩和图画缺一不可,"看来这些都是技术问题,其实不然,这些技术,是达到政治上宣传教育效果的手段之一,是不容忽视的"。⑤ 所以,黑板报就发展出一套文字图像化的编写技术,"多加标题,字最好用美术体,亦可以先用深色粉笔写好后,再用浅色的勾一勾,使其更觉凸出;多利用空白的地方,配合各色粉笔画上简单的插画,以引人注意"。艺术字、报头、花边的绘画方式,是黑板报编辑的业务书的重要内容。⑥ 有时候人们围在黑板报周围,并不是看写了什么内容,而是在谈论"这个火车头画的真漂亮,和那个字写的真

---

① 王宝康的《黑板报编写法》至少出过两个版本,分别于1951年由"上海元昌・百新・吼声・育才・新文化・锦章"出版,于1952年由新文化书社出版。以下仅列举一些1950年代的黑板报教材,这一时期还出版了专供厂矿、农村所用的黑板报教材。周五绂.怎样办好黑板报[M].北京:北新书局,1952;王可.怎样办好黑板报[M].齐齐哈尔:通俗读物出版社,1956;赵永江.怎样办好黑板报[M].南京:江苏人民出版社,1956;董祚楷.怎样办黑板报[M].昆明:云南人民出版社,1957;方际青,齐立.怎样编排黑板报[M].上海:上海人民美术出版社,1958.

② 心音.怎样美化黑板报[M].上海:四联出版社,1954;方际青,齐立.怎样编排黑板报[M].上海:上海人民美术出版社,1958;方际青.黑板报、墙报美术资料[M].上海:大众书局,1954.

③ 心音的《怎样美化黑板报》至少于1953、1954和1956分别由北新书局、四联出版社、上海文化出版社出版。

④ 扩音机和黑板报[N].新民晚报,1955-10-16(6).

⑤ 孙德胜,贾长友.农村工作座谈:怎样才能把黑板报办好[J].前线,1965(14):17,6.

⑥ 怎样使黑板报醒目[N].新民晚报,1951-07-26(2);白江.怎样办黑板报[M].长沙:湖南教育出版社,1982.

棒"。① 遇到黑板报集中展览、竞赛，首要的不是内容，而是如何做到美观，来与别的黑板报"斗妍争艳"。②

黑板报在上海不断地涌现，宣传干部表示，"上海黑板报数量，可说在国内任何城市中是占很大比重的"③。这样追求色彩、线条美观，越来越大型化的黑板报，成为城市当中的新景观，成为聚焦目光的新事物。如何理解这些色彩鲜艳的大型建筑的兴起所产生的影响？将本雅明所说的电子广告牌做类比，也许会显得牵强附会，但却不无启迪："是什么使广告变得比批评远胜一筹？不是那动人霓虹灯所说的言语——而是将它映照在柏油之中的火光之地"，不是招牌的内容而是招牌的火光（对我们来说则是黑板以及引人眼光的色彩、线条，是那酷似党报的外观，而不仅仅是内容），造成了"一种于漫不经心中被消费了的短暂环境而进入了人群的视觉无意识之中"，"产生了一系列出人意料的效果"。④

黑板报嵌入空间的方式复杂多样。按照黑板报所处物质空间的性质，大体上可分为两类：

一类是在人口流动的空间中。如公交汽车上、三轮车上下客处、沿街店铺附近、小菜场等等，彼此陌生的人口流动频繁，这些地方所设置的黑板报，因为抄写了国际的重要新闻，据说是很受人欢迎。⑤ 街头黑板报数量增加至2000多块。其中一半以上集中在热闹的城区如老闸区、黄浦区、新成区、虹口区和嵩山区，光是黄浦区就有街头黑板报499块。⑥ 虹口一区，在1951年4月至7月内，黑板报大增10倍，全区288条里弄中有168条里弄建起了黑板报209块。⑦《新民晚报》介绍过一块南京西路人民广场对过人行道上的黑板报，这块黑板报由新成区一店员工会主办，本身很大很长，而且色彩艳丽，有插画，字写得细致又整齐，很富观赏性，看得人很多。这块黑板报由于受

---

① 办好黑板报的几点经验[J].中国工人,1950(7):60.
② 黄浦区第二办事处里弄大楼 举行黑板报展览会 扩大宣传三反运动并交流工作经验[N].文汇报,1952-01-18(3).
③ 王宝康.黑板报编写法[M].上海:新文化书社,1952:35.
④ 麦奎尔.媒体城市:媒体、建筑于都市空间[M].邵文实,译.南京:江苏教育出版社,2013:169.
⑤ 汽车中办黑板报[N].新民晚报,1950-06-27(2);哈同大楼的黑板报[N].新民晚报,1951-04-03(2);对黑板报取材的几点小意见[N].新民晚报,1951-05-19(3).
⑥ 关于店员街道黑板报工作的初步总结[A].1952-11-24.上档 C5-2-174-17.
⑦ 虹口区里弄黑板报概况及经验介绍(上)[N].文汇报,1951-07-14(7).

欢迎,为便于人们晚上观看,又加装了电灯。后来宣传工作有一条要求就是要将黑板报放在晚间有灯光处。与霓虹灯一起,被电灯照亮的黑板报也成为城市夜景的一部分。① 那些数量繁多的黑板报,当然不可能都有充实的内容,也不可能都配置有灯光。报纸报道湖北路有块黑板报只是抄写了三四个新闻大标题,其他什么也没有。也有的一条街道上隔不多远连续地挂着三四块黑板报,内容都是摘抄时事新闻,重复性很高。② 这些街头的黑板报可能会引起人流新的停驻、聚集,可能会引来有意识或者无意识的目光,也可能会改变闲逛的内容,还可能会制造新的交谈。当然也有可能它什么也制造不了,但它们就在那里,在城市中四处可见;它们作为标识着政治力量的街景和建筑的意义,并不亚于它们作为文本的意义。李欧梵曾用摩登来形容上海街景给人的体验,是一种"新奇与惊叹"。③ 为适应新的政治秩序,这种"新奇与惊叹"的空间,或被改造或被变换空间的功能,跑马场被改造成人民广场,关闭的百乐门,熄灭的城市灯光。④ 而在另一方面,黑板报在街头涌现,并在上头重新亮起了城市的灯光,这些应当理解为是城市空间变迁的重要一环。

除却在流动的空间中林立,黑板报也是新中国新空间实践——单位——的标准配置。自1950年代开始,中国城市逐步形成了单位大院的主导型空间形态,这是"高墙围合下的封闭空间"。⑤ 通过封闭空间的确立,城市空间呈现出那种以集体工作、集体居住为单元而予以分割的形态。工厂、机关、学校、部队,都逐渐形成相对封闭的空间。里弄也不例外。典型的城市居民居住区,是由几排相同的连在一起的房屋组成的有围墙和大门的建筑群及场地。每一户都分成几个不同的家庭,很多家庭几十年就生活在同一屋檐下。⑥ 1950年代,里弄的政治组织化和集体化过程更是强化了城市空间的单

---

① 南京西路店员的成功创作 一块有五彩插画的黑板报[N].新民晚报,1952-06-26(4);写黑板报须知[N].新民晚报,1951-09-03(2).

② 街道黑板报内容要充实[N].新民晚报,1951-08-22(1);关于黑板报[N].1951-08-19(2).

③ 李欧梵.上海摩登:一种新都市文化在中国(1930—1945)[M].上海:上海三联书店,2008.上海城市空间的混杂性也可参见:孙玮.作为媒介的外滩:上海现代性的发生与生长[J].新闻大学,2011(4):67-77.

④ 于海,邹华华.上海的空间故事:从毛泽东时代到邓小平时代[J].绿叶,2009(9):84-90.

⑤ 薄大伟.单位的前世今生:中国城市的社会空间与治理[M].柴彦威,张纯,何宏光,等译.南京:东南大学出版社,2014:128.

⑥ 卢汉超.霓虹灯外:20世纪日常生活中的上海[M].上海:上海古籍出版社,2004.

元化、区隔化这一趋势。① 另一方面,1950 年代,上海城市建设的主要方向开始从消费型城市转向生产型城市,为此要增加产业工人数量。为解决突出的住房问题,在工厂周围建立了大量工人住宅区。从 1952 年第一个工人新村曹杨建立到 1978 年,上海建设的城市住宅主要就是工人住宅。工人住宅围绕工厂而建,而工厂均分布在远离市区的郊区,且其交通线路的设置是通往工厂而非市中心,于是工人的生活依赖于厂区服务设施,居住与工厂关系密切,而与城市关系疏离。②

如果说 1950 年代单位的空间设计的目的之一是"在微观层面象征并再生产社会主义国家秩序"③,黑板报作为单位的标配,其文本内容④实际上就是反映着空间设计和规划意图的一种拼贴。一部分是自上而来的宣传任务。很多报刊会提供专供黑板报使用的"参考资料",上海《文汇报》《新民晚报》也有专门的栏目《黑板报》,将当天重要的新闻编辑成适合黑板报刊载的形式——短小而浅显,很多黑板报就照抄下来。⑤可以说,这是提供了人们对那些"没有直接经验"⑥的空间——国家、世界的体验。然而,黑板报完全照抄报纸又是受到批评的,其宣传干部自我批评"不做报纸的放大镜"。⑦ 有人在《新民晚报》介绍办黑板报的经验,就说是"要使内容与群众发生切身关系"。⑧《文汇报》的经验很相似,说黑板报的内容不应该照抄报纸,表扬、批评、公告、

---

① 张济顺.上海里弄[C]//张济顺.远去的都市:1950 年代的上海.社会科学文献出版社,2015:366-390.
② 杨辰.社会主义城市的空间实践:上海工人新村(1949—1978)[J].人文地理,2011(3):35-40,64;于海,邹华华.上海的空间故事:从毛泽东时代到邓小平时代[J].绿叶,2009(9):84-90.
③ 薄大伟.单位的前世今生:中国城市的社会空间与治理[M].柴彦威,张纯,何宏光,等译.南京:东南大学出版社,2014:145.
④ 尽管不少黑板报也允许甚至鼓励发布其他的内容,比如常识、谜语、漫画等一系列人们喜闻乐见的形式,但前提是必须服务于宣传工作。一旦主次颠倒,就会被批评"中心任务不突出",内容"大而无当",主要的问题是"没有有效的和'三反'运动的宣传结合起来"。(里弄黑板报应密切结合反贪污浪费的宣传[N].文汇报,1952-01-07(3).)
⑤ 依笔者所见,1951 年《新民晚报》《文汇报》设立了《黑板报》栏目,每日对当天新闻进行缩编。1952 年后,两报不再对当天新闻进行缩编。《新民晚报》仍然保留了《黑板报》栏目,至少到 1958 年。(写黑板报要对群众负责 不可粗枝大叶贪图省力[N].文汇报,1951-09-03(3);工农画报很吸引读者 黑板报不要单抄标题[N].文汇报,1951-09-20(3);关于黑板报[N].新民晚报,1951-08-19(2);街道黑板报内容要充实[N].新民晚报,1951-08-22(1);黑板报要纠正形式主义现象[N].新民晚报,1951-09-05(4).
⑥ 段义孚.空间与地方[M].北京:中国人民大学出版社,2017.
⑦ 老闸区衣着业第一大组 今起举行黑板报展览会[N].新民晚报,1951-12-19(4).
⑧ 黑板报[N].新民晚报,1954-04-17(6).

通知应该成为黑板报的重要内容,"它不是把报纸上的一套大道理原封不动的搬到黑板报上,而应该针对本里弄居民的具体思想情况做文章。应该多登载里弄动态新闻、里弄居民所喜闻乐见的东西"①。所以,另一部分内容是要"配合个别单位的特殊情况"②,"运用群众的生动事例来教育群众"③。

所谓每个单位的"特殊情况",它指的是:"一个企业单位这里面的工作人员所要知道的就和一般人不同。他们除了要知道重要的时事电讯之外,更需要特别记录和他们事业有关的措施和方针,以及有关工人兄弟们的生产竞赛情况和增产成效,来鼓励本单位的读者。店员基层工会,可在自己的黑板报上表扬工友的积极行动,和热烈展开工作的情况。学校的黑板报更可发挥伟大作用,例如第几班级有同学利用暑假进行劳动捐献,第几班级已有多少同学报名"参干"。在农村里,可以针对正要做的事,如选种、积肥、除病虫害等等切于实际的材料,把外地区的农业模范人物与良好经验,讲解介绍,唤起大家的注意。"所以黑板报不仅界定了单位何在,在日复一日的出版中不断生产出单位的边界;更为重要的是,黑板报也生产出不同单位的特殊性,展示了企业、店员、学校、农村等这些不同空间的功能和性质。

黑板报亦是里弄这一城市空间单元的标配。有些黑板报是挂在里弄的中心地区、乘凉处④,这里原本就是公共空间。一旦黑板报立起来,这一空间的性质就慢慢发生了变化。上海的居住空间,有一定的封闭性,虽没有产生西方意义上的那种"社区"感,邻里之间也不是完全疏离,在上街买菜、纳凉,甚至是倒尿壶的路上,都有偶遇和交流。⑤工厂、各式单位中的人们亦有各式相遇和交流。《文汇报》赞扬了黑板报在制造人群聚集、提供政治议题方面的功效,寿椿里"恶霸"潘成虎被逮捕后,里弄黑板报陆续公布其"罪行",报纸描述当时情景:"居民们拥挤在黑板报前面一边看一边结合着自己

---

① 黑板报[N].文汇报,1951-07-04(5).
② 王宝康.黑板报编写法[M].上海:新文化书社,1952:2.
③ 青年团上海动力机械制造学校锅炉二零六班止步的黑板报工作(草稿)[A].1955-2.上档 C21-2-541-92.
④ 办了一块黑板报[N].新民晚报,1951-08-29(3).
⑤ 卢汉超.霓虹灯外:20世纪日常生活中的上海[M].上海:上海古籍出版社,2004.另外也可见何志森对上海里弄居民的田野观察,他认为居民倒尿壶的需要,使得人不断从室内走向室外,制造了许多人与人之间的互动。参见:何志森.城市跟踪者[C/OL].微信公众号:社会学视野,2018-03-20.

所知道的在谈论。"①如果说1950年代单位化的城市空间设计的另一个主要目的是"在单位成员中推行一种社会主义的集体化生活方式"②，那么，无论在工厂，在里弄，甚至在街头，黑板报都是创造集体化生活方式的一种手段，它创造出集体体验政治事件的公共空间，人们在此停留、聚集、集体阅读以及交谈，自上而下的宣传动员的"中心任务"渗入其间，这改变了人们之间的关系，即便还是邻里、同事和同学，也增添了政治色彩。

值得一提的是，这跟农村黑板报的情况不太一样。因为一些复杂的原因，而不仅仅是因为识字率，歌谣和快板在农村黑板报的诸多体裁中有突出的重要性，不少报刊会专门将国内外新闻编成歌谣，来供给农村黑板报使用。这些歌谣在农村特别受欢迎，有些黑板报甚至全部采用了歌谣、快板诗的形式，而且是"发动儿童来读"，通过儿童而传遍全村。③ 黑板报内容经由这样一种方式而扩散，由此推想，黑板报将其所在空间塑造为公共空间的能力很可能就不如城市。

三、生成组织的空间形态

接下来的问题是，黑板报所参与界定的、这些分化隔离的空间以什么样的方式具备了自身的生命活力？换言之，黑板报如何连接和运作环境中的诸要素，从而生成一种组织的力量？

据说，"根据政治经济目标来进行空间的功能布局"是18世纪晚期以来空间发展的新趋势，在此之前，赋予空间力量的主要方式是通过制造出宏伟的建筑形式，来象征权力。从苏联那里借鉴而来的空间改造的新思路是，"对日常生活的各方面从空间上加以分化：在工厂中工作，在工厂俱乐部中娱乐和接受教育，在共同的单元房中居住"。同时这些空间之间的关系又是以生产为中心的。④

---

① 虹口区里弄黑板报概况及经验介绍（上）[N].文汇报，1951-07-14(7).
② 薄大伟.单位的前世今生：中国城市的社会空间与治理[M].柴彦威，张纯，何宏光，等译.南京：东南大学出版社，2014：145.
③ 龙华葛存区的歌谣黑板报[J].教育阵地，1945(6)：34-40；高森茂.办黑板报的一点经验[J].教育通讯，1951(1)：21-22；赵寒.邯郸市南关的黑板报[N].人民日报，1947-07-07(4)；章樟.各地报纸「黑板报」栏的新闻说唱诗[J].文艺报，1953(9)：37.
④ 薄大伟.单位的前世今生：中国城市的社会空间与治理[M].柴彦威，张纯，何宏光，等译.南京：东南大学出版社，2014：73，86.

黑板报是单元性空间的标配,同时以单位为典型的单元性空间内围绕着生产而有不同功能分区,黑板报设立在这些不同的功能分区之中,比如工厂这个典型的单位空间,在办公室、车间门口基本上都有黑板报,在工厂门口更是规模庞大。有新闻报道,早上7点到7点半工厂门口的黑板报总是挤了一大堆人,在上班之前人们要先看看黑板报①;有的是在通往食堂的必经之路上,形成了"不忙吃饭,先看黑板报"的风气②。食堂的黑板报的内容,总是跟吃饭行为有关,有人在食堂丢了半个馒头,被黑板报批评,就成为全厂公共事件,丢馒头的人出来做了检讨。③ 人们是否接受并且按照黑板报的要求而形成一种符合政治要求的就餐行为,这无法判断。但比较确定的是,这些林立的黑板报以及与所处空间的功能相匹配的内容,整体上将有助于实现这种功能分化的空间格局。

黑板报的分布依据什么原则而展开,并非一目了然,却有迹可循。据档案材料,静安棉纺织厂黑板报有80多块。现在只知道其中有部分黑板报是厂部黑板报,有部分黑板报的位置是在食堂,档案材料透露,不同的车间也各自有黑板报。④ 根据上海市店员工会上海市委会文教部主管的黑板报的命名:"新成区百货业一〇八基层的黑板报""老闸区第九大组一一〇组联会的黑板报"……从中又可以揣摩出这些店员工会黑板报分布的一些线索,其涉及的是黑板报背后的组织关系。店员工会的黑板报"大都陈列在街道旁边",也就是说即使是流动空间里的黑板报背后亦有组织力量,黑板报界定着空间,从而使这些组织将街区空间进行分配管理。⑤

借助大多数人都有一定经验的学校黑板报,本文将进一步说明其分布背后的组织逻辑。在小学、初中、高中,刚进学校的大门往往都能看到一排黑板报,它们通常由学生会具体负责,并由校党委负责宣传的干部指导。除却大门口的黑板报,每个班级教室的后墙都有黑板报,它们往往由班主任组织该班同学编写。班主任是班级学生思想教育工作的直接负责人,又从属于学校思想教育工作的组织系统。这样,不仅黑板报不断生产着和维系着学校的空间边界,而且在这样的封闭性空间的内部,黑板报进一

---

① 中共国营上海精密医药器械厂总支委员会黑板报工作专题总结[A].1953-08.上档 A48-1-95-76.
② 我们黑板报的成绩是从那里来的?[N].文汇报,1951-09-17(6).
③ 黑板报[N].新民晚报,1954-04-17(6).
④ 充分发挥黑板报的战斗作用 促使群众高度革命化[A].[无日期].上档 c1-2-4434-82.
⑤ 关于店员街道黑板报工作的初步总结[A].1952-11-24.上档 c5-2-174-17.

步制造着、维系着内里空间的边界和分割,班级黑板报标识着班级的边界,而且它的空间边界不断地由班主任通过组织该班学生编写内容而不断地生产出来。同时,由于组织间的从属关系,分割的空间看似进行着各自独立的生产,但是产品又是高度相似的,它们都说明着、诠释着整体,不断地生产出整体。总体而言,黑板报无论是在流动的街区,还是在工厂、学校、行政机关等单位的分布和分配,实际上都反映出组织力量的分布。

事实上,黑板报有"基层组织的机关报"之称,它就是组织力量的喉舌,办黑板报要与各种组织的"日常的工作"结合起来。① 因为是"机关报",所以就要求模拟党报建立起一套相似的内容生产体系和组织架构。用静安区棉纺织厂工会负责黑板报的宣传干部的话说就是:"黑板报虽不能与报书刊比,但'麻雀虽小,五脏俱全'。"② 有工厂一天要出版4000字的黑板报,有工厂则日出三大块黑板,十几篇稿子。要填充那么大的版面,且要做到定期出版,在工作方式上只能是"编辑抓委员,委员抓通讯员"。所以,黑板报自然就模仿报社形成了一整套的组织和操作流程。工会黑板报通常由工会领导的文教委员会来负责,下设通讯、编辑和出版三个部门。通讯部门是最为重要的部门,负责供稿,编辑部门负责改稿,出版部门负责抄写。通讯网以车间为单位,工厂每个车间都有通讯员,青年团也是通讯组织积极的参加者,每个团小组也有黑板报的通讯员,保证"全厂每个角落里的活动都能通过黑板报报导出来"。通讯员写稿也不是随意写,他们被定期召集起来,被告知不同阶段的中心任务,按照中心任务的要求搜罗素材。还会通过培训来分析每篇稿件的优缺点,稿件的写作技术主要体现在如何将群众的事例与中心任务贴合起来。③ 在里弄,黑板报稿件组织的方式也基本如此,来稿不只是编辑、抄写员和负责人的事,而要"依靠大多数的住户们共同写稿",从而使得"黑

---

① 办好黑板报[N].新民晚报,1951-09-23(4).
② 充分发挥黑板报的战斗作用 促使群众高度革命化[A].无日期.上档 c1-2-4434-82.
③ 中共国营上海医疗器械厂黑板报专题总结[A].1953-08.上档 A48-1-95-76.中共国营七三六厂委员会关于黑板报整顿组织小结[A].1954-06-03.上档 A40-2-137-15.1954年第二季度黑板报小结[A].1954.上档 A39-2-272-54.搞好黑板报的几点经验.文汇报[N].1951-05-05(5).中共上海交通电工器材采购供应站委员会关于巩固提高黑板报宣传工作的意见[A].1960-12-28.上档 B123-4-729-63.七年多来没有中断过的黑板报[A].1960-04-23.上档 C41-1-390-13.中共航海市印刷三厂支部委员会黑板报总结[A].1956-04-06.上档 A50-1-197-50.***厂的黑板报工作是怎样开展的(整理稿)——张锦文、邵慰忻[A].1956.上档 C7-2-83-99.

板报变成一个住户们自己的东西"。①

黑板报的编写人员以党报机构的方式组织起来，就为各种党团等组织、宣传机构与黑板报组织的联结建立了途径，当然也限定了方式。如前所述，《文汇报》《新民晚报》等报纸和杂志都曾设有专门的《黑板报》栏目以适应黑板报的形式，使其能够照抄国内外新闻。除却作为组织喉舌的党报，各级领导机构的宣传部门也被要求"经常的供给材料，尤其当每一政治运动展开时，更要依照中心任务指定或发给材料，使黑板报在运动中发挥它应有的宣传作用"。②

宣传材料在各式组织中的下发、传输是一个方面，另一方面是人员在不同组织中的同时嵌入。宣传干部的思路是这样的，同一个人可以同时是黑板报的通讯员、读报组的读报员、报纸的通讯员，最好的情况是，"报纸通讯员应担任黑板报编辑委员会委员、读报组组长、读报员"。同一个人同时隶属于报社以及更为基层的宣传组织，黑板报、读报组能够完成一种接合，在这种接合中，行政指令同时完成了"自上而下"和"以下而上"的过程，宣传干部的思路是："譬如……报上登了个什么消息，说那个地方正在做什么好事体，譬如捐寒衣救灾民等，而我们这里没有做，那么我们就可写稿上黑板报发起这事，做出成绩，写稿给报纸。"③

当然，不是每一块黑板报都能有效地进行宣传，事实上，档案材料的揭露、报纸的批评，都表明不少黑板报是"形式主义"。④ 不少"先进"黑板报总结经验都回忆过一段一人办众人读的历史，没有通讯网，最后内容就沦为"抄抄报纸及写写通知"，也就没有人看。⑤ 工厂里的黑板报，人们都知道谁在写，"看来看去只道是几人写的稿子"。⑥ 比如有工作总结，"脱离了丰富的来稿，黑板报是永远也搞不好的"，实在是经验之谈。⑦

---

① 搞里弄黑板报的一些经验[N].新民晚报,1951-07-20(3).
② 关于店员街道黑板报工作的初步总结[A].1952-11-24.上档 C5-2-174-17.
③ 马天.黑板报、读报合通讯怎样结合？[M]//劳动报编辑部.通讯员学习手册.北京：劳动出版社,1951:184,185.
④ 不要让黑板报流于形式[N].新民晚报,1951-07-27(2).
⑤ 中共国营上海精密医药器械厂总支委员会黑板报工作专题总结[A].1953-08.上档 A48-1-95-76.
⑥ 中共国营七三六厂委员会关于黑板报整顿组织的小结[A].1954-06-03.上档 A40-2-137-15.
⑦ 中共国营上海精密医药器械厂总支委员会黑板报工作专题总结[A].1953-08.上档 A48-1-95-76;虹口区里弄黑板报概况及经验介绍(上)[N].文汇报,1951-07-14(7);写黑板报要对群众负责 不可粗枝大叶贪图省力[N].文汇报,1951-09-03(3);工农画报很吸引读者 黑板板不要单抄标题[N].文汇报,1951-09-20(3);关于黑板报[N].新民晚报,1951-08-19(2);街道黑板报内容要充实[N].新民晚报,1951-08-22(1);黑板报要纠正形式主义现象[N].新民晚报,1951-09-5(4).

再比如,有黑板报抄写员的"心得":"起初,我还每期每期地全部揩清楚了再抄新的;通过了几次三番的运动,使我初步摸到了一个窍门:黑板报上的字可以略为揩去几个,把新的题目、作者姓名和新的'内容'填进去就行啦。"①那些老生常谈的自我批评,黑板报不受欢迎乃是"深入生活不够",具体说来就是"没有同群众建立亲密无间的联系,听不到群众的知心话;加上自己政治水平和生活知识的局限,因此就不可能深刻的观察事物和生动的描绘形象"。②诸如此类的批评、反思黑板报实践的材料俯拾即是。这些林林总总的反思、教训,归根结底,其实就是黑板报背后的组织缺乏动员基层的力量,或许是没有宣传、文字上的能力去抽取基层的鲜活材料来进行宣传工作,或许是没有动员起基层(通讯员们)来提供鲜活的材料。

从这个角度看,1954 年《文汇报》所刊载的华东师范大学中文系学生自述编辑黑板报的经历,就有极强的隐喻。故事以"我"的自述展开,"我"是学校的一名黑板报编辑,无意中听到同学汪之康在闲谈之中对黑板报的批评,后者指责尽管有许多不同的署名,但是所有的稿子一看就是出自一个人之手。"我"当然是不服气的,对汪之康心怀怨愤。随后,黑板报收到一封署名为"一个读者"的批评汪之康的来信,指责后者不爱护公共财物,撕破了从图书馆借来的书;又指其有在宿舍骂人的行为。于是,"我"就在黑板报上刊出了这篇读者来信,并冠之以"编者按",称汪之康的行为是"资产阶级思想的表现"。黑板报刊出读者来信后,宣传员找"我"谈话,根据读者的反映,对汪之康的种种批评都不是事实。最后,"我"做了检讨,并停止了黑板报的编辑工作。③ 表面上这似乎是一个失败的黑板报编辑的故事,因为夹带着私人的情绪和偏见,从而导致了失实。但若仔细推敲,这个黑板报由于所有的稿子都出自一人,虽然有宣传员的领导,但却未能组织起基层,它只是一个个人的黑板报,从而根本掌握不了基层的情况(表现为无法判断批评汪之康是否属实)。这样,这个故事就对所有黑板报工作者具有教育和警示意义。

所以,黑板报是否能够持续地再生产出社会关系,成为组织力量得以运作的把手,

---

① 写黑板报的窍门[N].新民晚报,1956-07-19(8).
② 学习生活:教务科召开支部墙委联席会议三支部作了黑板报工作的经验介绍[A].1956-04-25.上档 A76-2-204-17.
③ 我编辑黑板报的时候[N].文汇报,1954-12-21(8).

有效组织和动员其所在的基层空间,取决于其主管基层组织的组织能力。所以,不同黑板报的不同效果,其实反映的是组织力量在空间组织能力上的不均衡,是基层组织力量强弱的呈现。当然,组织借由黑板报这样的装置进行空间组织的能力不均衡是一回事,这一装置的广泛分布从而已然建立起普遍性的组织和治理机制又是另一回事。

四、结语

1950年代,作为"党的宣传网"的组成部分,黑板报在各级组织的推动下,在上海广泛建立。黑板报是宣传工具,但不仅仅是文本的载体,也是空间中显眼的建筑,是能标识政治组织力量的地标。换言之,黑板报是一种混杂了思想与空间、宣传动员与空间生产、政治力量与组织等异质性因素的技术装置。这一特定的技术装置,既在组织力量的主导之下,同时又使组织力量的施展以某种特定的方式进行,呈现出新政权的某种特定的空间治理方式,这使黑板报成为1950年代上海空间改造、城市转型的组成部分。黑板报的意义,不仅仅只是传递了宣传内容而已,简单称之为"宣传工作"将限制黑板报所蕴藏的广阔想象空间,也将隔断其与这一时期其他重要研究议题的交叉关系。

从一个角度看,领导机构通过黑板报这样的空间装置传达行政指令,这一技术装置在空间中有其特定的分配方式以及运作方式,黑板报背后是一个组织化的宣传单位在进行运作,这些组织又处于一个层级的组织网络关系之中。不同空间林立的黑板报是各级组织对空间的分配,并在单元空间内上令下达、"以小见大"。从另一角度看,黑板报的实践就是以这样一种特定的方式来展开,组织关系在此汇聚,组织力量得以施展,只有围绕着类似黑板报这样具体的把手,各种组织力量才得以施展和实现。组织力量的特定构型,实际上需要借助于类似黑板报这样的具体媒介而不断生成和维持。

这自然不是说黑板报在组织力量的实现和彼此连接、交换中必不可少,而是说组织力量的运作必须有如黑板报这样的媒介装置为前提,不是黑板报,也得是别的什么。没有这样的装置,组织力量就无法借力。所以,黑板报并非必不可少,但换了一个媒介装置,被组织的各要素以及相互关系就是大不相同,比如党报就不像黑板报那样能连接一个实体的公共空间。希望上文的展开已能充分呈现黑板报所组织起的各要素——无论是政治力量、空间关系、社会关系还是空间体验——是如何以特定的方式被安排、被设定的。

列斐伏尔说:"如果未曾生产一个合适的空间,那么,'改变生活方式'、'改变社会'都是空话。"①1950年代,新政权在上海逐步扎根,同时执行的是一套新型的空间管理战略,这种源于苏联的空间实践传统,"通过构建和管理某种空间形式,来实现社会的根本性重构",也就是通过改造和规划空间而进行社会治理,实现城市的新生。② 如果说空间是"社会关系的生产和某些关系的再生产"的重要中间物、工具以及媒介③,那么,黑板报就是这一媒介的媒介、工具的工具、中间物的中间物,城市面貌和人们于此生活的环境变化了,围绕着黑板报人们创造出了新的生活方式,与政治力量以崭新的方式关联起来。这样,黑板报也许也生产出了一个"合适的空间",从而成为1950年代上海城市文化变迁中的重要一环。

---

① 列斐伏尔.空间:社会产物与使用价值[C]//包亚明.现代性与空间的生产.上海:上海教育出版社,2003:47.
② 薄大伟.单位的前世今生:中国城市的社会空间与治理[M].柴彦威,张纯,何宏光,等译.南京:东南大学出版社,2014:68.
③ 列斐伏尔.空间与政治[M].李春,译.上海:上海人民出版社,2015:27.

专题三
域外新作

清代邸报的发行与流通*
——清朝的政治信息传播
◎殷 晴**

导 言

在清代访问中国的欧美人,时常会在记录中提到"邸报"这种刊物。例如,1706—1731年客居于中国的耶稣会士龚当信(Cyr Contanci)便在发给法国的报告中如此描述邸报的价值:

> 阅读它,可以了解中国人的宗教、法律、风俗和习惯。可以学习如何遣词造句,以便和中国人交谈,并写出一手好文章。①

又如,英国驻北京公使馆的医师雷尼(David Field Rennie)在咸丰十一年(1861)的一则备忘录中如此写道:

---

* 本文原题为「清代における邸報の発行と流通:清朝中央情報の伝播の一側面」,于2018年首先发表于日本《史学杂志》127卷12号,获得该年度的史学会奖。

** 殷晴,日本同志社大学全球与地域文化学部助理教授,2007—2013年就读于北京大学新闻与传播学院新闻系,留学于东京大学人文社会系研究科东洋史专业,2017年3月取得硕士学位,2023年3月取得博士学位。致力于研究媒介形态变迁、政治信息的流动方式以及政治制度之间的互动关系。代表性研究论文包括《第二次鸦片战争与清朝的信息传递》(《史学杂志》130卷第10期,2021年)、《官报发行与清政府政务信息发布的变革》(《历史学研究》第996期,2020年)、《从提塘看清朝中央与地方间的信息传播》(《东洋学报》99卷第3期,2017年)等。

① 第八书简(1727年12月15日)[M]//矢沢利彦.イエズス会士中国書簡集4:社会編.东京:平凡社,1973:131. 龚当信之履历可参见:矢沢利彦.イエズス会士中国書簡集2:雍正編[M].东京:平凡社,1971:60.

不仅是北京,整个帝国的民众都对它(邸报,笔者注)抱有极大的兴趣。人们期待着它的出现,关心程度类似于英国公众在政治激动时期对《泰晤士报》的关注。①

这里所说的邸报(亦被称为邸抄、京报或京抄),是一种逐日刊登皇帝动向、朝廷谕旨和大臣上奏的小册子。虽然有关战争、外交等问题的机密性内容较少见诸报端,但诸如经济政策、地方叛乱情况、官员弹劾等有助于时人了解各地现状与各官员政治立场的信息则常常出现在邸报之中②。日本人在北京经营的汉字日报《顺天时报》曾在光绪二十八年(1902)的一则社论中写道,"有中国之农夫下走不阅京报者,未有中国之学士大夫不阅京报者"③。由此可知,阅读邸报已经成为清代官员与士人的日常习惯,至清末时仍是如此。那么,邸报究竟由谁编辑发行,经过了怎样的过程才流通于全国?探明这一问题,并由此分析清朝政治信息的传播特点,正是本文的目标所在。

邸报的起源可追溯至宋代④,元代时似乎一度消失,至明正德年间(1506—1521)才再次在典籍中出现⑤。自17世纪末起,邸报保持每日连续发行,读者层也从官员扩展到了民间⑥。

关于明清时期的邸报,以往研究主要从三个角度进行过论述。首先,以戈公振为

---

① RENNIE D F. Peking and the Pekingese during the first year of the British Embassy at Peking Vol.1[M]. London: J. Murray, 1865:212.
② 关于清代邸报的内容分析,参见:樊晓宇.咸丰朝《邸报》研究:以咸丰朝捐输和刑名为例[D].上海:华东师范大学,2013.
③ 《顺天时报》光绪二十八年十月六日,《论条奏留中发抄之关系》。在《李星沅日记》(北京:中华书局,1987年)、《曾国藩全集·日记》(长沙:岳麓书社,1994年)等清代官员的日记中经常可以见到阅读邸报的记录。此外,清代士人也会在著作中引用邸报。例如,俞正燮便曾以十余年间的邸报作为资料,分析了清代地丁银制度的演变过程。(《癸巳类稿》卷20,《地丁原始》)
④ 关于邸报之起源,历来有"唐代说"及"宋代说"两种观点。根据福井信昭《唐代の進奏院——唐後半期"藩鎮体制"の一側面》(《東方学》,2003年第105号、久保田和男《宋朝における中央情報の地方伝達について——邸報と小報を中心として》(《"宋代中国"の相対化》(汲古書院,2009年版),本文认为"宋代说"更为可信。
⑤ 李漫.元代邸报"新证"考辨:与孔正毅教授商榷[J].国际新闻界,2010(6);刘勇强.明清邸报与文学之关系[C]//学人.第3辑.南京:江苏文艺出版社,1992.
⑥ 尹韵公.中国明代新闻传播史[M].重庆:重庆出版社,1990:100-111;岸本美緒.明清交替と江南社会——十七世紀中国の秩序問題[M].東京:東京大学出版会,1999:156,188.

代表的新闻史研究者将邸报视为中国古代的新闻,探讨了其内容和发行方式①。其次,小野和子与王鸿泰在考察明末党争时,注意到单个的士人因为信息的共享而彼此联结,邸报即是共享信息的重要媒介之一②。此外,近年来不断有学者从东西交流史的角度,关注 18 世纪以来的在华传教士和外交官对邸报的翻译,指出邸报是当时欧美人获取中国信息的重要渠道③。

虽然研究积累已相当丰富,但邸报具体如何发行与流通这一基本问题,仍存在许多不明之处。制度上,《大清会典》明确规定了邸报的负责人——从各省的武进士或武举人中选拔出的中央与地方间的联络员"驻京提塘","各省提塘官设报房,凡钦奉谕旨及题奏等事件,<u>亲赴六科抄录</u>,刊印转发"④(笔者注——下划线为笔者所加,以下相同)。然而,在清代的史料中,也能看到一些出于营利目的而制作、贩卖邸报的民间从业者。

对于这种制度与实际相背离的情况,以往研究以《大清会典》的规定为前提,提出了两种解释:(1)民间从业者大量翻印了驻京提塘制作的邸报;(2)邸报在清代前期由

---

① 戈公振.中国报学史[M].北京:生活・读书・新知三联书店,2011:32-41.(初版为 1927 年);BRITTON R S. The Chinese periodical press 1800—1912[M].Shanghai: Kelly & Walsh, 1933:1-15;朱传誉.先秦唐宋明清传播事业论集[M].台北:台湾商务印书馆,1988:449-495;方汉奇.中国新闻事业通史:第一卷[M].北京:中国人民大学出版社,1992:119-242.

② 小野和子.明季党社考——東林党と復社[M].京都:同朋舎,1996:145-230;王鸿泰.明清的资讯传播、社会想象与公众社会[J].明代研究,2009(12).

③ 18 世纪的在华耶稣会士利用邸报的情况,可参见以下研究:吴伯娅.耶稣会士笔下的清代邸报[C]//明清史论丛:第 15 辑.北京:故宫出版社,2015:368-375;新居洋子.イエズス会士と普遍の帝国——在華宣教師による文明の翻訳[M].名古屋:名古屋大学出版会,2017:175-199;STANDAERT N. The Chinese gazette in European Sources: joining the global public in the early and Mid-Qing dynasty [M]. Leiden: Brill, 2022. 19 世纪的新教传教士与外交官的邸报翻译活动,可参见下列研究:尹文涓.耶稣会与新教传教士对《京报》的节译[J].世界宗教研究,2005(2);王海,王乐.《京报》英译活动中的跨文化传播策略与技巧:以《中国丛报》文本为例[J].国际新闻界,2014(10);赵莹.《京报》的流传与 19 世纪中英关系构建:以"觐见问题"为例[J].国际新闻界,2013(7);赵莹.连接中西的信息通道:字林报馆的《京报》译文[C]//上海档案史料研究:第 19 辑.上海:上海三联书店,2015.另外,邸报英译版的数据库已经建成,可在网上阅览。"Translations of the Peking Gazette Online"(https://brill.com/view/db/tpgo)。

④ 嘉庆刊《大清会典》卷 39 及光绪刊《大清会典》卷 51。

驻京提塘制作,乾隆末期以后则转由民间从业者办理。① 不过,两种解释都没有给出充分的根据。最近,墨安芳(Emily Mokros)重新检视上述研究,指出驻京提塘、中央各部院的书吏和民间从业者共同参与了邸报的制作,将有关邸报发行过程的实证研究向前推动了一大步,但仍未具体阐明三者在邸报的发行与流通过程中分别发挥了何种作用②。

一直以来,信息的处理和传播都被视为考察政治文化与统治构造的重要切口,清史领域亦不乏精致的实证研究③。这些研究主要探讨皇帝与官员之间的通信制度及其在政治决策中的具体运用状况,却鲜有人关注决策后的政令、相关报告文书等中央信息如何传达到地方。由于中央信息的传播是时人了解社会形势的重要途径,且反映了政权对于信息管理的态度,故而对此问题的考察,不仅是把握清代信息传播整体面貌的必要一环,也有助于理解清朝的统治特点。作为 19 世纪中期以前唯一一个定期传播政治信息的媒体,邸报可谓最为合适的研究对象。

此外,在考察信息传播方式的历史变迁时,邸报亦是无法回避的题目。只有厘清邸报的具体发行与流通过程,才有可能在此基础上讨论中国的传统媒体与报刊等近代媒体的连续性与差异。

基于上述问题意识,本文首先介绍清代邸报的构成、内容与形态,接下来尽可能详细地分析以下三个问题:(1)邸报刊载的信息由谁、经由何种方式收集;(2)这些信息由

---

① 解释(1)是目前学界的主流看法,持此观点的研究主要如下:姚福申.有关邸报几个问题的探索[J].新闻研究资料,1981(4);黄卓明.中国古代报纸探源[M].北京:人民日报出版社,1983:169;方汉奇.中国新闻事业通史:第一卷[M].北京:中国人民大学出版社,1992:205;史媛媛.清代前中期新闻传播史[M].福州:福建人民出版社,2008:92-102.主张解释(2)的研究为:吕小鲜.有关清代邸抄的三个问题[J].清史研究,2000(1).

② MOKROS E. The peking gazette in late imperial China: state news and political authority[M].Seattle: University of Washington Press, 2021:70-93.

③ 宫崎市定.雍正硃批谕旨解题——その史料的価值東洋史研究[J].東洋史研究,1957,15(4). WU SILAS H L. Communication and imperial control in China: evolution of the palace memorial system, 1693-1735[M]. Cambridge, MA: Harvard University Press, 1970; KUHN P A. Soulstealers: the Chinese sorcery scare of 1768[M]. Cambridge, MA: Harvard University Press, 1990; BARTLETT B S. Monarchs and ministers: the grand council in Mid-Ch'ing China, 1723-1820[M]. Berkeley: University of California Press, 1991; 豊岡康史.イギリス軍マカオ上陸事件(1808 年)に見る清代中期の対外政策決定過程[J].東洋学報,2008,90(3);刘文鹏.盛世背后:乾隆时代的伪稿案研究[M].北京:人民出版社,2014;詹佳如.悖逆的"幽灵":清朝孙嘉淦伪稿案的媒介学研究[M].上海:上海交通大学出版社,2017.

谁付诸印刷;(3)邸报如何传布到全国各地。

一、邸报的构成、内容与形态

(一)邸报的构成与内容

为分析清代邸报的构成与内容,本文利用了日本东洋文库、早稻田大学、国立国会图书馆,以及中国国家图书馆和首都图书馆收藏的邸报原件,同时还使用了两种邸报影印本[①](参见附表)。

如附表所示,邸报的版本可谓多种多样。同一天既有抄本,又有刊本;刊本之间又因发行者的不同而在内容上有所差异。不过各版本也有共同之处——都包含了"明发上谕"[②]及"奏疏"这两个部分。笔者阅览的邸报中未包含顺治、康熙、雍正三朝的版本,但上述构成与宋、明时期的邸报相同[③],由此可以推断,这一结构从清初一直延续到了清末。

此外,咸丰二年(1852)以后发行的诸版本,又在明发上谕之前增加了皇帝每日行动的记录。邸报中并未列出这一部分的标题,不过《申报》等清末报刊在转载邸报时均

---

① 南京市图书馆、大英图书馆(British Library)等机构也收藏有清代邸报的原件,但本文未能利用。欧美研究机构的邸报收藏状况可参见下列文章:OCKO J. The british museum's Peking gazette [J].Ch'ing-shih wen-t'i, 1973, 2 (9);大澤顯浩.瑞典王立図書館の漢籍について[J].言語・文化・社会,2004(2).邸报在中国民间的收藏状况,参见:张雪根.从《邸报》到《光复报》:清朝报刊藏记[M].杭州:浙江工商大学出版社,2014:1-19, 35-38.此外,清末曾出现过名为《谕折汇存》及《阁钞汇编》的刊物,按月汇编邸报,并增加了因篇幅限制而未能在邸报中刊载的奏折。参见:桑兵.治学的门径与取法[M].北京:社会科学文献出版社,2014:108-113.

② 与军机处发给个别官员的"廷寄"(亦称为"寄信上谕")不同,明发上谕由内阁发给全体官员,内容为人事调整、奖赏处罚等需要广为传布的指示。参见:雷荣广,姚乐野.清代文书纲要[M].成都:四川大学出版社,1990:211-215.通常认为廷寄比明发上谕更能反映皇帝的真实心意,但大野晃嗣指出,廷寄的机密性也是相对的,需要具体案例具体分析。参见:大野晃嗣.2006 年の歴史学界—回顧と展望—明・清[J].史学雑誌,2007,116(5).

③ 久保田和男.宋朝における中央情報の地方伝達について——邸报と小报を中心として[C]//"宋代中国"の相対化.東京:汲古書院,2009.苏同炳.明史偶笔[M].台北:台湾商务印书馆,1995:57-68.

称该部分为"宫门抄"①。或许因为如此,戈公振以来的新闻史研究者均沿用了此称呼。宫门抄的具体制作过程将在下一章详述,本节首先整理一下邸报各部分的主要特点。

1. 宫门抄

宫门抄内容的详略程度因日而异,光绪末期以后通常极为简略。以下以北京图书馆出版社出版的邸报影印本(附表 No.4,以下简称"影印抄本")中收录的咸丰二年五月二日(1852 年 6 月 19 日)之宫门抄为例。

①五月初二日正白旗值日。②吏部引见二十二名,户部引见八名,内务府引见十名,正白旗引见八名。吉伦泰·魏元烺由西陵换班回京请安。(中略)③掌仪司奏恭亲王府五月十八日寅刻祀神、巳刻敬神、十九日辰刻还愿。(中略)④皇上明日出乾清门,走保和殿后隔扇至中和殿,看版毕,走后左门进乾清门还宫办事(中略)。②(笔者注——编号为笔者所加)

由此可知,宫门抄中登载的信息,通常包括四部分:值日衙门③;皇帝召见之官员;各部院之报告;皇帝次日之安排。

上述信息只能在邸报中见到。对比同日的《起居注》即会发现,宫门抄记载了户部、内务府、正白旗的引见,而《起居注》中则只有正白旗的引见记录,且没有提及皇帝次日的行程④。

那么,各个版本中的宫门抄是否相同呢?对比"影印抄本"、活字本邸报之影印本

---

① 《申报》自创刊号(同治十一年三月二十三日)起便在转载邸报时以"宫门抄"作为小标题。关于《申报》对邸报的转载,参见:MITTLER B. A newspaper for China?: power, identity, and change in Shanghai's news media, 1872-1912 [M].Cambridge, MA: Harvard University Asia Center, 2004:173-242.

② 邸抄:第 1 册[M].北京:北京图书馆出版社,2004:13.

③ 在京各部院及八旗各旗每日轮流派官员前往紫禁城谒见皇帝并提交奏疏,称为"值日"。参见:内藤乾吉解题.六部成語註解[M].東京:弘文堂,1940:6;李文杰.辨色视朝:晚清的朝会、文书与政治决策[M].上海:上海人民出版社,2020:63-69.

④ 清代起居注册(咸丰朝):第 7 册[M].台北:联经出版社,1983:3741-3742.关于清代的《起居注》,参见:加藤直人.清代文書資料の研究[M].東京:汲古書院,2016:209-236.此外,茅海建在追溯戊戌变法的具体经过时,把光绪二十四年(1898)八月四日的邸报和同日的军机处《早事档》及内务府档册进行了比较,发现"皇上本日办事后至瀛秀园门跪接皇太后"这条关于光绪帝行动的记载,仅仅出现在了邸报的宫门抄部分中。茅海建.戊戌变法史事考[M].北京:生活·读书·新知三联书店,2005:85.

(No.8,以下简称"影印活字本"),以及早稻田大学所藏聚兴报房印刷活字本(No.9,以下简称"聚兴报房本")可知,同一日的宫门抄,内容基本无甚出入①。

2. 明发上谕

邸报有时会漏记《起居注》中收录的明发上谕②。不过,绝大多数情况下,邸报与《起居注》中的明发上谕在数量上和内容上都完全一致。各个版本的邸报均是如此。

3. 奏疏

每日的邸报会刊登 1~4 篇奏疏,既不修改原文内容,也不加以任何解说。乾隆年间(1736—1795)的邸报主要刊登题本,进入嘉庆年间(1796—1820)后,奏折的比例开始提高,至咸丰年间(1850—1860),题本基本上从邸报上消失了。这一趋势,与奏折从乾隆中期起逐渐由大臣递交给皇帝的私信转变为汇报政务之正式公文的过程相一致③。

皇帝每日阅览的奏疏多达数十篇,其中得到朱批且不涉及机密的奏疏才有可能被刊登在邸报上④。发行者不同,选登的奏疏也会有所不同。例如,光绪十八年(1892)

---

① "影印活字本"=《京报(邸报)》(中华全国图书馆文献缩微复制中心,2003 年)。"聚兴报房本"可在早稻田大学网站上阅览。http://archive.wul.waseda.ac.jp/kosho/bunko19/bunko19_f0044/bunko19_f0044_0001/。

② 例如,咸丰二年(1852)五月六日的《起居注》共收录了 7 条明发上谕,而同日的"影印抄本"只收录了 3 条。清代起居注册(咸丰朝):第 7 册[M].台北:联经出版社,1983:3762-3775;邸抄:第 1 册[M].北京:北京图书馆出版社,2004:45-49.

③ 题本与奏折的制度差异及具体运用状况可参见以下研究:黨武彦.清代文書行政における内閣の政治的機能について——日本・琉球関係檔案を素材として[J].東京大学史料編纂所研究紀要,2006(16);豊岡康史.清代中期広東沿海住民の活動、一七八五~一八一五——「吏科題本」糾参処分類を中心に[J].社会経済史学,2007,73(3);WU SILAS H L. Communication and imperial control in China:evolution of the palace memorial system,1693-1735[M]. Cambridge, MA:Harvard University Press, 1970.

④ 李文杰.辨色视朝:晚清的朝会、文书与政治决策[M].上海:上海人民出版社,2020:16-17,62-83.作者指出,清代的奏折可分为六部等中央机构提交的"京内奏折",以及督抚等提交的"外省奏折"。京内奏折基本上都由当值部门在值日当天直接提出,内容为常规报告,皇帝口头做出"知道了""依议"等简单批示,并不撰写朱批。这些京内奏折虽然不涉及机密信息,但由于既不经由军机处也不经由内阁,而是直接返回提交机关,所以不会刊登在邸报上。笔者检阅"影印抄本"发现,其中收录了一些来自六部、宗人府的京内奏折,不过皇帝的指示均被记录为"奉旨已录"。也就是说,这些京内奏折都被下发给了内阁和军机处,针对它们的批示随后以上谕的形式发下。例如,光绪十年闰五月二十四日(1884 年 7 月 16 日)的"影印抄本"中收录了回应吏部尚书徐桐保举人才一事的明发上谕,而徐桐的保举人才的奏折则刊登于六月二日(7 月 24 日)。邸抄:第 30 册[M].16516-16517;邸抄:第 31 册[M].16590-16591.关于京内奏折于外省奏折的差异,另可参见:刘文华.谈京内奏折的处理及朱批、录副奏折的构成问题[J].清史研究,2014(4).

六月十九日的"影印抄本"与"影印活字本"分别刊登了 3 篇和 4 篇奏折,却毫无重合①。同日的"聚兴报房本"只刊登了 1 篇,与"影印活字本"的第 1 篇相同。

此外,邸报中既不记载上奏日期,也不记载收到朱批的日期。根据台北故宫博物院"清代宫中档奏折及军机处档摺件"数据库中收录的录副奏折,可以确认一部分上奏收到朱批的日期,对比后可发现:从收到朱批到刊诸邸报,有时要花一个月以上的时间,有时则只需要十天;收到朱批的先后顺序,也并不一定与刊载于邸报时的顺序相一致②。由此可知,无论是时间顺序上还是内容上,邸报在刊登奏疏时都没有一个明确的选择标准。

(二)抄本与刊本

接下来考察邸报的形态。邸报有抄本与刊本两种形态,关于二者的关系,英国外交官阿礼国(Sir Rutherford Alcock)如此记述:

> 紫禁城中有一个小事务所,事务员(those employed)的工作是抄写当天的上谕,以送交六部和其他相关部门。根据<u>长期以来的惯例(by long custom)</u>,对于不禁止公开的上谕和奏疏,事务员可以<u>私下多抄一些(make private extra copies)</u>。傍晚,这些副本被送交到北京的订户手中,<u>订阅费则成了事务员们的额外收入(perquisites)</u>。副本均为手写,每天大约制作 90 份。订户中包含了几家印刷所。他们从手抄本中选取出重要的内容,印刷成小册子。这些刊本(printed copies)以抄本(manuscript copies)十分之一的

---

① 邸抄:第 58 册[M].北京:北京图书馆出版社,2004:30753-30758;京报(邸报):第 57 册[M].北京:中华全国图书馆文献缩微复制中心,2003:385-407.
② 例如,光绪二十年(1894)十月二十六日发行的"聚兴报房本"刊登了①《安德那逊绰克图奏图什叶图汉车臣汉两部落报效战马事》(172766)、②《刘树堂奏为查明光绪二十年分上忙完解丁耗银数分数考核藩司功过事》(136223)两篇奏折,其中①收到朱批的日期为九月二十三日,②则为十月十五日,两篇相差了近一个月(括弧中的数字为该奏折在"清代宫中档奏折及军机处档摺件"数据库中的编号)。又如,早稻田大学所藏的"合成报房本"(No.10)分别于光绪二十年十一月七日和八日连载了九月三十日收到朱批的奏折《裕德廖寿恒奏为遵旨查明专案特参诬剿浪奏各节据实覆奏事》(135715),而三天前收到朱批的《裕德廖寿恒奏为遵旨查明参各款暨单开参劾各员分晰据实覆奏事》(135721)则在十一月九日才被刊出。

价格贩卖,在北京和各省拥有庞大的销量①。

这段叙述表明,邸报的发行过程实际上包含了两个阶段。首先,紫禁城的"事务员"们收集并抄写当日的上谕和奏疏,制作出约 90 份抄本。这些抄本在被送交给北京订户的同时,也成了印刷所的底本。接下来,印刷所于翌日将抄本刊刻成册。此处所说的"事务员",指的应当是在中央各部院负责抄写和记录的书吏(亦被记作"胥吏"或"书办")。

阿礼国的叙述乃是基于他担任驻北京公使期间(1861—1875)的所见所闻。至于 20 世纪初的邸报发行情况,日本清国驻屯军司令部编纂的《北京志》记载道:

> 京报为收录前一日之官员叙任等明发上谕的出版物,每日刊布。所载内容仅限于上述事项,其他概不登载。以泥板刷印,发送订户。(中略)还有与京报同一性质,而比京报更迅速地报道官员叙任等事的刊物。后者在上谕公布的当天傍晚发行,并非印刷,均为手抄,奉职于内阁等处之小吏将此作为副业。其价格远比京报昂贵,京报每月不过二三十钱②。

抄本和刊本分别于当日傍晚和次日发送,以及抄写邸报乃是书吏之"副业"这两点,均与阿礼国的叙述一致。

回溯至更早的时代,嘉庆二十四年(1819),一家名为"公慎堂"的邸报印刷所因涉嫌卷入某一事件(次章详述)而接受调查时,其管事人供称:所用之底本"向来俱是张姓书吏交与堂中,我们用活字排版刷印","我们只有印板字报,并无抄录"③。此证言亦表明,邸报的底本由就职于中央部院的书吏制作,与上述阿礼国及《北京志》的记叙一致。

综合以上诸项,可以得出这样一个结论:在考察邸报的发行时,必须把书吏的编

---

① ALCOCK R. The Peking gazette [J]. Fraser's magazine, 1873(7):251;阿礼国的履历参见:冈本隆司. ラザフォード・オルコック——東アジアと大英帝国[M]. 東京:ウェッジ,2012.

② 清国駐屯軍司令部. 北京誌[M]. 東京:博文館,1908:731.

③ 中国第一历史档案馆. 嘉庆道光两朝上谕档:第 24 册[M]. 桂林:广西师范大学出版社,2000:321.

辑、抄写过程与印刷所的刊行过程分开讨论。

需要特别留意的是,书吏是在中央部院的指示下,被动地完成邸报的编辑和抄写工作,还是主动、自发地从事这一行业?根据阿礼国的叙述,书吏"私下多抄一些"上谕和奏疏是"长期以来的惯例",并且抄本邸报的订阅费将成为书吏的"额外收入"。这意味着,邸报的编辑与抄写并非中央部院指定的正规业务,而是书吏们基于惯例的自主行为。

当然,仅凭阿礼国一人之言便做出论断,显然为时过早。不过,众所周知,书吏既被隔离在官员的录用与晋升制度之外,又没有薪俸可领,只能利用职务之便收取贿赂或手续费,以此糊口①。考虑到这一背景,书吏将邸报的编辑和抄写作为谋生手段之一也是极有可能之事。下一章将以此可能性为前提,详细考察邸报的编辑方式。

二、邸报的编辑

想要理解邸报的编辑方式,便需要探明书吏每日如何获取宫门抄、明发上谕和奏疏。其中,明发上谕由内阁发送给所有中央部院,书吏应当很容易知晓其内容。问题在于以下两点:

第一,以往研究均未说明宫门抄的发布机关,也没有提及书吏如何将其收入手中。第二,理论上,书吏只能接触到所属部院提交的奏疏,以及经由内阁转发至所属部院的奏疏副本,尚不清楚不同部门和官员提交的奏疏如何经书吏之手汇集于邸报之中。接下来将依次解决这两个问题。

(一)宫门抄的由来

共有三条线索可以帮助我们探寻宫门抄的由来。首先是《养吉斋丛录》的以下

---

① 书吏中又有"经制"(正规)与"非经制"(非正规)之分。前者任期五年,有名额限制,录用前须经过简单考试。中央部院的书吏依部门不同,又有"供事""儒事""经承"等具体称谓,其中以供职于六部的经承数量最多。经制书吏私自雇用的非经制书吏被称为"帖写"或"帮差",既无任期,又无名额限制。清代的书吏制度参见以下研究:朱金甫.清代胥吏制度论略[C]//清史论丛.北京:中华书局,1994;宫崎市定.清代の胥吏と幕友——特に雍正朝を中心として[J].東洋史研究,1958,16(4).

叙述：

> 雍正元年，左都御史尹泰请禁小钞、晚帖。四年，诛捏造小钞慈溪人何遇恩、仁和人邵雨山，复申严禁。其后亦时有查禁之旨，然迄不能止也。<u>今称宫门钞</u>①。

也就是说，宫门抄即是清初的"小抄"，只是改换了名称而已（以下，除引用原文之外，均将"钞""抄"统一记为"抄"）。

小抄（亦称"小报"）指"录有皇上出入及所有口谕"的纸片，清朝初期通常"夹于报内发送，其中满文谕旨有错译而发者，亦有伪造谕旨者"②。康熙五十三年（1714）及雍正元年（1723），都察院御史揆叙③和尹泰④曾分别上奏要求取缔小抄，雍正四年（1726）甚至有人因为捏造小抄而被处死⑤。然而，即使禁令迭发，小抄依然屡禁不止，不仅在京城内流传，还夹在邸报中传播到地方官署⑥。清初小报的原件均已散佚，但"录有皇上出入及所有口谕"这一描述，与前章介绍的宫门抄内容并不矛盾。

《养吉斋丛录》由历任陕西巡抚、云贵总督等职的吴振棫（1792—1871）编纂，于同治四年（1865）之后成书⑦。根据《今称宫门钞》一文可以推测，最晚至同治朝后期，宫门抄这一名称便已出现了。

由第一条线索可知，宫门抄亦即小抄并非官方发布的正式公文。那么，它所登载的信息是由谁、如何收集而成的呢？来看看第二条线索——嘉庆年间发生的假传谕旨事件。

---

① 吴振棫.养吉斋丛录[M].北京：中华书局，2005：327.根据《清世宗实录》卷44，雍正四年五月庚戌之条，可知"邵雨山"为"邵两山"之误记。
② 雍正元年十一月十日，尹泰奏[M]//中国第一历史档案馆.雍正朝满文朱批奏折全译.王小虹，等译.合肥：黄山书社，1998：494-495.
③ 《清圣祖实录》卷261，康熙五十三年十二月辛巳之条。
④ 雍正元年十一月十日，尹泰奏[M]//中国第一历史档案馆.雍正朝满文朱批奏折全译.王小虹，等译.合肥：黄山书社，1998：494-495.
⑤ 《清世宗实录》卷44，雍正四年五月庚子之条、庚戌之条。
⑥ 殷晴.提塘からみた清朝中央と地方の情報伝達[J].東洋学報，2017，99(3).
⑦ 书中所记典故最晚截至同治四年（1865）。

嘉庆二十四年(1819),广东人傅瑞祥为告御状来到北京,不久便因举止可疑而被逮捕。六月二十日,负责审理此案的大学士章煦在起草报告之际,收到了刑部书吏汪庭槐送来的上谕:"傅瑞祥着解回本省,交该县永远监禁"。章煦遂在翌日谒见嘉庆帝时汇报称已照谕旨办理。然而,军机处和内阁记录中并没有命令押解及监禁傅瑞祥的谕旨①。

调查后发现,章煦收到的谕旨实为伪造,出处为镶蓝旗包衣、镇国公奕颢的侍卫萨敏。

根据事件相关者的供述,嘉庆帝居住在圆明园期间,各王公、宗室的侍卫会轮流前往圆明园,打探"何衙门值日、何衙门引见人数、召见起数、各衙门奏事所奉谕旨,并皇上传地方日期时刻"等信息,然后整理成"启帖"呈交主人。他们每月支付刑部书吏张光裕京钱3000文,请其誊写"启帖",张光裕又以每月京钱1000文的报酬,雇用刑部书吏苏阳开为助手。六月一日,当班的萨敏在圆明园与护卫、笔帖式们闲谈时,听说将把傅瑞祥"递解回籍",便口述给了张光裕。

张光裕的助手苏阳开誊写好"启帖"后,不仅交付给了侍卫,还传给了刑部书吏马八(同时还承接都察院的抄写业务)。马八在誊写"启帖"时,顺手在涉及傅瑞祥的一句后加上了表示皇帝命令的"钦此"二字。此后,"启帖"从马八传到李九(兵部书吏,也承接工部的抄写业务),又从李九传到赵禹旃(塾师,也承接刑部的抄写业务),最终落入汪庭槐手中,被当成真正的谕旨呈交给了章煦②。

以上就是假传谕旨事件的概要。这里想要特别留意的是,"启帖"的构成内容——"何衙门值日、何衙门引见人数、召见起数、各衙门奏事所奉谕旨,并皇上传地方日期时刻"——与上章所述宫门抄的构成几乎完全一致。有没有可能,"启帖"与宫门抄(小抄)只是同一事物的不同名称而已呢?启帖通常指通知或表达问候时所用的短笺,将

---

① 中国第一历史档案馆藏,军机处录副奏折,03-2253-021,章煦等奏(嘉庆二十四年六月十九日);03-2253-026,章煦等奏(嘉庆二十四年六月二十四日)。

② 嘉庆二十四年六月二十六日,六月二十八日[M]//嘉庆道光两朝上谕档:第24册.桂林:广西师范大学出版社,2000:309-312,318.本文所引启帖内容为张光裕与苏阳开的供述。关于"皇上传地方日期时刻"一句之意涵,内务府笔帖式长盛供称:"又有皇上传地方办事日期时刻,即由侍卫处抄写封送城内,以便次日前往预备",由此可知,"传地方日期时刻"指皇帝次日的出行地点和时刻。

侍卫呈送给主人的报告称作"启帖",让人感觉很不自然。或许是为了避开"小抄"一词,而故意使用"启帖"作为隐语？若果真如此,宫门抄(小抄)就是侍卫们应王公、宗室的要求而私自打探的消息①。

这一推测的旁证是第三条线索——"影印抄本"中收录的宫门抄。与其他诸版本不同,"影印抄本"中宫门抄的特点在于,在提及恭亲王时始终使用"爷"来指代。例如,咸丰三年九月十日(1853年10月12日)的明发上谕之一为"正白旗领侍卫内大臣着恭亲王署理",次日的宫门抄即写道,"爷谢署正白旗领侍卫内大臣"②。恭亲王奕訢于光绪二十四年四月十日(1898年5月29日)去世,四月十二日的宫门抄中即有"老爷递遗折"一句。由此可知,奕訢之孙溥伟继承恭亲王之爵位后,"爷"这一称呼仍在继续使用③。

关于这些宫门抄,影印本的《出版说明》称其"是当值官员对本日发生重要事件的批注、解题和说明,这在已知的历史文献中可谓绝无仅有"④。但是,很难想象官员会特意称恭亲王为"爷"。根据前述萨敏等人的供词加以推测,这些宫门抄应当是恭亲王的侍卫所打探、交由书吏誊写后带回王府的。如此推论,表示主从关系的"爷"便能得到解释了。假传谕旨事件发生的嘉庆二十四年与"影印抄本"的起始年之间相隔了30余年,这个时间差正可以说明,王公、宗室的侍卫暗中打探皇帝动向长年以来已经成了惯例。《出版说明》虽未提及该影印本所据底本的原始出处,但根据上述分析,可推断出其原为恭亲王府所有。

萨敏等侍卫供称,探听行为仅限于嘉庆帝逗留圆明园期间⑤。然而,无论是前述检举小抄的奏折还是《养吉斋丛录》,都没有提到宫门抄(小抄)只记录皇帝在圆明园时

---

① 以下研究亦考察过此次假传谕旨事件,但未能指出"启帖"与宫门抄和小抄的联系。马维熙.嘉庆二十四年朝政失密案研究[J].历史档案,2016(4);MOKROS E. The Peking gazette in late imperial China: state news and political authority[M].Seattle: University of Washington Press, 2021.

② 邸抄:第2册[M].北京:北京图书馆出版社,2004:886,894.

③ 邸抄:第85册[M].北京:北京图书馆出版社,2004:43286.根据《清德宗实录》卷418,光绪二十四年四月癸巳之条,溥伟在奕訢去世次日即继承了恭亲王的爵位。

④ 邸抄:第1册[M].北京:北京图书馆出版社,2004:出版说明1-2.

⑤ 嘉庆二十四年六月二十六日[M]//嘉庆道光两朝上谕档:第24册.桂林:广西师范大学出版社,2000:309-312.

的行动;"影印抄本"中的宫门抄也不论皇帝身在何处,每日皆有。由此可以推测,类似的信息收集行动,在紫禁城及其他离宫中也一直存在。

至此,本文通过三条线索推断出,宫门抄是王公、宗室的侍卫等能够接近皇帝之人私自打探到的信息。假传谕旨事件中,"启帖"不仅被进呈给了王公们,还在书吏之间不断传递。马八、李九、赵禹旃在抄写"启帖"之后,分别将其提供给了都察院、工部和刑部①,而实际上收到"启帖"的部院应当不止于此。"启帖"[亦即宫门抄(小抄)]正是这样在书吏系统内流传,又通过书吏的人际网络扩散到了各个官署之中。

值得注意的是嘉庆帝对于"启帖"的处理方式。经调查,派遣侍卫打探消息的官员多达34人,其中除了王公、宗室,还有满洲八旗出身的高官,此外尚有未经查出者②。初次知晓此事的嘉庆帝大为光火,下令对被揭发出的官员按职位高低分别减俸6年或12年,此后再有类似行为,官员本人免职,侍卫流放新疆③。然而,就在这道命令下发21天后,嘉庆帝又做出了新的指示,将此前的严惩改为宽大处理,理由是从廷臣处得知了以下事实:

> 各王公等派人听事,相沿已久,并非始自近年。其最后袭职之王公、贝勒、贝子等多系年幼之人,该护卫沿习探听,向其禀知,伊等并不解系不应为之事。

最终,王公们的减俸期全部减半,侍卫们则只受到了三年之内不得晋升的"薄惩"④。

通过这个案例可以发现,虽然探听行为并不被认可,但官员们早已知晓并默认其存在,可谓官场中"公开的秘密"。即便是力图整肃纲纪的嘉庆帝,到头来也不得不容

---

① 嘉庆二十四年六月二十六日[M]//嘉庆道光两朝上谕档:第24册.桂林:广西师范大学出版社,2000:309-312.
② 嘉庆二十四年六月二十七日,六月二十八日[M]//嘉庆道光两朝上谕档:第24册.桂林:广西师范大学出版社,2000:315,317-323,323-330.
③ 嘉庆二十四年七月二日[M]//嘉庆道光两朝上谕档:第24册.桂林:广西师范大学出版社,2000:323-333.
④ 嘉庆二十四年七月二十三日[M]//嘉庆道光两朝上谕档:第24册.桂林:广西师范大学出版社,2000:369.

忍这一现实。这种官场的集体默许,正是小抄从清初起便屡禁不绝,至清代后期又改名为"宫门抄",公然刊登于邸报和报刊之上的根本原因①。

(二)奏疏的收集

接下来的问题是:不同部门的奏疏如何汇集到邸报之中?管见所及,并没有史料明确地记录了这一过程。不过,以下四个事件的调查报告中有一些零星的记述,由此可以大致拼凑出奏疏收集过程的全貌。

第一个事件发生于顺治十三年(1656)。吏部书吏冯应京从同部书吏李德美处得到了推荐湖北省随州知州程文光升任知府的题本草稿,擅自抄录并写入"奉旨依议"四字后,交给经营报房的吏科书吏茅万懋,嘱其刊于邸报。茅万懋未经确认题本和谕旨的真伪便将其刊入邸报,不久即因泄露文书和伪造谕旨而遭到吏部官员的检举②。

第二个是发生于乾隆六年(1741)的类似的题本草稿泄露事件。关于修建谷仓的户部题本未经上奏便被刊诸邸报,还被附上了伪造的皇帝批示。调查发现,负责誊写该题本的户部书吏王齐贤将誊录后的副本交给了同为户部书吏的魏静先,魏静先又将其交给了孟燕禧报房的杨天益。杨天益将题本录入邸报后,询问路过的户部书吏沈涛皇帝如何批示,沈涛随口答称"奉旨依议",杨天益便将此回答也写入了邸报③。

第三个是发生于康熙五十七年(1718)的伪造奏折事件。该年五月,陕甘交界一带发生大地震,北京城内传言,地震发生前陕西曾有"无头鬼"出现。吏科书吏沈明石于是假冒川陕总督鄂海之名,捏造了汇报"无头鬼"出没经过的奏折。沈明石原本只是想向亲戚们炫耀自己接近权力中心,得以窥见政治秘闻,不想捏造之奏折经过一系列传

---

① 笔者检阅的乾隆至嘉庆年间的刊本邸报中并没有刊登宫门抄。这一时期,宫门抄应当是作为"小抄"夹在邸报中传递的。关于道光朝的邸报,笔者所能确认的只有东洋文库所藏之道光二十四年一月二十四日·二十五日的《京报》合订本一册(No.3),很难由此推断道光朝邸报的整体面貌。不过,《清宣宗实录》卷278,道光十六年二月庚申之条中记载"近日外间传阅私钞,多有未经发钞之件,如本日某衙门值日、召见某人、科道某递封奏一件",此处所说的"私钞",指的应当就是小抄、宫门抄。
② "中央研究院"历史语言研究所藏,内阁大库档案,登录号087439-001,科尔坤奏(顺治十三年五月十九日)。该事件的一部分报告收录在"中央研究院"历史语言研究所的"内阁大库残余档案"中,本文写作时未能阅览到原件。不过,苏同炳《明史偶笔》82-86页引用了这部分残件,本文参照了苏氏的研究。
③ 讷亲等奏(乾隆六年五月二日)[M]//张伟仁.明清档案:第101册.台北:"中央研究院"历史语言研究所,1987:A101-114.

抄后落入刑部书吏高戴天手中,被当作真奏折交给了胡梦昭报房,最终刊诸邸报。步军统领衙门在阅览邸报时发现此事,一番追查后将沈明石拿获①。

以上三个事件的具体经过虽各不相同,但可以找出两个共同点:第一,书吏们任意抄写奏疏并将副本转交他人,奏疏副本最终被带到报房;第二,每一个事件中受到处罚的都只有书吏和报房,没有任何官厅因监督不力而被问责,驻京提塘、六科给事中等对公文管理负有责任的官员也未被追究②。这两点表明,不经过任何官厅的检阅,仅靠书吏和报房间的私人关系收集奏疏的邸报编辑方式,已经成为一种惯例。邸报在刊登奏疏时缺乏明确的选择标准(见第一章),或许正是这种编辑体制的结果。

那么,此处所说的"报房"究竟是何种机构呢?关于上述三个报房,目前能够确认的只有两点:(1)三家报房都从事邸报的编辑和抄写,茅万懋报房和孟燕禧报房还兼营印刷;(2)茅万懋为吏科书吏。

第四个事件的相关记录,可以弥补报房相关信息的不足。咸丰九年(1859),邸报刊登了推举直隶知州刘心田担任通州知州的奏折,并附有朱批"知道了",但不久后即被发现奏折和朱批均系伪造。事件的详细经过因史料缺失而难以细考,不过可以确认的是,立本堂钞报房、聚兴报房、聚恒报房、合成报房这四家报房作为事件相关方受到了讯问。其中,立本堂钞报房由礼部书吏设立于东华门,从事邸报的编辑和抄写;聚兴报房、聚恒报房、合成报房从立本堂钞报房领取底本后付诸印刷③。由此可知:(3)与邸报发行过程的两个阶段相对应,报房也分为从事编辑、抄写的"抄报房"和从事印刷的"印刷报房"两类;(4)立本堂钞报房的经营者为礼部书吏。

上述四点中,综合(1)与(3),可以推测出书吏们传递出的奏疏副本首先汇集到"钞报房"。茅万懋报房和孟燕禧报房兼营印刷,很有可能是因为清代初期,报房的分工化尚未十分充分。

---

① 隆科多奏(日期不明),隆科多奏(康熙五十七年八月十九日)[M]//中国第一历史档案馆.康熙朝满文朱批奏折全译.王小虹,等译.北京:中国社会科学出版社,1996:1318-1319,1613-1614.康熙五十七年五月二十一日,甘肃省临洮府及巩昌府发生大地震,死伤者达数万人。参见:陇西县志编纂委员会.陇西县志[M].兰州:甘肃人民出版社,1990:117.

② 因史料所限,仅可知冯应京被处绞刑,其他事件责任人的获罪情况尚无法确认。

③ 台北故宫博物院图书文献馆藏,清代宫中档奏折及军机处档摺件,406010511,张祥河等奏(咸丰九年四月二十四日)。

而综合(2)与(4)则可以推测出,"抄报房"极有可能由中央部院的书吏经营。编辑邸报时书吏是不可或缺的信息源,以及书吏组织内部受师徒人际关系制约这两点,也从侧面支持这一推论。

以上,本章依次考察了邸报的内容、书吏获取这些内容的方式、"抄报房"与书吏间的私自往来过程,以及"抄报房"经营者的身份。综合上述诸点,邸报的实际编辑方式可以总结如下:

一部分在中央部院工作的书吏,经营着从事邸报编辑与抄写业务(有时也兼营印刷)的"抄报房"。他们利用书吏的人际网络,收集王公、宗室的侍卫们私自打探到的非正式信息宫门抄,以及受到皇帝朱批且不涉机密的奏疏,与当日的明发上谕一起汇编成邸报的底本。

这一编辑过程说明,《大清会典》规定的"凡钦奉谕旨及题奏等事件",提塘"亲赴六科抄录",实际上并没有得到执行,真正在邸报编辑工作中发挥核心作用的是中央部院的书吏。此外,奏疏的收集方式和取舍标准也并没有统一、明确的规定,完全依赖于书吏的个人判断。这意味着,对于邸报的内容,清廷中央只采取最小限度的干预——既不参与编辑,也不进行事前审查,仅在误报被检举时处罚涉事者。清廷对宫门抄的默许,充分表明了这种尽可能少干预的态度。受史料所限,目前尚无法得知"抄报房"的具体数量及其在不同时期的变化,不过,根据前章所述阿礼国和《北京志》的记录,可以说,依靠书吏和报房私人关系的邸报编辑方式,一直延续到了清末。

三、邸报的印刷

(一) 乾隆二十年以前

邸报的内容在编辑和抄写阶段便已基本确定了。不过,手抄所能制作的数量相当有限,坊间流传的多为刊本邸报。那么,邸报是由谁印刷的呢?从福建道监察御史杨开鼎乾隆二十年(1755)的奏折中,可以窥见清代前期的邸报印刷状况。

> 向来有等无职之人,措设资本,计觅蝇头,遂赴六科具呈,求准开设小报

房。科臣仍取具各省提塘保结,准其开设。(中略)近闻各省提塘类皆省费惜劳,并不自办抄报,俱向小报房中转买抄报递发,各省议给报资,以致纷争滋事,弊实无穷。闻现在直隶提塘穆尧年因欠小报房报资,小报房捱不发报。直隶提塘恐误该省抄报,遂自行赴科抄录科抄等件,摆版刷印递发,经吏、兵二科以该提塘擅行摆版、未经呈验参奏,奉旨交部在案。(中略)提塘自行刷报即干参处,恐各省提塘皆以办报为非己责,而小报房可以任意勒掯。①。

杨开鼎的奏折表明,邸报的印刷被委托给了以营利为目的的"小报房",各省驻京提塘直接从"小报房"购买刊本邸报已经成为惯例。这里所说的"小报房",应当既包括前述茅万懋报房之类兼营邸报编辑、抄写和印刷的报房,也包括仅从事印刷的报房。"小报房"因驻京提塘滞纳报资而拒绝提供邸报,意味着提塘并不能支配报房,两者之间纯粹是商业上的买卖关系。

杨开鼎述及的事件中,直隶提塘因未经检查便刊刻邸报而遭到弹劾。但是,上一章已经证明,从开始编辑到送达订户手中,邸报都不会接受六科等中央部院的检阅。直隶提塘遭到弹劾的真正原因,很有可能并不在于违反了规定,而在于他擅自行动,破坏了书吏与报房的共同利益。

(二)乾隆二十一年至道光年间

为了改变提塘被排除在邸报制作过程之外的情况,杨开鼎提议全面废除"小报房",转由各省驻京提塘共同设立"公报房"。该建议于翌年得到批准并实行②。

本文第一章提到的公慎堂就是在此背景下成立的公报房之一。公慎堂管事邵禹澄于嘉庆二十四年供称,"乾隆年间,京城共有报房三处,专办各省送报事件。后来在兵部涉讼,断令专归公慎堂办理,此时只有一家",他已在此工作了12年③。户科给事中博桂亦在同治三年(1864)的奏折中提道,"嘉庆年间正阳门外原设有公慎堂总报房

---

① 中国第一历史档案馆,军机处录副奏折,03-0342-023,杨开鼎奏(乾隆二十年十二月四日)。
② 光绪刊《大清会典事例》卷703。
③ 嘉庆二十四年六月二十八日[M]//嘉庆道光两朝上谕档:第24册.桂林:广西师范大学出版社,2000:321。

一座"①。尚无法判断邵禹澄所说的诉讼案件是否就是前述乾隆二十年的报资纷争,但公慎堂印刷的刊本邸报目前少有存世(No.1 及 No.2),印刷时间最早可追溯至乾隆三十五年(1770)。由此可以推断,最晚从乾隆三十五年开始,公慎堂便已经作为公报房而存在了②。

如第一章所述,公慎堂仅负责邸报的印刷,并不参与底本的编辑。也就是说,在公报房成立之后,邸报的编辑工作照旧由书吏所控制,驻京提塘"亲赴六科抄录"谕旨题奏的规定,仍然是一纸公文。

从经营方式来看,公慎堂与以往个人经营的"小报房"相比,最大的不同之处在于由各省驻京提塘共同经营。需要特别注意的是公慎堂运营费的筹措方式。嘉庆七年(1802),江南提塘因经费问题与继任者争执不下,负责调查此事的两江总督费淳在呈交皇帝的报告中如此说明:

> 驻京提塘官新旧交代,除正款公项外,另有底垫一项银两。因系从前置办公慎堂字板并起造各处当差公所房屋,一切器具车驦等项,前官挪借垫用,及至期满更换,必须变价偿还。经十六省提塘公议,以接任之员与其另行置备,不若承顶前任房部器具字板,应用偿还垫项,将来交卸,亦照此取偿报明本省藩司备案。各塘一例相沿,流传交代,历有年所。③

费淳所说的"正款公项",指的是驻京提塘的事务费及其管辖下之"塘"的运营费,由"耗羡""摊捐"等正额外的地方经费支给④。与此相对,字板、房租等公慎堂的运营费并不包含在"正款公项"当中,而是由驻京提塘个人垫付("底垫")。三年任期结束后,前任提塘向继任者索取垫付的费用。也就是说,无论是中央政府还是地方政府都不提供资金,公慎堂实际上是靠驻京提塘们的个人投资维持运营。

---

① 中国第一历史档案馆藏,军机处录副奏折,03-4681-049,博桂奏(同治三年十二月十八日)。
② 以方汉奇主编《中国新闻事业通史(第一卷)》为代表,以往研究均认为公慎堂是以营利为目的民间报房。
③ 台北故宫博物院图书文献馆藏,清代宫中档奏折及军机处档摺件,文献编号 404009581,费淳奏(嘉庆七年十一月二十五日)。
④ 殷晴.提塘からみた清朝中央と地方の情報伝達[J].東洋学報,2017,99(3).

这样的资金筹措方式虽然保证了提塘对公慎堂的支配权,却也带来了新的问题——因房屋改建、用具更新等需要而产生新的费用时,提塘不得不在支付前任底垫的基础上,再承担自己任期内新增加的开支。如此一来,底垫银的数额逐代递增,新任提塘因数额太过庞大而拒绝支付的情况时有发生。前述嘉庆七年(1802)的纠纷中,江南提塘刘镳要求继任者朱桃支付底垫银7200两,遭到后者的拒绝。江宁布政使司在调解二人纠纷时,以刘镳只支付给前任5000两为由,将刘镳要求的7200两底垫银降为5000两。然而朱桃坚持只能负担2800两,最终在正式上任前便被免职。类似的案例在嘉庆十六年(1811)亦有发生①。底垫银在公慎堂停业后依旧存在,一直延续到民国元年提塘制度被彻底废除之后②。

(三)咸丰年间以降

或许是因为底垫银的持续膨胀导致纠纷不断,公慎堂没能坚持到清代的最后。咸丰三年(1853)十二月二十六日,上谕中记有"所有刊刻邸钞,乃民间私设报房"一句③,由此可知,其时公慎堂已不复存在。目前无法得知公慎堂的具体运营状况,不过,考虑到其在嘉庆二十四年时尚在营业,可推断出停业大致发生于道光年间(1820—1850)。

咸丰帝的上谕表明,个人经营的报房在公慎堂停业后再度复活,清廷亦明确认识到了这一现状。然而,命令重新开设公报房的上谕一直没有发出,驻京提塘从个人经营的报房购买刊本邸报,像清初一样得到默许。

光绪年间(1875—1908),北京城内开设有聚兴、聚恒、合成、同文、信义、聚昇等多家印刷报房,其中前三者是咸丰年间便已存在的老字号④。这些印刷报房集中在琉璃

---

① 刚毅等纂《晋政辑要》卷24,兵制·官制二。
② 提塘制度被废除后,各省最后一任驻京提塘纷纷要求省政府支付底垫银,但也有人一直没能收回资金。例如,江西省驻京提塘陈兆莲向省财政厅请求底垫银2607两,但1918年时财政厅仍未支付。《两广官报》第3期,1911年,《督院张批卸办广东驻京提塘易炳周禀请发还底垫正杂银两缘由文》。《交通月刊》第13期,1918年,《交通部咨财政部据前江西驻京提塘陈兆莲呈请迅将垫款拨还一案请行江西财政厅照办文》。
③ 《清文宗实录》卷116,咸丰三年十二月丙申之条。
④ 参见附表及台北故宫博物院图书文献馆藏,清代宫中档奏折及军机处档摺件,406010511,张祥河等奏(咸丰九年四月二十四日)。据方汉奇《清史·报刊表》中有关古代报纸的几个问题》《国际新闻界》2006年第6期),除上述6家外,北京还有杜记、同顺、公兴、洪兴等11家印刷报房。

厂附近的南柳巷和铁老鹳胡同,距离各省驻京提塘的住处也不远①。这样的地理位置,既体现了印刷报房的商业性,又显示出其与提塘的紧密关系。

清末,北京城内印刷的邸报可分为(1)通过驻京提塘递送给各省官员的"提塘本",以及(2)贩卖给一般民间人士、比"提塘本"略细长的"长本"②(图1、图2)。笔者所阅览的诸版本中,版心印有"京报"和"驻京提塘"字样,且严格遵守"抬头"格式的"影印活字本"即是"提塘本"之一例。"影印活字本"的出版说明并没有记载所使用之邸报原件的出处,不过,包括版心在内,该版本的各种形制,都与大泽显浩在瑞典王立图书馆发现的聚恒报房印刷之光绪四年(1878)邸报完全一致③。由此可以推测,"影印活字本"亦应由聚恒报房刊刻。根据英国外交部的记录,聚恒报房从1860年代开始承办"提塘本"的印刷④,这一点可以解释为何"影印活字本"的版心中会有"驻京提塘"字样。

 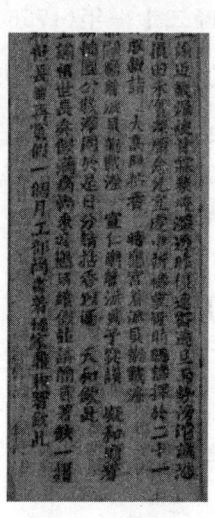

图1 "提塘本"　　　　　图2 "长本"

另一方面,"聚兴报房本"等以空格代替"抬头",刊载奏疏的数量也少于"提塘本"的诸刊本(No.6,7,9-13),则属于"长本"之例。这其中也包括聚恒报房印刷的刊本,由

---

① 管翼贤.新闻学集成:第六辑[M].北平:中华新闻学院,1943:280.杨静亭著、徐永年增补《新增都门纪略》,"都门会馆"。杨静亭著、李虹若编《朝市丛载》卷3,"各省提塘住址"。

② MAYERS W. The Peking gazette[J]. The China review,1874,3(13):13-18.

③ 大澤顯浩.瑞典王立図書館の漢籍について[J].言語・文化・社会,2004(2).

④ MOKROS E. The Peking gazette in late imperial China: state news and political authority[M].Seattle: University of Washington Press,2021:83-85.

此可知,同一报房也可能同时刊刻多种版本。

无论"提塘本"还是"长本",使用的都是颜色发黄、薄到可以透出反面字迹的廉价纸张,"长本"更是经常被印刷得歪歪扭扭。在雕版印刷占据主流的清代,印刷报房使用木活字或胶泥活字印刷邸报①,并通过把"上谕""钦此"等高频词刻在同一字模上来提高排版效率。

以上,本章分三个时期考察了邸报的印刷状况。清代前期及后期,驻京提塘不仅没有如《大清会典》所规定的那样自设报房,甚至无法对民人开设的报房进行管理,邸报的印刷完全委托给了若干家以营利为目的的民间出版业者。这种借由商业出版的力量传播政府信息的模式,与清代缙绅录及法律书籍的刊行方式如出一辙②,可被视为清代出版文化的重要特征之一。

此外,乾隆二十一年(1756)至道光年间设立的公报房,可以说是清廷中央企图强化邸报管理的尝试。然而,中央政府既不提供公报房运营所必需的资金,也未将其收归内阁等中央部院的管辖之下。这两点均说明,清廷对邸报的实际干预仍然相当有限。

四、邸报的流通

(一)流通管道

邸报首先被送到北京订户的手中。清代前期及中期的配送状况因史料所限而尚不明了,但关于清末的"送报人"则有详细记录。

---

① 齐如山.齐如山随笔[M].沈阳:辽宁教育出版社,2007:47-48;艾俊川.《题奏事件》不是蜡版印刷品:兼谈《清代使用蜡版印刷》说法依据不足[J].北京印刷学院学报,2009(6).关于清代的出版文化及印刷技术,参见以下研究:MCDERMOTT J P. A social history of the Chinese book:books and literati culture in late imperial China[M]. Hong Kong:Hong Kong University Press,2006.

② 刘铮云.按季进呈御览与清代搢绅录的刊行[J]."中央研究院"历史语言研究所集刊,第87本第二份,2016;ZHANG T. Circulating the code:print media and legal knowledge in Qing China[M].Seattle:University of Washington Press,2020.

北京城内，所有送报的人都是山东人。(中略)这种送报人，从前还有由报馆雇妥，直接送报的，后来就不多见了。因为他们替报馆送报，不肯大卖力气，不能张罗招揽生意或至不正经送，所以后来都是归他们自己买了报自己送，各人有各人的道路，同一报馆之送报人，不许越界送报。(中略)他们送报的道路非常重要，自己老了可以传给儿子，若外人想接送，则须出钱买这条道，亦曰"倒道"①。

被称为"道"的商业势力范围基于同业者的相互承认而形成独占权，可以像私有财产一样被继承或买卖。清代都市中，类似的独占行为并不罕见，诸如水夫、脚夫等行业即遵循这一模式。送报人之间亦形成了此种惯例，意味着邸报配送已经作为一种固定的职业而长期存在②。

接下来，邸报从北京到各地的传递，主要有三种方式。

首先，除了近代邮政制度开始投入使用的清代最后十余年③，由地方经费运营的塘是传递邸报的最主要渠道。北京至各省省会之间设有若干处塘，各塘的塘兵以接力方式传送邸报。通常情况下，驻京提塘每三天向本省发送邸报一次④。需要注意的是，这些邸报仅供给各省督抚、布政使、按察使、将军等高官⑤，每省有 20 余份。省会设有从事邸报抄写或印刷的报房，从北京递到的邸报在此被复制，然后送达州、县级别的地方官，同时也贩卖给民间读者⑥。换言之，邸报并不是从北京直接送到地方订户

---

① 齐如山.齐如山随笔[M].沈阳：辽宁教育出版社，2007：53-54.
② 目前尚不清楚山东人从何时开始垄断北京的邸报配送业。不过，清代北京的送水业、粪尿处理业也基本由山东人控制，其背景是明清交替时大量山东人作为八旗附属涌入北京。参见：熊遠報.清代民国時期における北京の水売買業と「水道路」[J].社会経済史学，2000，66(2)；熊遠報.十八～二十世紀の北京における下水道・糞尿処理にみる公共観[C].//東アジアにおける公共性の変容.東京：慶應義塾大学出版会，2010.
③ 关于清代的邮政制度，参见以下研究：飯島渉.近代中国のコミュニケーション・ネットワーク——郵便事業の展開と「中国」地域[C]//新しい東アジア像の研究.東京：三省堂，1995；吴昱.方案与实践：清末中央管邮机构的设立与制度冲突[J].暨南学报(哲学社会科学版)，2003(1)；千葉正史.逓信総合博物館郵政資料館所蔵の「郵伝部火票」について：中国駅伝制度解消過程の証人[J].東洋大学文学部紀要(史学科篇)，2010(36).
④ 殷晴.提塘からみた清朝中央と地方の情報伝達[J].東洋学報，2017，99(3).
⑤ 《申报》光绪八年一月十五日，《论京报贵速不贵迟》。
⑥ 怡良等奏(道光二十二年八月二十六日)[M]//中国第一历史档案馆编.鸦片战争档案史料：第6册.天津：天津古籍出版社，1992：240-241.

手中,而是经过省内的再度复制,如同树枝分叉般扩散到基层。

然而,塘也会遇到无法正常运转的状况。例如,受太平天国和捻军之乱的影响,1850—1860年代,江西、安徽等战区的塘屡屡陷入瘫痪,江西巡抚张芾便奏称,由于不能按期获得邸报,各指挥官难以及时把握其他地区的情况,导致"督抚每月有文移或函商公事,无不往返参差,非官已更换,即议论皆落后"[1]。在此情况下,同样身在前线的曾国藩除了命令家丁或折差直接从北京带回邸报,还频频托付各地友人转递[2]。这种私人的传递网络,是在地方获取邸报的第二种方式。

此外,下述事件表明,民间还存在着比塘更迅速的传递管道。居住在宣武门外的前内阁书吏李嘉山自嘉庆二十三年(1818)起开始经营邸报配送业。他从保定府完县知县、顺天府石景山同知等6个官署借得官印,又自行印制了这些官署的信封,每天将30余册邸报装入"官封"中,派人送交良乡县(良乡县为从北京前往南方各省时的必经之地)县衙的书吏,书吏再把这些邸报作为正式公文发送。道光四年(1824),李嘉山的行为败露,以盗用官印罪受到处罚[3]。

李嘉山所运营之配送管道的特殊之处在于,经此方式传递的邸报会直接送至州县级读者手中。这意味着,对于一部分州县官和乡绅来说,比起"驻京提塘发送—省会报房复制—配发州县"的传播路径,从北京直接送达地方的方式更能满足对时效性的需要[4]。为了尽快获取信息,他们不惜每月向李嘉山支付白银2~3两,相当于邸报通常价格的数倍。

这种不同于塘的传送管道在道光二十二年(1842)浙江巡抚刘韵珂的上奏中也有提及。根据该报告,良乡县内有经营邸报运送业者,由于他们经手的邸报总能比由塘

---

[1] 中国第一历史档案馆藏,军机处录副奏折,03-4183-065,张芾奏(咸丰三年十二月四日)。
[2] 曾国藩.曾国藩全集·书信[M].长沙:岳麓书社,1994:219,984,2316,5212,5288,5338,5399,5437.
[3] "中央研究院"历史语言研究所藏,内阁大库档案,登录号183934-001,兵部奏(道光四年二月二十一日)。鲍书芸参定、祝庆祺编次《刑案汇览》卷51,诈为制书、抄写京报私借印信官封递送。
[4] 知县、同知级别的地方官发送的文书应通过徒步传递的"铺"传送。由此可以推测,李嘉山发送的邸报亦是经由铺传递至各州县。关于铺,参见:刘文鹏.清代驿传及其与疆域形成关系之研究[M].北京:中国人民大学出版社,2004:5-6.

传递者先到达地方,故而浙江省内不少官员、士绅甘愿出高价订阅①。目前尚不能判断刘韵珂所说的邸报配送业是否也采用了与李嘉山相同的方式,不过可以确定的是,对邸报时效性的追求,催生出了中长距离的邸报运送业务。

(二)邸报的价格

邸报的价格因时效性、内容、购阅方式、运送距离的不同而变化。在北京,当晚派送的抄本,价格可高达次日送达之刊本的 5 倍以上②。刊本除了"提塘本"和"长本"的区别,还有仅刊登宫门抄和明发上谕的单张形式,内容越少,价格越廉③。

至于购阅方式,除定期购阅外,还可以选择"换报",即在收到最新一期时交还前一期。例如,河南的"换报"分为"头换""二换""三换"三种,"头换"最先阅读,之后依次传给"二换"和"三换"。"头换"每月所付之费用约为普通订户的一半,"二换"为"头换"的三分之二,"三换"则只有三分之一。④

运送距离也会影响邸报的价格。在北京,距离印刷报房越远,订阅费越高⑤。各省内应当也有类似的趋势。

作为参考,来看看北京城内的刊本邸报价格。1870 年代以降,刊本邸报的每月订费为京钱 2000～3000 文⑥。当时的物价水平,米 1 斤约京钱 500 文,粟 1 斤约 460 文。1870 年代,就职于户部的李慈铭每年约收入白银 500 两(包括薪俸、谢礼、润笔费等),

---

① 刘韵珂奏(道光二十二年六月二十二日)[M]//鸦片战争档案史料:第 5 册.天津:天津古籍出版社,1992:760-761.

② ALCOCK R. The peking gazette [J].Fraser's magazine, 1873(7); BRITTON R S. The Chinese periodical press 1800-1912 [M].Shanghai: Kelly & Walsh, 1933:8;管翼贤.新闻学集成:第六辑[M].北平:中华新闻学院,1943:280.

③ 内藤乾吉解题.六部成语註解[M].東京:弘文堂,1940:2;BRIDGMAN E C. Periodical literature, with remarks on the condition of the press in China [J]. The Chinese repository, 1836(5):6.

④ 陈承铮.河南新闻事业简史[M].开封:河南人民出版社,1994:2-3.此外,广东也有类似的"换报"方式.MORRISON J R. Peking gazette [J]. The Chinese repository, 1833(1):506-507.

⑤ 齐如山.齐如山随笔[M].沈阳:辽宁教育出版社,2007:55.

⑥ 张德昌.清季一个京官的生活[M].香港:香港中文大学出版社,1970:142,151,161,165,170;黄卓明.中国古代报纸探源[M].北京:人民日报出版社,1983:167;清国驻屯军司令部.北京誌[M].東京:博文館,1908:731.

而他家佣人的月收入仅为京钱1万文①。如此看来,刊本邸报的订阅费对于官员而言并不算太大的负担,但对于绝大多数科举考生和下层士人来说则绝非小数。不过,通过合伙订阅②、仅购买宫门抄和上谕部分,以及"换报"等方式,邸报的费用可降至一半左右,即使并非富贵之家,也有能力购阅。

"换报"这种购阅方式,以及中长距离的邸报配送业的出现,体现了清代社会对政治信息的强烈需求,也表明了邸报的商品化程度。在邸报的全国性流通中,地方政府运营的塘发挥了动脉般的核心作用,而各地区内的报房和跨区域的配送业者则如同毛细血管,将邸报快速地传播到基层。

结　语

有清一代,传达政治信息的邸报是人们了解朝廷动向及各地情况的重要媒体。与《大明会典》《大明会要》均未记载邸报不同,清朝将邸报明确写入《大清会典》,承认了它的正当性。

然而,《大清会典》所规定的"各省提塘官设报房,凡钦奉谕旨及题奏等事件,亲赴六科抄录,刊印转发",实际上并没有得到遵守。收集并抄写谕旨和奏疏的是中央部院的书吏,邸报的印刷也在清代三分之二的时期内被委托给了民间的商业出版者。此外,邸报的内容不仅有官方规定的谕旨和奏疏,还包括王公、宗室的侍卫等私自打探到的非官方政治信息。可以说,邸报的发行与流通,是由书吏、民间出版业者和配送业者,以及驻京提塘等多个集团联手实现的。

邸报的相关规定几乎沦为一纸空文,体现了清廷中央对于信息传播的态度。对于作为皇帝与官员间通信手段的题本和奏折,清廷从书写格式到传递方式都做出了详细、明确的规定,并始终在实际运作中加以严格规范。与此相对照,对于以邸报为媒介的信息传播,清廷的干预仅停留在最小限度——既不对内容进行编辑和审查,也不提

---

① 张德昌.清季一个京官的生活[M].香港:香港中文大学出版社,1970:142,151,161,165,170,51-52.
② 根据浙江观风整俗使王国栋的报告,浙江省有一部分书吏和小商人合资购阅邸报。王国栋奏(雍正五年)[M]//朱批谕旨:第17册.长春:吉林出版集团有限责任公司,2005:418-419.

供印刷所用的资金,只在误报或虚报出现后处罚责任人。与其说中央政府企图主动通过邸报公布朝廷的动向和各种政令,倒不如说,是书吏和商人利用了地方官及士人对于政治信息的渴求,从政府的内部信息中创造出了邸报这种商品,而清廷追认了其合法性。

清廷的"最小干预"政策以及书吏、商人们的积极行动,使邸报的发行与流通模式形成了两个特征:基于书吏与报房之私人关系的信息收集方式,以及多个出版者的同时存在。这种模式虽然可能导致不实信息的混入,却也使得政治信息能够以极低的行政消耗获得广泛而迅速的传播,故而从清初起便一直持续。然而,进入清代末期后,这一模式开始面临两个重大的问题。

其一是书吏泄露公文的问题。1830 年代,以报刊为代表的近代媒体被欧美传教士和商人带入中国东南沿海一带,甲午战争后迅速普及至全国①。对于这些报纸、杂志来说,各个官署的书吏是不可或缺的信息源,其中又以供职于军机处和总理衙门者最受欢迎②。换言之,邸报发行过程中形成的惯例——书吏不经上级官厅审查便私自将公文提供给报房——又原样移植到了书吏与报社之间。这些公文并不一定全部涉及机密,但报刊的任意登载,导致政府很难控制公布政策的方式和时机。

另一个问题是版本的不一致。由于同时存在多个出版者,邸报各个版本存在内容上的差异,奏疏部分甚至可能完全没有重合。如果想将政府的决定事项统一公布,邸报显然无法胜任。

以上两点无疑是近代化过程中出现的新问题。既然"依法治国"是近代国家的基本原则,法令便只有在正式公布之后才能生效,作为其前提,必然需要先实现法令传达手段的一元化,并保证传达内容的正确性。对于政府信息的传播,清廷一直以来的消极态度显然已无法适应新时代的需要。

在此情况下,清朝中央政府开始尝试对信息传播方式进行改革。光绪三十二年(1906)十月,亦即"预备立宪"上谕下发后不久,御史赵炳麟提交奏折,在论述政策公诸国民的重要性后,建议政府仿照日本设立官报局,将有关立法、行政的所有公文统一交

---

① 李仁渊.晚清的新式传播媒体与知识分子:以报刊出版为中心的讨论[M].台北:稻乡出版社,2005:97-151.
② 汪大钧致汪康年书六[M]//上海图书馆.汪康年师友书札(一).上海:上海古籍出版社,1986:599-600.

由官报局公开刊行①。这一提案,体现了将发布信息的主导权重新夺回政府手中的构想,以及希冀国民能够理解国家政策的期待。

翌年九月,为预备立宪而设立的考察政治馆(后改为宪政编查馆)正式发行了清朝中央政府的机关报《政治官报》,又于宣统三年(1911)改名为《内阁官报》,并明确规定以其作为"法律、法令之公布机关"②。除宫门抄、明发上谕和奏折,《政治官报》《内阁官报》还刊登咨文、章程、领事报告等公文,从内容上看似乎只是邸报的扩充版。然而,中央政府一改过去的消极态度,为使国民理解法令而积极主动地发布信息;出版者也从过去的分散于民间,改为由中央官厅统一编辑刊行。可以说,无论是政策意图层面还是发行、流通模式层面,邸报和近代官报之间都存在本质性差异③。

最后,简单提及一下邸报与近代报刊的关系。至 19 世纪前半期为止,邸报一直是中国唯一的定期出版物,然而随着报刊的登场,邸报开始失去信息传播中的核心地位。"中国是现今迈向文明化的诸国中,唯一没有发表意见之媒体的国家"④。英国领事麦都思(Walter Henry Medhurst)的这句话表明,发表独立观点是文明国家之媒体的必备属性,只刊登朝廷动向和公文的邸报已被视为落后于时代。这种以报刊为文明之标志,而将邸报视为"停滞的中国"之象征的思考方式,此后逐渐渗透到清末知识分子之间。

---

① 请兴办政治官报片(光绪三十二年十月三十日)[M]//赵炳麟.赵柏岩集.桂林:广西人民出版社,2001:425-426.关于日本的《官报》,参见以下研究:山室信一.太政官日誌と官報[C]//日本近代思想大系.別卷.東京:岩波書店,1992,48-61;鈴木栄樹.『官報』創刊過程の史的分析——日本における近代国家の形成と法・情報[C]//日本近代国家の形成と展開.東京:吉川弘文館,1996;岡田昭夫.「官報」の創刊と人民の法令理解[J].法制史研究,2006(56).

② 考察政治馆为办理《政治官报》酌拟章程事奏折[J].历史档案,2000(2);内阁为改设《内阁官报》以为公布法律命令机关事[J].历史档案 2001(1).

③ 很多研究都声称《政治官报》取代了邸报。但是,"影印抄本"和"影印活字本"收录的邸报分别截至光绪三十三年十二月二十九日(1908 年 2 月 1 日)和宣统三年六月三日(1911 年 6 月 28 日)。由此可知,邸报在《政治官报》创刊后仍继续发行。关于清末的官报,参见:殷晴.清末における「官報」の発行と政府による情報発信の変容[J].歴史学研究,2020(996).

④ MEDHURST W H. The foreigner in far cathay[M].New York:Scribner, Armstrong and Company, 1873:124-125.

附表　清代邸报的诸版本

编号	标题	形态	印刷者	所藏机构	时期	宫门抄	抬头	样式
1	题奏事件	刊本	公慎堂	中国国家图书馆	乾隆三十年五月二日~十六日、闰五月八日、十八~二十九日。乾隆三十七年三月十~十四、二十八日；七月二~二十九日。乾隆四十一年七月三日~二十八日。嘉庆六年十一月七日~十八日、二十、二十二~二十七日	无	有	18.5×25cm，无框，无界，每半页14行，每行19~22字，1册3~5页，版心上部印有"题奏事件"
2	题奏事件	刊本	公慎堂	日本国立国会图书馆	乾隆三十六年六月二十四~二十九日。乾隆三十八年七月四~二十一日；八月九~十五日；十一月二十六~二十九日。乾隆四十年七月一~五日；十月十六~二十三日。乾隆四十一年三月二十一、二十三~二十六日；六月九~十五日。嘉庆六年八月三十日；九月一、五、十四、十六、二十六、二十八日；十月六日	无	有	同上
3	京报	抄本	—	东洋文库	道光二十四年一月二十四~二十五日	无	有	10.5×18.5cm，白口双鱼尾，四周双边，有界，每半页7行，每行14~16字，1册约23页，版心上部印有"京报"
4*	邸抄	抄本	—	原本所藏机构不明	咸丰二年~光绪三十三年（有缺号）	有	有	无框，无界，每半页5行，每行12~15字，1册13~17页
5	京报	刊本	不明	东洋文库	光绪五年一月二十九日~三十日	有	有	9.5×18.5cm，白口双鱼尾，四周双边，有界，每半页7行，每行14~17字，1册约17页
6	京报	刊本	聚陞报房	东洋文库	光绪六年七月一、六~八、十二~十三、十九~二十二、二十六、二十九日	有	无	9×22cm，无框，无界，每半页7行，每行22~26字，1册6~13页
7	京报	刊本	信义报房	东洋文库	光绪六年八月一~二十九日；九月一日~十二月二十九日。光绪十二年一月二十~二十一日	有	无	同上
8*	京报	刊本	※聚恒报房	原本所藏机构不明	光绪八年~宣统三年（有缺号）	有	有	白口双鱼尾，四周双边，有界，每半页7行，每行14~17字，1册18~22页，版心印有"京报""驻京塘务"

续表

编号	标题	形态	印刷者	所藏机构	时期	宫门抄	抬头	样式
9	京报	刊本	聚兴报房	早稻田大学	光绪十八年五月二十六日、六月十九日。光绪十九年十二月十六~三十日。光绪二十年一月一~三日;三月十八日;五月四日;十月四日、二十六日;光绪二十一年三月十六日;五月十九日;七月十八日。光绪二十二年十月十四日;十一月十七、二十九日	有	无	9×22cm,无框,无界,每半页7行,每行22~26字,1册6~13页
10	京报	刊本	合成报房	早稻田大学	光绪二十年十一月七~九、十二日	有	无	同上
11	京报	刊本	同文报房	东洋文库	光绪二十九年十一月十九、二十一、二十三、二十五~二十六、二十九日;十二月三~六、八日	有	无	同上
12	京报	刊本	聚恒报房	早稻田大学	光绪二十九年十二月十九日	有	无	同上
13	京报	刊本	聚陞报房	早稻田大学	光绪二十九年十二月二十~三十日。光绪三十年一月一~七日	有	无	同上

注:＊——影印版,※——笔者之推测。